日向《ひむがし》の風車男の天《あま》さかる

玄月

edit gallery

モデル：田中泯

撮影　熊谷聖司

千夜千冊エディション

物語の函

世界名作選 I

松岡正剛

角川文庫
22304

千夜千冊
EDITION

松岡正剛

物語の函

世界名作選 I

前口上

オデュッセウスとリア王の「負」と「裂け目」。
ドン・キホーテとカラマーゾフの兄弟の計画。
物語の函《はこ》には「意外」と「以外」と「遺骸《いがい》」が詰まっている。
モル・フランダーズとマノン・レスコーとカルメンの「偏愛」と「邪険」。
古来、名作は力と挫折、愛と罪、希望と裏切りを書いてきた。
いったい、何を付け加えれば気がすむというのか。

目次

第三章　女という作品

第四章　力と愛と罪

第一章 伝説から表現へ

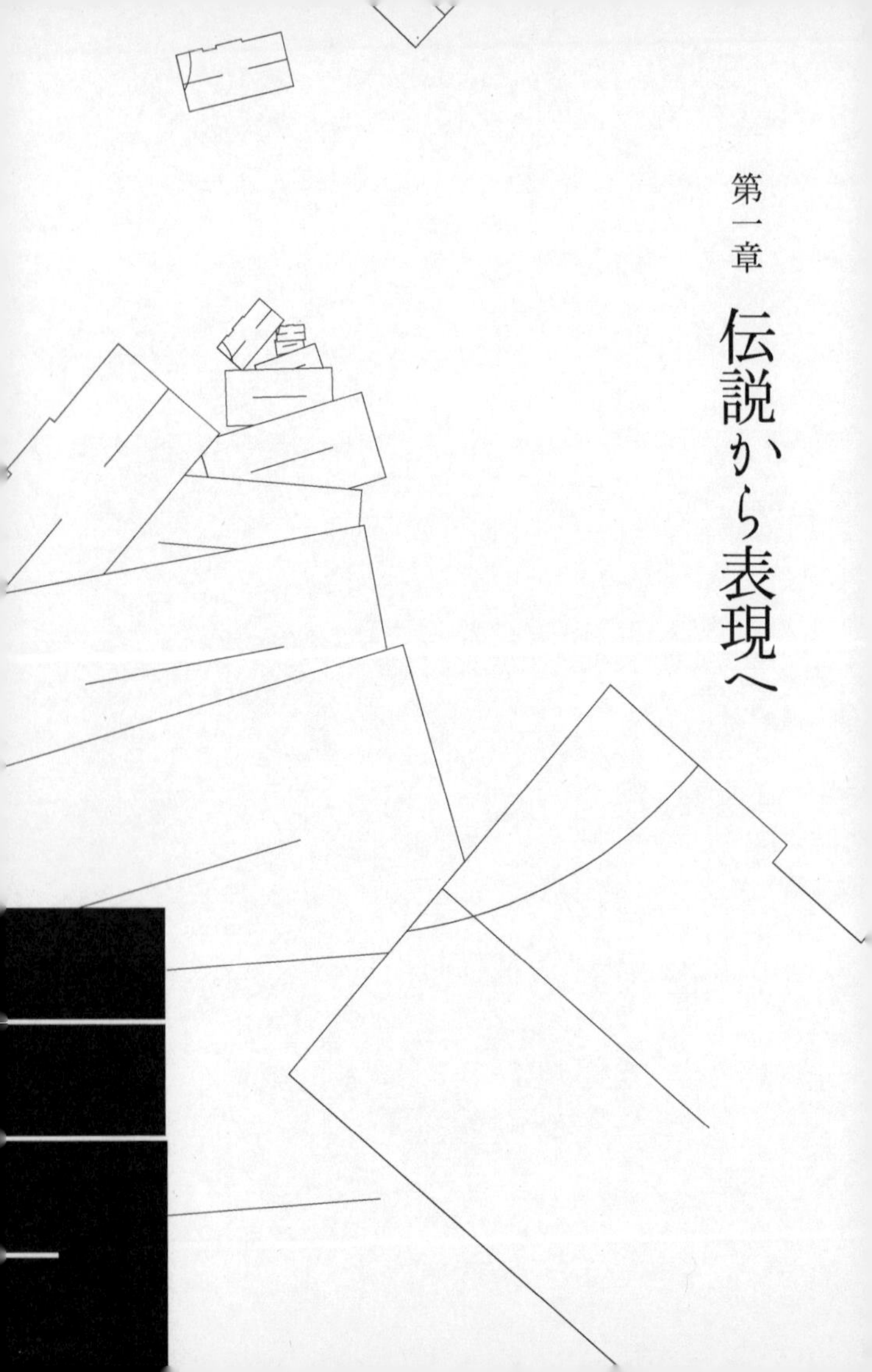

ホメーロス『オデュッセイアー』
ソポクレス『オイディプス王』
ダンテ・アリギエーリ『神曲』
ジョヴァンニ・ボッカチオ『デカメロン』
フランソワ・ラブレー『ガルガンチュアとパンタグリュエル』

負号をもった英雄オデュッセウスの波瀾万丈。
「世界」が六脚韻で語られる。

ホメーロス

オデュッセイアー

呉茂一訳　岩波文庫　全二巻　一九七一〜一九七二
Homēros: Odysseia　紀元前九世紀前後？

挿話一。一九六八年の暮くらいのことだったから、二四、五歳のときの話になるが、倉橋由美子さんを訪ねて高校生に読ませたい一冊を選んでもらいにいったとき、即座に、「それなら、やっぱりホメロスね」と言われたことが、いまなお耳の奥に残っている。「私たちのことは、みんなホメロスが書いているのよ」とも言われた。ホメーロスではなくて、ホメロスだった。

高校生のための解説原稿を書く必要もあって、慌てて読んだ。呉茂一《くれしげいち》・高津春繁訳の筑摩版世界古典文学全集だったのがよかったのか、やはり中味のせいか、初めてギリシア神話の流れに入っていけた。訳がよかったというのは、ここにとりあげた文庫版も同じく呉茂一の訳ではあるのだが、たとえば冒頭、「さればこの両人を闘争へと抗《あらが》いあわせたのは何のおん神か、レートとゼウスの神」となっているところ、筑摩版では「だが、いったい、神々のうちのどのかたが、この二人を向かいあわせて闘わせたのか。レートとゼウスとの御子のアポロンである」というふうになっていて、なんとか筋が追えるようになっている。

ホメーロスの叙事詩は、ギリシア神話の長短短格の六脚韻《ヘクサメトロス》（六歩格）による「綴合《てんごう》」という編集技法が大活躍しているのだが、それを忠実に反映した典雅な邦訳は、初めて読む者には辛《つら》すぎる。最初はおおざっぱでもいいから物語の筋が摑《つか》めなくては話にならず、とはいえ意訳や翻案や抄訳では語り部ホメーロスがいなくなる。ぼくとしては、まあまあの出発だったのだ。

挿話二。しばらくして（一九六九年かその翌年）、スタンリー・キューブリックの《二〇〇一年宇宙の旅》の原題が「スペース・オデッセイ」であることから、ボーマン船長の宿命とオデュッセウスの帰還が重なって脳裏にこびりつくようになった。

オデッセイ（Odyssey）とはギリシア語のオデュッセイアー（Odysseia）やラテン語のオデュッセーア（Odyssea）の英語読みで、「オデュッセウスの歌物語」のことである。キューブリックはそのオデュッセウスの歌物語を太陽系の宇宙空間に運んだ。しかしそれがなぜ乗組員は行方知れずになって、ボーマン船長はまるで胎内回帰をするように幼児となり、かつ、老いた翁《おきな》になったのか。謎も興味もつきなかったのだが、当時のぼくにはキューブリックの仕掛けに応じられる準備がまったくなかったのだ。そのころ、マリオ・カメリーニが一九五四年に監督したカーク・ダグラス主演の《ユリシーズ》を捜し出して二度ほど見たけれど、これは何の役にも立たなかった。

挿話三。それからまた十年ほどたったころ、ようやくギリシア・ローマ神話の全貌《ぜんぼう》に単身で立ち向かっていて、汗びっしょりで悪戦苦闘していた。模造紙一枚ぶんに黒赤青の細字サインペンで神話構造図をつくっていた。オリュンポスの神々とティターン一族をめぐるノートのほうは三冊くらいになっていたろうか。

ぼくには、たえずこういう癖がある。『神曲』も『南総里見八犬伝』も『大菩薩峠』も、ある時点にくるとたいてい図解したくなる。大作ばかりではない。ユダヤ教の歴史やポオの小説や「あはれ」の用例や地唄の変遷も図解する。そういう図解はだんだん溜《た》まっていって、あるときそれらをしだいに突き合わせていくのが楽しみになっていく。しかしこのときは、ギリシア・ローマ神話全体をめぐる興味が強く、マイケル・グラントとジョン・ヘイゼルの『ギリシア・ローマ神話事典』（大修館書店）、カール・ケレーニイの『神々の時代』『英雄の時代』（中公文庫）、ワルター・オットーの『神話と宗教』（筑摩叢書）、それに数々のエリアーデ本と首っ引きだったので、オデュッセウスの物語は浮き上がってはこなかった。

ついでに言っておくと、当時首っ引きしたものは調べるにはよかったが、いずれも記述がつまらなく、ぼくはもっぱらバーバラ・ウォーカーの『神話・伝承事典』（大修館書店）の迷路を駆けめぐったものだった。

挿話四。こうしてややあって、ジェイムズ・ジョイスの『ユリシーズ』に魅せられたとき、やっとオデュッセウスの物語構造を詳細に見ることになった。

ギリシア名オデュッセウスは、ラテン名がウリクセース（Ulixes）、英名・仏名・独名がユリシーズ（Ulysses/Ulysse）である。ロンドンに行ったとき、白地に〝ULYSSES〟と大書した大型車が走っていたのを見たことがあるが、引っ越し屋であった。なるほど、オデュッセウスの物語がもつひとつの本質である〝移動〟に肖《あやか》ったのであろう。

ジョイスはとんでもないことを考えた。オデュッセウスを二人の人物に複相させて、同時にダブリンの町に出現させた。二二歳の作家志望のスティーヴン・ディーダラスと三八歳のユダヤ人のレオポルド・ブルームだ。二人はそれぞれオデュッセウス（＝ユリシーズ）の顔をもっていて、六月十六日のダブリンの町を動きまわる。ジョイスはオデュッセウスの物語をたった一日に凝縮してみせたのだ。

おまけに『ユリシーズ』の章立ては、①テレマコス、②ネストルに始まって、③プロテウス、④カリュプソ、⑦アイオロス、⑪セイレーン、⑫キュクロプス、⑮キルケ、⑯エウマイオス、⑰イタケというふうに、順番こそ適当に入れ替えているが、まさに『オデュッセイアー』の物語の登場人物や出来事とそっくり照応されている。これは読めば読むほど、考えれば考えるほどに、病気になりそうな、一世一代前代未聞のオデュッセウスの読み替えなのである。

しかしながら、このディーダラスとブルームという双頭の二人が、さてどこまでホメーロスの叙事詩を追想して編集的に執筆されているのかということを感じとるには、ジョイスはあまりに実験的で、ぼくには、その、きっと符合や符牒《ふちょう》がわかればぞくぞくするであろうアクロバティックな対応が半分しか、いや三分の一くらいしか、見えてはこなかった。

T・S・エリオットによると、ジョイスの『ユリシーズ』は細部になればなるほど『オデュッセイアー』との平行的対応を克明に再生させているというのだが、そこがもうひとつ摑めない。秋成の奥に中国の白話や西行伝説を読み、馬琴の奥に日本神話や中世伝説を読むというのなら、まだしも日本語の観念連合性をもって深められないことはないけれど、ホメーロスとジョイスとなるとお手上げなのである。ジョイスはジョイスとして楽しみ、それとはべつに『イーリアス』（希・羅 Ilias 英 Iliad）や『オデュッセイアー』を啄《ついば》んでいくしかないと覚悟した。

挿話五。やがてぼくは日本文化のしくみや内奥に関心を深めていくのだが、ギリシア・ローマ・ルネサンスをどう見るかというのが、日本文化を解読するうえでの鏡像の過程になっていた。

そういう見方を教えてくれたのはエリアーデの宗教神話学で、東西にまたがる神話構造にひそむ「反対の一致」という原則だった。「聖」が「俗」と入れ替わり、「浄」と「穢」が補いあうのは、東も西も同じなのだ。ただ、それをどう読むか。導きの糸となったのが、西脇順三郎が寄せたギリシア精神の表象の仕方と、晩年の呉茂一を囲んでつくられた季刊誌「饗宴」に集った高橋睦郎《むつお》や多田智満子《ちまこ》さんの、ギリシア神話に寄せた日本語の実験だった。高橋さんにはミノタウロス幻想をめぐる『ミノ・あたしの雄牛』があり、多田さんには『オデュッセイアあるいは不在について』の連作がある。

ぼくはエリアーデの法則とこれらの詩作に助けられ、日本語による思考にもホメーロスの六脚韻の秘密を嗅ぐことができる余地と隙間が穿《うが》たれているのか、という展望をもった。

さて、以上のような挿話を五つほど集めれば、ぼくのささやかなオデュッセウス探検が東西をまたいで始まったということになるのだが、やはりのこと、この方面だけでも入っていけばいくほど途方もない世界が待っていたわけで、いまだにその二、三丁目をうろうろしているとしか思えない。

そもそもギリシア・ローマ神話が広すぎて、幾重にもわたる知の複雑骨折が何層多岐にもおよぶ意表をつくっていて、これがいちばん厄介なのだが、神名や人物名やその事跡に出会うたび、そこから猛烈な勢いでギリシア語やラテン語やその後の英仏独語が放射状に発散し、その固有名詞と言葉のひとつずつが全欧文化史のありとあらゆる場面に突き刺さって、独自の概念の森の変更が何段にもギアチェンジされていることが多すぎて困るのだ。

たとえばギリシア神話のゼウスはローマ神話ではユピテルで、英語名はジュピターになる。海神ポセイドンはネプチューンになる。そのプロセスにつきあわされるだけでも、閃輝暗点症《せんきあんてんしょう》のように目が眩《くら》む。いくらメモをとろうとも、まにあわない。

そんなわけだから、ここはやっぱり倉橋さんが言ったように、高校生くらいのときにホメーロスを読んで、その香りと味に幼く接しておくような、そういう付き合いをしておくべきだったのだろう。けれどもいまさらそんなことを言っても詮《せん》ないことで、ぼくはあいかわらずキューブリックやジョイスや高橋睦郎の勇敢を思い出しながら、オデュッセウスの旅を見るわけである。

今夜は、ぼくにとって四年半にわたった「千夜千冊」終着の前夜にあたる九九九夜目でもある。いまは二〇〇四年の七夕前だ。オデュッセウスの航海とはくらべるべくもないが、航海を終える者が整えなければならない身支度というものもある。

まだ何の感慨もないけれど、それでもあと二夜を過ぎると、そこがどこかの波止場か船着場なのだろうという程度の、なんだか見知らぬところへ来てしまったような、それでいて懐かしいところへ戻っていくのだろうなというような、そんな気になるのかもしれない。エリック・ホッファーではないが、波止場にこそ日録は残されるべきだ。

多少はそんな気分で、今夜はホメーロスとその記録された叙事詩の周辺を見つめ、電子文字をポツポツ打ち始めたのであった。ともかくも、ホメーロスのことから語ってみよう。

プラトンは「ギリシアを教育したのはホメーロスだった」と書いた。おそらく、ある時期のギリシア人にとっては『イーリアス』と『オデュッセイアー』が聖書だったのである。実際にも、ギリシア人がホメーロスを「ヘラスの教師」と呼んでいたことは、歴史学が証《あか》した。ヘラスとは当時のギリシア人が母国のことをさしていた言葉で、自分たちのことはヘレネスと呼んだ。ギリシアという国名の語源にあたるグラエキー（Graeci）

は、のちにローマ人が名付けた名称である。われわれも日本のことをJapanなどとは呼んでこなかった。

そのヘレネスたちは、ホメーロスをトロイア戦争から四〇〇年ほどあとの詩人だと考えていた。かれらはトロイア戦争をおよそ紀元前十二世紀(前一一五九年ころ)の出来事とみなしていたから、そうであるとするとホメーロスの生存時期は前七五〇年くらいになるのだが、最近の研究では前八〇〇年前後の人物だったということになっている。モーセよりは四〜五〇〇年後であるが、ゾロアスターや老子・孔子やブッダよりも、二〜三〇〇年前になる。

プラトンはホメーロスがギリシア人でなかったことも告げている。これもいまだに確証がないことだが、おそらくは小アジアのイオニアか、エーゲ海に浮かぶ島の住人だったのであろう。ヘレネスたちはホメーロスという詩人がどういう人物であったかは知らなかった。そしてわれわれもまたかれらと同様、ホメーロスにについて何も知ってはいない。ホメーロスとは男の名だったということだけがたったひとつの確実な情報なのだ。

いまだ『イーリアス』と『オデュッセイアー』が、ひょっとしたら別々の人物によって書き残された叙事詩であるかもしれないことも、否定されてはいない。しかし、ホメーロスが吟誦《ぎんしょう》詩人であったろうこと、その叙事詩がギリシア語で書かれた最古のものであること、それは〝著書〟であったこと、この三つが最も重要なことで、それだけで十分である。

古代ギリシアでは、語り部のことをラプソードス（英 rhapsode）といっていた。ホメーロスが後代にのこした編集論的な意義を強調するため、その話からしてみたい。ラプソードスは叙事詩の吟誦者である。杖《つえ》をもった語り部である。いまではラプソディ（狂詩曲）などというが、その語源にあたる。ラプソードスはルールをもっていた。記憶術と表現術のルールである。

ホメーロスも吟誦詩人ラプソードスのルールをもっていた。たとえば「夜明け」はつねに「朝まだきに生まれる、薔薇色の指をした暁の女神が姿をあらわす」と形容されたのだし、「海」は「葡萄《ぶどう》摘みができないところ」という詩句を伴ってしかあらわれない。女神アテナは「梟《ふくろう》の目をした」であり、イタカの島は「海に囲まれた」と決まっていて、アキレウスは必ず「都市を攻めるアキレウス」なのである。

これらは定型句《フォーミュラ》であって、いわば枕詞《まくらことば》や縁語《えんご》のようなものでもあろうが、枕詞や縁語と決定的にちがうところは、たとえば「アキレウス」には三六もの異なる装飾的形容詞《エピテトン》があって、そのうちのどれを使うかが、行のなかの位置、そこで必要とされた統語法の形態で決まったということだ。『イーリアス』の冒頭の二五行だけでも、二十以上の定型表現の断片が駆使されている。

だいたい『イーリアス』も『オデュッセイアー』も、詩の全体の三分の一が、二度以上用いられた詩行でできている。これはあきらかに、「記憶と表現のための編集的鋳型《いがた》」というものだ。この鋳型があればそれをどのようにも組み合わせて、表現したい物語を作ることもできたし、再生することもできた。そして、そこには有効な反復があらわれた。

ふつう、反復の多い詩というものは、近代に向かうにしたがって蔑《さげす》まれる傾向にある。紋切型《もんきりがた》だとか陳腐だとかいうふうに判定される。そのため十六世紀になると、反復をあまり用いなかったローマ期のウェルギリウスのほうが、ホメーロスよりずっと上位の詩人だと評価されたものだった。

しかし、本当はそうではなかった。ホメーロスには鋳型と定型句こそが斬新だった。それは英雄詩を歌うには、そしてそれを創発させるには、どうしても必要な編集装置だったのである。

吟誦詩人たちは、すべての詩句を丸暗記していて叙事詩を歌うのではない。その場で即興を交える。有名な話だが、一九四三年のこと、古典言語学者のミルマン・パリーの要望に応じて、セルビアの吟誦詩人が『オデュッセイアー』と同じほどの長さの詩を朗唱したことがある。この読み書きができない老人は朗唱しながらその場でみごとなストーリーをつくり、それでいて韻律と形式をほとんどはずさずに叙事詩に仕上げた。マクルーハンは、このパリーの実験と研究を借りて『グーテンベルクの銀河系』（みすず書房）を書いた。

反復や定型句は、その場の聴衆にとって必要なのである。反復や定型句をもたない語りなど、聴衆にはとうてい理解は不可能だったのだ。これはわかりやすくいうのなら、ヒットソングや歌舞伎や落語をおもしろがれる要素がそういう〝サビ〟のところで支えられていることを思い合わせれば、いいだろう。テレビで大当たりするお笑い芸がほとんどくりかえしによってヒットしていることでも、想像がつく。

古代ギリシア時代では、そしてその後の中世の遍歴詩人のころまでは、すべての吟誦はその一方ですぐれて即興的であって、かつそこには言葉の組み合わせと朗唱のルールの深化が積み重ねられていた。『オデュッセイアー』にも、吟誦詩人ペミオスが「わたくしの歌は独《ひと》りで憶えたもので、神がわたくしの心にあらゆる種類の歌の道を植え付けてくださった」という一節がある。また、パイエーケス国王アルキノオスの宮廷に、デモドコスというラプソードス（語り部）がいたことも語られている。

そういう歌の道が紀元前九世紀には一種の絶頂を迎えて、そのような記憶術や表現術を叙事詩の中に読み入れたホメーロスがいたということに、驚かざるをえない。わが国の例でいうのなら、いわば太安万侶《おおのやすまろ》が万葉仮名をめぐる表記の苦心を、約一五〇〇年さかのぼってしていたということになる。

ここで問題はラプソードスの話から表記の問題に移っていく。どんな問題か。ホメーロスがこのような表現の奇蹟をおこせたのは、そこにアルファベットが出現していたからなのである。

ミュケナイ文明時代、ギリシアとカナーンを結ぶ一三〇〇キロの海は交易上でつながっていた。エジプト、クレタ、ヒッタイト、アッシリアは情報交換をしていた。ついで「海の民」があらわれると、この交易はいったん衰退し、代わってカナーン人がフェニキア人と名を変えてアルファベットの母型文字の一種を使い始めた。いわゆるフェニキア文字だ。それがギリシア人の口と目と手によってほぼ移植されおわったころに、ホメーロスがそのアルファベットを使って、それまで口承されてきた物語を文字に移し替えることを着想したのだった。

まだ証拠はないのだが、ホメーロスはおそらく盲人だったと思われる。盲人だとすると（そうでなくとも）、この移し替えの作業は協力者の手を借りたことになる。きっとホメーロスは「ホメーロス語り部集団」のようなものをもっていたにちがいない。そこでは集合知のようなものがはたらいていたかもしれない。ともかくもその集団のなかで、あるときホメーロスが吟誦詩人から著作者に転出していったのだろうと思われる。そう、想像したほうがいい。こうしてホメーロスは、神話朗唱の職能性とアルファベットという書き文字能力をもった世界最初の著作者となった。

　このとき、六脚韻（六歩格）と、十三から十七音節からなる六脚韻による一行ルールが確立し（そのホメーロス集団のなかで）、おそらくは「アガメムノンとアキレウスの諍《いさか》い」とか「オデュッセウスとキュクロプス」とかといった単位の物語クラスターが、ひとつずつゆっくりと、かつ並列的に定着していったにちがいない。


　千夜千冊ではウォルター・オングの『声の文化と文字の文化』（藤原書店）のところでふれておいたことだが、「声としての言葉」（オラリティ）というものは、書くことによって生じる「文字としての言葉」（リテラシー）によって退けられるのではなく、むしろ書くことによってその価値を高める。口と耳と目とはつながっている。

　それだけでなく、文字をもって書くということは、その言葉を時間と空間のなかに配置することとなのだ。そういうことをせずに、どうして世界に叙事詩や物語が類型をもって発生し、それらがその民族やその地域やその信仰にもとづいた神話世界に温かく包まれたであろう。そうであったからこそ、ジェイムズ・フレイザーは『金枝篇』を書き、本《もと》居宣長《おりのりなが》は『古事記伝』を書いて、そこに向かってさかのぼることができた。

　古代ギリシアにおいては、これをおこしたのがホメーロスだった。そして、それを二十世紀において大胆不敵に再現してみせたのが、口と耳と目をつねにつなげて『ユリシーズ』を仕上げたジェイムズ・ジョイスだった。

こういうことを、われわれはついつい「文学」という用語で括《くく》りすぎてきた。ホメーロスの出現は決して文学的な事件なのではない。仮に「文学」という呼称でまとめたくなったとしても、その“literature”という言葉は、まさにアルファベット文字を意味する“litera”（文字）に由来するもので、ホメーロスはその“litera”が声や場面や勇気を再生させることに夢中になったというべきだったのである。

いや、もっというなら、これまで使ってきた口承文芸とか吟誦詩人という用語すら、ホメーロスにあてはめるべきではなかった。シェイクスピアやウィリアム・ブレイクの研究者であったノースロップ・フライが『批評の解剖』（法政大学出版局）のなかで、「エポス」（語りを喚起させる縁語とでも訳せるだろうか）という用語を提唱していたことがあったけれど、まだしもそのほうがいい。エポスはラテン語の“vox”（声）や英語の“voice”のように、まさに「声に出されたもの」（voicing）だったのだ。

だからホメーロスの叙事詩は実は詩ですらなくて、オラリティが組み立てた「言葉の生態経済」による世界最初の音と文字と意味を連動させたリテラシーの開闢《かいびゃく》だったのである。そうみればラプソードスの本来の意味も浮かび上がってこよう。ラプソードスは「ラプソーデイン」（rhapsoidein 歌の綴合）をする者、すなわち「歌」（oide）を「縫い綴《と》じる＝

綴合《てんごう》」（rhaptein）することができる者という意味だ。ホメーロスはその職人集団のリーダーだったのである。

このとき、アルファベットが役立った。セム人がつくった最初のアルファベットは子音文字といくつかの半母音文字でできていたのだが、ギリシア人はそこに母音文字を導入することで、オラリティとして頭のなかに響いていた「縫い綴じ」の声のルールを、視覚的に文字に定着させ、それをまた頭のなかの響きと場面の再生に戻すことができるようにした。

かくてホメーロスはオデュッセウスの物語定着を試みる。それは文学などではなくて、一人一人の顔さえ浮かぶ特定の聴衆のための物語だった。

物語は大きく前半部と後半部に分かれている。前半部が大部の『イーリアス』となり、後半部はその半分くらいの『オデュッセイアー』になった。『イーリアス』とは「イリオスの歌物語」という意味である。イリオスはトロイアの古名だった。

ホメーロスはこの物語を順番には語らなかった。いろいろ組み替えて、語り部《ラプソードス》としての挿話や想起をさまざま交え、長きにわたる物語をわずか『オデュッセイアー』は四十日間、『イーリアス』は五十日間ほどの出来事に濃縮してみせた。驚くべき編集術である。おそらくその技法の冴《さ》えこそがジョイスをして『ユリシーズ』を書かせたのだろうと思うのだが、ただ、それではギリシア神話の中のオデュッセウスの一連の物語にはつながらない。『イーリアス』と『オデュッセイアー』のあいだには、ホメーロスがあえて仕掛けた中断がある。

そこでごくおおざっぱではあるが、オデュッセウスはこんな経験をした者だったということを、以下に綴合しておくことにする。途中、ジョイスの編集術をちらちらと挟んでおく。

まず、出自を問うておくべきだろうから、そこから入っていくが、オデュッセウスの父親が誰であるかは、はっきりしない。『イーリアス』では、イタケの王ラエルテスと、ヘルメスの孫娘でアウトリュコスの娘であるアンティクレイアとのあいだに生まれた息子ということになっているけれど、アンティクレイアは結婚当時、すでにシシュポスとのあいだに子を宿していたという別の記録がある。このことはオデュッセウスの出生に謎をつきまとわせた。

名前の由来も忌《い》まわしい。乳母《うば》のエウリュクレイアが生後まだ二、三日の赤子を膝《ひざ》に抱いていたとき、義父アウトリュコスがそこにやってきて、むりやり付けた名がオデュッセウスだというのだが、それは「憎しみの犠牲になる」という意味だった。ギリシア語のオデュッセオサアイは「嫌う」とか「腹をたてる」をあらわしている。さしずめ「悪太郎」といったところだろうか。

もうひとつ、オデュッセウスに与えられた「負号」がある。それも先に知っておいたほうがいい。膝もしくは太股《ふともも》にある傷である。アウトリュコスに唆《そその》かされて、その山荘があるパルナッソス山に出向いたとき、猪の牙《きば》に抉《えぐ》られた。いわばスティグマ（聖痕）であるけれど、まだそういうものを笠《かさ》にきて信仰を押し付けたり広めたりするような時代文化はなかった。

オデュッセウスの青春はそうした「負号」を背負っていながら、それをつねに遠国への冒険と故郷への帰還で埋めていくというかっこうをとる。その旅でヘラクレスの弓を持ち帰り、トロイア戦争の英雄となり、キルケやカリュプソの愛をほしいままにした。しばらく物語を追うことにする。

父王ラエルテスが老齢となり、オデュッセウスは王位を譲られた。オデュッセウスも妻を求めなければならない年頃になった。

オデュッセウスはかねがねスパルタ王テュンダレオスの娘ヘレネーの美貌にぞっこんだったので、結婚を申し込み、ついでに彼女の求婚者全員にヘレネーをめぐる相互扶助の誓いをたてさせた（これについてはあとで説明する）。ところがヘレネーはオデュッセウスを選ばない。結局、オデュッセウスはペネロペ（ペネロペイア）を妻とし、一人息子のテレマコスをもうけた。ジョイスの『ユリシーズ』は、この〝テレマコス風味〟の付き出しから始まって、〝ペネロペ仕上げ〟のお椀《わん》もので終わっている。トロイア戦争が始まった。けれども出征の要請をうけたオデュッセウスは故郷のイタケをなかなか離れない。狂気を装って、砂を耕して塩を撒《ま》いていた。このサボタージュを見抜いたのはトロイア遠征隊の一人のパラメデスで、幼な子のテレマコスを利用してオデュッセウスの狂言を見破った。こうしてオデュッセウスがギリシア軍の一員に加わることになる。

トロイア戦争は「林檎《りんご》」から始まって「木馬」で終わった戦争である。その結末に残されたのが古都トロイアの炎上の物語だ。さいわいわれわれは林檎と木馬を目撃できなかったかわりに、その全貌を世界当初の物語の母型として読むことができる。それが『イーリアス』とその他のギリシア神話エピソード群である。

そもそもの発端は世の紛争はしばしばそういうふうに始まるのだが、ばかばかしいことに女の自尊心がトリガーになっていた。当時、最強といわれ神々にも人気の高かったペレウスが、海神ポセイドンの抱擁を逃れた海の神ネーレウスの娘たちのなかの一人テティスと結婚したとき(実はゼウスもテティスに夢中だったのだが、プロメテウスに諫《いさ》められてペレウスに譲ることにした)、その婚礼の場にエリスを招かなかったことが事の発端になった。婚礼の宴《うたげ》にはオリュンポスの神々が全員招かれていたのに、軍神アレスの双子の姉妹で、争いの女神だったエリスが招かれていなかった。そこへエリスが突然に姿をあらわし（こういう女はいまでもときどきいるが）、「最も美しい女神へ」という文字を刻んだ黄金の林檎を宴席に投げつけた。これで混乱がおこった。オリュンポスの女神たちはいずれアヤメかカキツバタという美女揃いだったから、それぞれ最も美しい女は自分のことだと思いこみ、なかでもヘラ、アテナ、アプロディテがその美の座を争っていた。みんな白雪姫のお母さんなのである。

美の決着はつくはずはなく、神々は審判役をプリアモスの子パリスに委ねた。パリスはトロイアの王子だった。最終予選に勝ち残った三人の女神はヘルメスに導かれてトロイアに行くことになっていた。女神たちはパリスにそれぞれすばらしい贈り物をすると誓うのだが、パリスは迷う。そこへアプロディテが「この世で最も美しい女を贈るわね」と囁《ささや》いた。これでパリスがぐらついた。男がぐらつくのは、これなのである。いい女がいい女を紹介するのに弱い。アプロディテは黄金の林檎を勝ち取り、パリスは人間界で一番美しいといわれたヘレネーを獲得する指名権を取った。

以上が有名な「トロイのヘレン」のエピソードだ。このヘレネーの美しさが千艘《そう》もの船団を、十年にわたるトロイア戦争に駆り立てていったのである。少々、ヘレネーのことも理解しなければならない。

ヘレネーの母親はスパルタの王妃レダで、父親はゼウスだ。レダというのは例の白鳥伝説になったレダのことで、白鳥に化けたゼウスに愛されて二つの卵を産み落としたことになっている。ひとつはゼウスを父親とする卵、もうひとつはスパルタ王テュンダレオスを父親とする卵だ。めちゃくちゃな話だが、この二つの卵から一組ずつの双子が生まれ、その一人がヘレネーとなった。ホメーロスはヘレネーの美しさを口をきわめて絶賛している。

このためヘレネーには求婚者が目白押しだった。すでに前段に書いておいたように、オデュッセウスもヘレネーをほしがっていた。しかし、なかなか決着がつかなくて、オデュッセウスの発案で、求婚者たちは「誰がヘレネーを獲得しようとも恨まない、獲得者が被害をこうむったときはみんなが援助する」という誓いをたてあった。オデュッセウスはこうした計略に長《た》けていた。

これでいったんヘレネーはミュケナイの王子メネラオスを夫にするのだが、そこへ嬉々《きき》とした王子パリスがアプロディテに付き添われてやってきて、夫のメネラオスの留守を狙って口説き、ヘレネーとスパルタの財宝を奪ってトロイアに持っていってしまった。パリスに妻を奪われたメネラオスが怒りまくったのは当然である。ただちに兄のアガメムノンにトロイアへの遠征軍を組織するように訴える。戦士も募集した。このときその要請に応じないでイタケで乱心のサボタージュを装っていたのが、オデュッセウスだったのである。

ギリシア軍の大将の一人となったオデュッセウスは、勇敢で巧妙で、すこぶる外交的でもあった。トロイア戦争においてもその手腕はおおいに発揮される。忠実な友ディオメデスとともにトロイア市内に潜入して、守護神像パラディオンを盗み出した。狂言を見破ったパラメデスには裏切りの罪をきせて、まんまと復讐《ふくしゅう》もとげた。なかでオデュッセウスをトロイア戦争のヒーローにさせたのは二つの計略の成功だった。

ひとつは、アキレウスを大将になるよう説き伏せた。アキレウスは出征すれば戦場で死ぬという予言を受けていたため、母親のテティスが息子を女装させてスキュロス島のリュコメデス王のもとに送り、そこで王の娘たちと一緒にこっそり住まわせていた。この噂を聞き付け、使者となってスキュロス島に潜りこんだのがオデュッセウスだ。

商人に変装したオデュッセウスはリュコメデスの娘たちの前で装飾品と武器とを並べたところ、一人、武器に目を輝かせた娘がいた。これが女装したアキレウスであることを、オデュッセウスは一目で見抜く。このあたり、どこかヤマトタケルを想わせる。こうしてオデュッセウスに説得されたアキレウスは大将となって、総大将アガメムノンのもと、十万人の兵士を乗せた千艘船団をトロイアに向けて出帆させる。

もうひとつは、あまりにも有名な話だろうが、オデュッセウスが巨大な木馬に勇士を隠して敵陣に運ぶというアイディアを提案したことである。

すでにアキレウスが倒れ、ギリシア軍がほぼ完全に疲弊していたとき、形勢逆転のための木馬の計略が浮上した。アポロンの神官ラオコーンやトロイアの王女カッサンドラは、これが敵の罠《わな》であることを見破ったのだが、そのとき海上から二匹の大蛇が出現し、ラオコーンと息子たちを絞め殺した。これを見たトロイア軍は木馬を畏怖し(木馬を物神化してしまったのだ)、木馬から繰り出したギリシア戦士たちに蹂躙《じゅうりん》され、ここにトロイアは炎上、男たちはすべて殺戮《さつりく》され、女たちがことごとく捕縛《ほばく》された。

十年にわたったトロイア戦争が終わると、オデュッセウスは優れた戦士としてアキレウスの武器とトロイアの王妃ヘカベを受け取った。哀れなヘカベはその後ギリシア人たちに石を投げられ、死んだ。

なお、滅亡したトロイアには唯一生き残った一家があった。アプロディテの息子アイネイアースの一家だ。

アイネイアースはアプロディテからトロイアが陥落するという予告をうけて、家族とともに故国を脱出、新たな地を求めた。そして漂着したところがのちのイタリアで、それがイタリア創国の起源神話になっている。ウェルギリウスの『アエネーイス』はその叙事詩であって、ダンテの『神曲』はその踏襲だった。ホメーロスは、このアイネイアースをトロイア側のヘクトルに次ぐ重要な武将として描いている。

ここまでが『イーリアス』が叙事した物語にあたる。これを素材にギリシア悲劇をはじめ、どれほどの物語が再構成され再編集されたか、はかりしれない。

実際にはアガメムノンとアキレウスのあいだに諍いがおこったところ、アキレウスがいったん戦闘から身を引いた場面からが叙事詩になっている。そして、この先の「オデュッセウスの帰還」を歌ったのが、いよいよ『オデュッセイアー』の有名なストーリーになるのだが、さきにも書いておいたように、この二つの叙事詩のあいだはつながっていない。ホメーロスならば適切につなげたであろうから、この両作品が別々の語り部《ラプソードス》による記録ではないかと言われるのは、そこである。

さてところで、ジョイスの『ユリシーズ』のほうは、これもさきほども書いたように①「テレマコス」から始まっている。テレマコスはオデュッセウスがイタケに残してきた息子のことで、ジョイスはこのテレマコスに青年スティーヴン・ディーダラスをあてはめて、『オデュッセイアー』の物語のいっさいをダブリン市内の出来事に集約し、その出来事を一九〇四年六月十六日午前八時の、塔の中から始めた。

スティーヴンは『若い芸術家の肖像』の主人公をもってきたもので、幼少のころからイエズス会の教育をうけたにもかかわらず、カトリックに対する信仰を失っている。つまりキリスト教なんかがなかった古代に引き戻されている。ジョイスのオデュッセウスも用意周到なのである。

オデュッセウスは帰国の途についた。容易には帰還できない。敵意を抱いたポセイドンが妨害した。これでわかるように、『オデュッセイアー』は、オデュッセウスが目に見えぬポセイドンの憎悪と暴力に立ち向かうというスキームをとりつつ、随所に幻想と怪奇と魔術を交えた物語を展開していく。それが、このあとの世界中のすべての、ガリヴァ船長からポオのアーサー・ゴードン・ピムまでの、マーク・トウェインからガルシア＝マルケスまでの、航海記や冒険譚《たん》の原型ともなった。

オデュッセウスの船団はつねに遭難と漂流と漂着にあう。航海はしょっぱなから嵐がおこり、やがて船はキコン人のイスマロスの町に流れつく。勝利によって野蛮になっていたオデュッセウスの部下たちは、町に襲いかかって略奪をほしいままにするが、キコン人は熟練の兵士を集めてたちまち反撃、オデュッセウスは十八人の従者を失い退却する。

ついで一行はロトパゴイの住むリビュアに向かう。ロトパゴイというのはロトスという果実を食べる者という意味だが、これは万事を忘却させる果物である。不死と忘却が表裏一体のものであることは、中国にも日本にも語られてきたことで、日本にもタジマモリ（田道間守）がトキジクノカクノコノミ（非時香菓）を求めた話が残っている。

かくてロトスを食べて心を奪われた従者たちを、オデュッセウスはむりやり引っ張って船に乗せなければならなかった。こうして、あのキュクロプスの国に逢着《ほうちゃく》する。ホメーロスはこの国をシシリー島だろうと思っていたようだが、むろん幻想の王国であって、単眼神が住んでいた。柳田国男なら「鬼が島」あるいは「一つ目小僧」伝説とつなげるところになるけれど、文化人類学ではやくから産鉄部族の集落だろうと考えられている。炎の中の鉄の溶鉱で目をやられ、単眼の赫《あか》ら顔になったという推察だ。日本ではタタラの一族にあたる。

このキュクロプス国には残虐きわまりないポリュペモスがいる。ポセイドンの息子だった。さっそくポリュペモスは部下たちをパクパク食ってしまうのだが、オデュッセウスはまたもや機略を用いてポリュペモスの目を突き、怪物が絶望したところを脱出する。これがポセイドンのさらなる憤怒《ふんぬ》を買った。

ジョイスはこのキュクロプスを、なんとダブリンの市民一般にあてはめた。その市民に打ち克《か》つには、さしずめ市民に「絶望」を食らわすしかないとでもいうように。

物語にはたいてい「幸運」が適当に交じっている。風神アイオロスはオデュッセウスに味方をした。けれども幸運というのは気まぐれなものでもあって、一行の軽はずみな行動のため（航海にぴったりの西風の袋を貰《もら》ったのに、それを金袋と勘違いして開けてしまった）、従者たちは海に投げ出された。

やっと辿《たど》り着いたカンパニア沿岸では、巨人の食人族ライストリュゴンに追われ、逃げ出していく。ここではカーニバル（＝カニバリズム＝食人儀礼）とは何かという物語母型《マザー》が提出されている。このときオデュッセウスの船を除いて、すべての船が沈む。残ったオデュッセウスの船はなんとかキルケ（キルケー）の支配するアイアイエ島に漂着した。キルケは変身の魔法と薬草術に長けた魔女であるが、オデュッセウスを愛した。そのため一年間におよぶ滞在になる。龍宮城にとどまったのだ。のみならずキルケとのあいだに息子テレゴノスをもうけた。

一方、ジョイスのほうは、魔女キルケをダブリンのメクレンバーグ通りの娼家《しょうか》の女主人ベラ・コーエンに配当した。なるほど二十世紀のキルケは娼婦なのだ。ただ、このベラは息子をオックスフォードに送りこんだ。まさにオデュッセウスとキルケのあいだの子を暗示する。

キルケはオデュッセウスに、予言者テイレシアスの亡霊から助言を仰ぐよう、キムメリオス人の国に行かせた。キムメリオスは大地が囲む未知のオケアノス（大洋）の果てにあり、永遠の夜を支配する。日本神話ならば「夜食国《よるのおすくに》」や「根の国」にあたる。地下世界である。ここからが有名なオデュッセウスの「冥界《めいかい》下り」になっていく。

オデュッセウスは死者の霊を呼び出し、海岸に溝を掘って牡羊《おひつじ》と黒い牝羊《めひつじ》を殺して犠牲とし、ハデスとペルセポネにそれを捧《ささ》げた。犠牲の血が溝に流れこむと亡霊たちがそれを飲もうと群がってきたが、オデュッセウスは予言者テイレシアスが来るまで、守りきった。亡霊のなかには知り合いもいたのだが、断固として近づけなかったのである。テイレシアスはそこで、さまざまな予言をする。トリナキエ島のヘリオスの牛に触れてはならぬこと、触れればイタケへの帰還は不可能になること、オデュッセウス一人だけが無事イタケに帰れるだろうこと、イタケでは妻のペネロペが苦境に立っていること、などである。

こうしてオデュッセウスは航海を続け、やがてセイレーンたちの死の誘惑に出会う。例の「セイレーンの歌声を聞くと死ぬ」という挿話だ。オデュッセウスは従者たちの耳を蜜蠟《みつろう》で埋めて塞《ふさ》ぐのだが、自分だけは歌声がどんなものか聞きたくて、つい盗み聞きをする。物語にはこうしたお茶目なオデュッセウスもしばしば顔を出す。

ジョイスの『ユリシーズ』がセイレーンにあてたのは、酒場の女給の二人で、この第二部第十一章をセイレーンの歌声さながらの文体にした。こういうところにジョイスが二十世紀のホメーロスに自身を擬していたという面目が躍如する。

トリナキエ島では従者たちが太陽神に捧げられた牛を食べてしまったため、ゼウスがおこした恐ろしい嵐に巻きこまれるという罰を受け、多くの部下が命を落とす。

マストにつかまって九日間を漂流したオデュッセウスは、ようやくカリュプソの住む島に流れ着く。ニュムペのカリュプソは、七年にわたってオデュッセウスを引きとめるのだが、なんとか天上界のゼウスの一声で島を離れることができた。ジョイスはカリュプソをレオポルド・ブルームの登場にあてて用い、巧妙にもベッドの上に掛かっている「ニンフの水浴」の絵画で代用してみせた。

しかし嵐との遭遇は続く。疲労困憊《こんぱい》のすえ、パイアケス人の島に打ち上げられた。ここでオデュッセウスを迎えたのが、島の王アルキノオスと王妃アレテ、そして王女ナウシカアである。

ジョイスのほうはといえば、夜の八時になった第十三章「ナウシカア」を、はなはだエロティックに描いた。パディ・ディグナムの未亡人を訪ねたブルームは、いまはサンディマウント海岸に腰をおろしている。北国の夏なので夜八時とはいえ、まだ明るい。三人の女たちが子供を連れて遊んでいた。その一人、ガーティ・マクダウェルは他の二人からちょっと離れ、ブルームが自分をじっと見ていることに気づく。そこに花火が上がった。ガーティはそれを見るため振り仰ぐのにことよせて、スカートの奥の下着を見せて、ブルームの気を惹《ひ》いた。ブルームはそれを見ながら手淫する。

ジョイスはこの一連の描写を女性雑誌に連載されている軽薄な小説の文体で書いてお

いて、ガーティが足を引きずるところから（彼女は足が悪かったのだ）、ブルームの内的表白文体に切り替える。さらに自分が持っていた石鹸《せっけん》の匂いをガーティの香水が香ってきたものと錯覚して射精していくあたりを、遠くの司祭館で鳴る時計に交じらせていくという芸当をやってのけている。むろん、ガーティ・マクダウェルがナウシカアなのである。例の「風の谷」のナウシカだが、ギリシア神話やジェイムズ・ジョイスにおいては、成熟しきっている。こういうところを宮崎駿は採用しない。

ホメーロスのほうは、ここでついにオデュッセウスがイタケに帰る船を与えられるという語りに入っていく。思い返せば、イタケを発《た》ってはやくも二十年間が過ぎていた。ここまでがオデュッセウスの航海記にあたる。

イタケに戻ったオデュッセウスは、当然なことにいくぶん浦島太郎の気分になっていた。イタケではオデュッセウスの不在をいいことに、不埒《ふらち》な事態が専横されていた。オデュッセウスは計画を練る。彼を見分けられたのが乳母のエウリュクレイアと飼い犬のアルゴスだけだったのがもっけのさいわいだった。ここでオデュッセウスは女神アテナの知恵を借りる。

オデュッセウスは豚飼いのエウマイオスと息子のテレマコスに正体をあかし、宮殿をのっとり彼の財産を使いこんでいる一〇〇人あまりの求婚者たちを次々に平らげる計画に着手した。浦島太郎とはこのあたりがまったく異なっている。日本の昔話は責任や義務や計画が残らない。

オデュッセウスが留守のあいだ、妻のペネロペのほうはその有名な計略で、なんとか求婚者たちをかわしていた。父ラエルテスの死装束を織りあげるまで、すべてのことを待ってほしいといい、昼間はせっせと機《はた》を織り、夜中にこっそりその織物をほどくという計略である。

いよいよチャンスがやってきた。オデュッセウスはひそかにみすぼらしい老人に変装して宮殿に忍びこみ、祝宴の中で開かれていた競技大会に参加する。競技は一連の輪に一本の矢を通すというもので、それができたのは変装したオデュッセウスだけだった。満場の視線が注がれるなか、オデュッセウスはたちまち正体を見せて、並み居るライバルをことごとく射殺して、イタケの王位とペネロペの夫の座を取り戻した。女神アテナはオデュッセウスを助け、島に平和をもたらした。めでたし、めでたし――。

ジョイスの『ユリシーズ』のほうも終盤の第三部にさしかかっている。すでにブルームはスティーヴンを助ける関係になっていて、それゆえここでは、ブルームが豚飼いエウマイオスを訪ねるオデュッセウスになり、スティーヴンは息子のテレマコスを演じる。オデュッセウスがイタケで復讐を成就するプロットは、ブルームがスティーヴンを伴って帰宅するところから、半地下に入って台所で温かいココアを飲み、二人が古代ヘブライ語や古代アイルランド語などの話題をかわすあたりに組みこまれる。もう午前二時になっていた。

かくてスティーヴンが物語詩を唄い、二人が庭で小便をしているときに彗星《すいせい》があらわれる場面で、文体がきわめて衒学的《げんがく》になりながら、ホメーロスの絶技をジョイスが継承していることが最終的に暗示される。満を持して、ジョイスは言葉を乱れさせていく。曰《いわ》く、近似的勃起《ぼっき》、切望的注目、漸次的起立、試験的露出、無言的熟視…漸次的消沈、切実的嫌悪、直後的勃起…その沈黙的動作…激昂《げっこう》の徴候……消極的修正……曲芸的跳躍……いかなる姿勢で……子宮内の胎児成人の姿勢で……というふうに。

こうして『ユリシーズ』は最終章の八つのパラグラフを、カンマもアポストロフィもなく、フルストップを僅《わず》か二ヵ所だけにつけた誘眠幻覚のような混乱を誘う文体にして、終わる。ジョイスの文章は溶けていく。これまた、めでたし、めでたし——。

すでにのべておいたように、ホメーロスの『オデュッセウス』は二十年に及んだ帰還を四十日ほどに濃縮編集したものだった。ジョイスの『ユリシーズ』では、それがさらに一日十八時間ほどに転移濃縮された。そこではオデュッセウスは二人の人物、二二歳のスティーヴン・ディーダラスと三八歳のユダヤ人のレオポルド・ブルームに複相する。

二人はそれぞれがオデュッセウスの顔をもっていて、六月十六日を終日、ダブリンの町を歩き回ったあげく、ブルームは午前三時に妻のモリーのところへ戻るのだが、ディーダラスのほうはどうやら放浪を続けるようなのだ。いまようやく「千夜千冊」九九九夜目を終えつつあるぼくは、いったいどちらの赤坂オデュッセウスなのだろう？

ホメーロス以降、多くの者がオデュッセウスの晩年を予想した。一説には、キルケとのあいだにもうけた息子に殺されたとも、一説には、海に誘われて穏やかな死を迎えたとも、そしてまた一説には、ついに行方は知れぬままだったともいう。ニーチェは『善悪の彼岸』にこんなふうに書いていた。「人生から別れる時は、オデュッセウスとナウシカの別れのごとくあれ」。

第九九九夜　二〇〇四年七月五日

参照千夜

一〇四〇夜：倉橋由美子『聖少女』　八一四夜：デイヴィッド・ヒューズ『キューブリック全書』　九一三夜：ダンテ『神曲』　九九八夜：滝沢馬琴『南総里見八犬伝』　六八八夜：中里介山『大菩薩峠』　九七二夜：『ポオ全集』　一〇〇二夜：エリアーデ『聖なる空間と時間』　一七四四夜：ジョイス『ダブリンの

人びと』　四四七夜：上田秋成『雨月物語』　七八四夜：西脇順三郎『雑談の夜明け』　三四四夜：高橋睦郎『読みなおし日本文学史』　八四〇夜：エリック・ホッファー『波止場日記』　七九九夜：プラトン『国家』　一二七八夜：老子『老子』　七〇夜：マクルーハン『グーテンベルクの銀河系』　六六六夜：ウォルター・オング『声の文化と文字の文化』　一一九九夜：フレイザー『金枝篇』　九九二夜：小林秀雄『本居宣長』　六〇〇夜：シェイクスピア『リア王』　七四二夜：ブレイク『無心の歌、有心の歌』　六一一夜：マーク・トウェイン『ハックルベリイ・フィンの冒険』　七六五夜：ガルシア＝マルケス『百年の孤独』　一一四四夜：柳田国男『海上の道』　一〇二三夜：ニーチェ『ツァラトストラかく語りき』

父を殺したのが「私」だって?
ならば「私」が母と交わる罪を犯したというのか?

ソポクレス

オイディプス王

藤沢令夫訳　岩波文庫　一九六七／河合祥一郎訳　光文社古典新訳文庫　二〇一七
Sophoclēs: Oidipūs Tyrannos　紀元前五世紀

傑作、快作、超作である。こんなによくできた戯曲はほかにない。ソポクレスが大ディオニュシア祭で二四度にわたって優勝したというのは、よほどのことだ。ナブラチロワやアイルトン・セナだって、こんな連続優勝はしなかった。最初の優勝はエレウシス神話に取材した『トリプトレモス』で、三十歳ほど年上のアイスキュロスを破っての凱《がい》歌《か》だった。

ディオニュシアの演劇祭は開演に先立っていくつかの儀式をおこなっていた。子豚の犠牲が捧《ささ》げられ、ディオニュソス神に献酒がなされると、過去一年間の同盟国からの貢納品が示されたり、アテネに功労した者たちが表彰されたりして、この演劇祭がすこぶる神話的な国家行事であることが謳《うた》われる。審査委員は十人。毎年選出されるだけでなく、だれが選ばれるかは大きな壺《つぼ》から名札をひいて決めるというやりかただったので、裏取引はできなかった。

トランペットを合図に、三日間にわたる演劇祭の火ぶたが切られる。観衆も大騒ぎでエントリー作品を見た。飲み食いもしたし、堅い石の座席を和らげる毛布も持ちこまれた。役者がヘタならブーイングもおき、気にいればアンコールの喝采《かっさい》が鳴りやまない。ソクラテスがアンコールをかけたという話ものこっている。上演にあたっては作者や演出家や役者のあいだのリハーサルがあり、それを通して書き換えもおこった。いうまでもなくさまざまな傾向の作品が上演されたのであって、喜劇と悲劇に分けることすら困難なほどに多様な作品群だった。

なかで、あらためて演劇祭全年通してのベストワンは何かと言われれば、ぼくは文句なしにソポクレスの『オイディプス王』を選ぶ。

父を殺して、母と姦淫《かんいん》をする。あるいは、父を殺した犯人が自分であることを知らずに、母と交わって子をもうける。よく知られたこの主題がすばらしいという理由では、必ずしもない。むしろソポクレスの戯曲と「エディプス（オイディプス）・コンプレックス」という言葉があまりに堅い結び目をつくっているのは、その結び目に呪文《じゅもん》をかけたフロイトの解釈に何度となく気を取られることになって、かえってソポクレスの劇作力が読めなくなる。

ギリシア悲劇をいちいちフロイトから引き離してから読まなくてはならないというのは困ったことであるが、いつのまにかそういう読み方ばかりが大手を振っている。フロイトの功罪を言挙げするつもりはないが、こと『オイディプス王』に関してはフロイトを忘れて堪能することが読書の王道だ。また、そうしないとギリシア悲劇の舞台を見るときの醍醐味《だいごみ》がない。この件に関しては、一言だけ注意書きを入れておけばいいだろうが、古代の神話や作品を読むにあたっては、どんなばあいも近代的心理学や精神分析なんてものをできるだけ取っぱらっておくということなのである。叙事とはそういうものなのだ。

ソポクレスは父親が武器製造工房をしていたせいで、裕福に育ち、贅沢《ぜいたく》な教育を受けた。きっと才能も溢《あふ》れていただろう。そのうえかなりの美青年だったらしく、ランプロスに習った音楽をいかして舞踊でも人気をとっている。ダンサーでもあった。

紀元前四八〇年のサラミスの海戦が勝利となったときは、自ら少年合唱団《コロス》を率いてアテネの街を熱狂に導いた。のちには芝居を自分でも演じた。そうとう人望があったのだろう。将軍に推挙され、また自宅を医神アスクレピオスの仮神殿にして、医学の普及にも努めた。そんなソポクレスが書いた『オイディプス王』なのである。万能の才人のレオナルド・ダ・ヴィンチが戯曲を書いたと思ったほうがわかりやすいほどだ。

ソポクレスは演劇を革新した。アイスキュロスが確立した三部作スタイルを変え、一作ずつを自立した戯曲として書き、これが決定的だと思うのだが、俳優を二人から三人にふやした。人形浄瑠璃《じょうるり》の使い手が三人になって、近松の戯曲が大ヒットしたことを思わせる。合唱の量も少なくした。ギリシア悲劇は舞台の外側でおこっている背景描写の台詞《せりふ》が多いのだが、これもできるだけ縮めて、事件の進捗《しんちょく》に速度を与え、観客がストレートにミュトス（筋）に入れるようにした。

完璧《かんぺき》なのだ。世阿弥の複式夢幻能の完成を思えばよいだろう。ぼくは縁あって日生劇場のオープニングをはじめ、この劇場で上演されたほとんどの舞台を見ることになるのだが、ソポクレスについては『アンティゴネー』も『エレクトラ』も市原悦子の力演で見て、その後はできるかぎり海外でもビデオでも、見るようにしてきた。しかし、なんといっても『オイディプス王』なのである。

プロロゴス（プロローグ）は宮殿の重い扉がギィーと開いて、コリントスからやってきてテバイの王となったオイディプスが従者とともに登場し、「わが民らよ、遠き父祖カドモスのはぐくんだ後裔《すえ》なる子よ、いかがいたしたのか」と始まる。この声で芝居の出来は決まる。控えていた老いた神官に向かって、王は「翁《おきな》よ、話してみるがよい」と毅然《きぜん》と促すと、さあ、ここからが複雑きわまりない神話的相姦劇の閣討ちが連打される。疫病が猛威をふるうテバイ王国の将来を案じたオイディプスは、アポロンの神託を伺うために王妃の弟クレオンをデルポイに派遣する。クレオンが戻って報告したポイボス・アポロンの託宣が恐ろしい。先王ライオスを殺した下手人《げしゅにん》をあげよというものである。この国には「血の穢《けが》れ」があるというのだ。

パロドス（合唱歌）が挟まって、第一エペイソディオン（挿話の段）になると、オイディプスはさっそく予言者テイレシアスに下手人をつきとめることを命じる。盲目のテイレシアスは真犯人を知っているのだが、口をつぐんで言おうとしない。オイディプスは罵《ののし》り、予言者はついに「あなたが尋ね求める先王の殺害者は、あなた自身なのだ」という驚くべき真相を告げる。

ところがオイディプスは、自分が父親を殺したなど思いもよらぬことなので、これはクレオンの陰謀だと察知する。このあたり、予言者の演技が深まっていかないと、舞台はタテにつながらない。ここから時間が入り乱れてくるからだ。こうして第一スタシモン（正歌・対歌）が入って、旋舞歌が合唱される。いい舞台のスタシモンを聞いていると身震いがする。

第二エペイソディオンでクレオンが登場し、「市民のかたがた、オイディプス王が私に恐ろしい言葉を投げかけて罪を着せたと聞いて、がまんができずにやってまいりました」と告げる。けれどもオイディプスはクレオンの釈明に耳を貸さず、嫌疑は晴れない。観客はオイディプスが先王殺害に関与しているとも、クレオンが陰謀をめぐらしているとも予測できず、混迷に陥っていく。また観客にそう予測させなければ、オイディプスもクレオンも役者ではない。

ついでコンモス(叙情歌交換)となって、クレオンは「あなたにはわかってもらえなかったが、私の潔白はこの人たちが知っている」と捨て台詞を残して退場する。

次のコンモスは対歌である。コロスと対話する王妃イオカステがいよいよ登場する。王妃の告白も恐ろしい。彼女は先王の妻であって、いまはオイディプスの妻でクレオンの姉である。そのイオカステが、「実は先王ライオスに神託が降りたとき、王は自分の子に殺されるであろうということだった」と言い出した。

イオカステはあくまでオイディプスを安心させたいのだから、続けて「しかしながら、先王は子供によって殺害されたのではなく、旅の途中の三叉路《さんさろ》で盗賊に襲われて死んだのです」と慰めようとする。さらに「先王と私のあいだに生まれた子は、三日もたたぬうちに山に捨てられて死んでしまったことが確定されている」と言う。だからくよくよなさることはないと言うのだ。しかし、この話を聞いているオイディプスはあることを思い出して、愕然《がくぜん》とした。

かつてオイディプスがテバイの国にやってくるとき、ある三叉路で一人の男を殺したことがあった。三叉路は小アジア・ギリシア世界ではヘカテーの君臨する魔術の動くトポスなのである。ギリシア神話やギリシア悲劇で三叉路が出てきたら、必ず何かがおこると思ったほうがいい。日本でいうなら八衢《やちまた》である。そこに、この台詞だ。「おお、ゼウス、おんみはそもそもこの私の身に、何をなそうとはかられたのか」。オイディプスの苦悩が始まった。第二スタシモンは静かな歌となり、かえって不気味な舞台が冷たく燃え上がる。

第三エペイソディオンは、侍女たちを従えたイオカステが手に祈願の小枝と香を持って、前庭のアポロンの神殿の前に立って、静かに、しかし不気味に始まる。事態はもはや裏の裏の推測が互いに入り乱れ、つまりはソポクレスの完全な作劇術の術中にはまって、たとえ神殿の前ではあっても、何が真相かはわからない。

そこへオイディプスがやってきて、まさに自身が受けた神託では「おまえは父を殺し、母と交わって、母とのあいだに子をもうけるだろう」というものだと告白をする。加えて、オイディプスの故郷であるコリントスからの使者が来て、ポリュボス王が死んだのでオイディプスに帰って王位に就いてほしいと言う。オイディプスの父ポリュボスをオイディプスは殺さずにすんだのだ。しかしまだライオス先王とオイディプスの関係があきらかにはなってはいない。

　ひょっとしたら、オイディプスはライオスの子であったかもしれない。案の定、使者がとんでもないことを言い出した。キタイロンの山中で拾った捨て子を、「この私がポリュボス王に譲り渡した」のであると。このときさっと顔が青ざめたのはイオカステだった。彼女はすべてを察知した。体を交わったオイディプスこそがわが子であったということを。このことは舞台上では伏せられるのだが、この直後にイオカステが首を括《くく》って自害したことがのちになってわかることになる。


　事態は想像を絶する最悪の場面に突入する寸前になっている。こうなると、もはやオイディプスにとっての唯一の救いは、ライオス先王の一行でただ一人逃げ帰った羊飼いを呼び寄せて、あのとき先王を殺したのは噂どおりの盗賊であったことを確かめるだけとなる。

　暗澹《あんたん》たる予感のなか、第三スタシモンは神々を呼ぶ歌になる。僅《わず》かな光を感じさせるコロスが広がっていく。

　けれども第四エペイソディオンでは、現実がすべてを暴露する。召喚された羊飼いがこの作劇中でソポクレスが用意した最も恐ろしい真相を語り始めたからだ。母イオカステはわが子を殺すように命じていたというのだ。オイディプスが聞く、「非情にも、みずからの子を?」。羊飼いが答える、「不吉な神託を恐れられたがため」。オイディプス「どのような?」、羊飼い「その子がやがて親を殺すであろうとのお告げでございました」。第四スタシモン、「いたましや、オイディプス王」の旋舞歌正歌は、合唱とともに観客の慟哭《どうこく》が聞こえてくるところだ。

かくしてエクソダス（終盤＝脱出）である。オイディプスは母イオカステが首を括って自害したと聞いて、その場に駆けつけ、王妃の上衣《うわぎ》についていた金のブローチを抜き取り、こともあろうに自身の両眼を何度も何度も突き刺すことになる。そして有名な台詞。「目はいかにせん、正視に堪えぬ。君の与える、げにそれほどの恐れおののき」。ここは演劇史上、近松門左衛門の『出世景清《しゅっせかげきよ》』のラストシーンを除いてただひとつ、『リア王』に匹敵する凄惨《せいさん》な場面である。ここだけは鶴屋南北もかなわない。

コロスに続いてオイディプス王の最後の長口舌《ちょうこうぜつ》は、役者の演技にでも注意をむりやり向けないかぎり、とうていじっとしていられない。それはフロイトの「エディプス・コンプレックス」の説明どころではない結末なのだ。

こうして『オイディプス王』全巻は、どんな希望もなく闇の渦中に向かって閉じていってしまうのである。紀元前四二七年ごろの作品だ。

こんなに重い物語はなく、こんなに緊張を強いられる舞台は、あまりない。あるとすればヨーロッパ古典においてはやはり『リア王』であるけれど、同じテーブルでは語れない。シェイクスピアの成功はいかにソポクレスの構成を避けられるかという一点において、ソポクレスをめざしたからだった。

あらためてふりかえってみると、この戯曲はかなり奇怪な仕上がりになっていた。なんと観客が見ている舞台上では、まったく事件がおこっていなかったのである。観客には事件は見えていないのだ。事件の経緯のいっさいは、神託か、回顧か、使者の説明か、後の祭りばかりなのだ。イオカステの自害も舞台では見えないし、むろんいっさいの王（父）殺しも、わが子の放棄も見えてはこない。主人公のオイディプス王が、自身の出自と犯罪とを探索しただけなのだ。

すなわちこの悲劇は、実のところは、悲劇の発見のための悲劇だったのである。もっとわかりやすくいえば、オイディプス王は世界史上最初の探偵であって、同時に、世界史上最悪の、最も悲劇的な犯罪者だったのだ。アリストテレスは『詩学』のなかで、その手法を絶賛した。

ソポクレス以降、こんなに恐ろしい推理小説を書いた者はいなかった。こんな文学もない。もし似たような作品があったとすれば（似たものはいくつもあるけれど）、それはすべてソポクレスの『オイディプス王』の追憶もしくは踏襲なのである。

ちなみにパゾリーニが一九六七年に監督した原題《オイディプス王》は日本では《ア

ポロンの地獄》というとんちんかんな邦題で公開されたのだが、これはパゾリーニ自身の物語でまぶされていた。イオカステはシルヴァーナ・マンガーノだった。日本では蜷《にな》川幸雄《がわゆきお》が早くから舞台にしていて、八〇年代の築地本願寺のものなど、なるほどそうくるかと思わせたのだが、二〇〇二年になって野村萬斎にオイディプスをやらせたものは、麻実れいのイオカステは妖《あや》しくてよかったが、萬斎によってコクと深みが落ちてしまっていた。

第六五七夜　二〇〇二年十一月十二日

参照千夜

八九五夜：フロイト『モーセと一神教』　二五夜：『レオナルド・ダ・ヴィンチの手記』　九七四夜：『近松浄瑠璃集』　一一八夜：世阿弥『風姿花伝』　九四九夜：鶴屋南北『東海道四谷怪談』　六〇〇夜：シェイクスピア『リア王』　二九一夜：アリストテレス『形而上学』

地獄界・浄罪界・天堂界。
委曲を尽くした世界最大の「知の歴史フォーマット」。

ダンテ・アリギエーリ

神曲

寿岳文章訳　集英社　全三巻　一九七四〜一九七六・一九八七　／
平川祐弘訳　河出文庫　二〇〇八〜二〇〇九　／　三浦逸雄訳　角川ソフィア文庫　二〇一三
Dante Alighieri: La Divina Commedia 1307–1321

驚嘆、飛翔、篤心《とくしん》だ。回復しがたい罪状であり、壮大きわまりない復讐《ふくしゅう》である。あるいは偉大な作為そのものだ。それなのに至上の恋情で、比較のない感銘の比喩《ひゆ》である。また深淵の祈念で、阿鼻叫喚《あびきょうかん》であって、それでいて永遠の再生なのだ。
ダンテ。神曲。ディヴィナ・コメーディア。神聖喜劇。ここには人文の地図があり、精神の渇望があり、文芸のすべてに及ぶ寓意《ぐうい》が集約されている。それは宇宙であり、想像であり、国家であり、そして理念の実践のための周到なエンサイクロメディアの記譜だ。あらゆる信念と堕落の構造であり、すべての知の事典であって、それらの真摯《しんし》な解放である。
ダンテ。神曲。ディヴィナ・コメーディア。神聖喜劇。こんな途方もないフォーマットをもった物語には、めったにお目にかかれるものではない。ダンテ・アリギエーリとはいったい何者であったのか。神曲とは何の書物であったのか。

おそらくぼくの読書遍歴のなかで、これほどに何度もその牙城《がじょう》への探索を誘惑しつづけた大冊は、ほかにはなかったのではないかと思う。

最初はダンテがベアトリーチェに寄せる無上の愛を知りたくて読んだ。そのころのぼくのベアトリーチェは皆川眞知子だった。紫野《むらさきの》に住んでいた従姉妹《いとこ》のことだ。若くして自殺した。ついでは野上素一《のがみそいち》や寿岳文章《じゅがくぶんしょう》や里見安吉に導かれ、古代ローマと初期ルネサンスをつなぐ偉大すぎるほどの橋梁《きょうりょう》として読んだ。さらにサンドロ・ボッティチェリやギュスターヴ・ドレの『神曲』への視覚幻想的傾倒やリロイ・ジョーンズの地獄篇をめぐる騒々しいジャジーな議論に惹《ひ》かれ、また国家論としての『神曲』にも関心をもった。『遊学』（中公文庫）のなかのダンテを綴ったのはそのころだ。

そのうち『神曲』の構造に知的アーキテクチャとしてのシステム構想を感じるようになって、いっとき「オペラ・プロジェクト」を思い描いていたときは、『神曲』をコンピュータによってシステム化することを夢想しつづけていた。このあたりのことは荒俣宏や高山宏や黒崎政男がよく知っている。澁谷恭子などはぼくがダンテを冒瀆《ぼうとく》する気ではないかと心配していたらしい。だからピーター・グリーナウェイがBBCで《TVダンテ》を放映したと聞いたときは、しまった！　というほどの嫉妬《しっと》を感じた。

そのころぼくの仕事のことは何でも承知していた佐藤恵子がイタリアに行くときは、いつも『神曲』の古いエディションを入手してもらうように頼んだものだった。計算などしていないけれど、おそらく『神曲』だけで数百万円をつぎこんだのではないか。こんなに気になった大冊は、ぼくにはかつても今後もありえない。もしあるとすれば、それはぼく自身が松岡正剛のディヴィナ・コメーディアを書物にするか、計画にするときだ。まあ、そういうことはおこるまい。

一二八九年六月、フィレンツェはアレッツォを盟主とするギベリーニ党の軍隊と命運をかけたカンパルディーノの合戦で辛くも勝った。しかし世情は落ち着かず、人心は動揺していた。その一年後、フィレンツェのアルノー河畔のバルディ家の一室でベアトリーチェが病死した。すでに結婚してはいたが、まだ二四歳だった。ダンテも二四歳。

この瞬間、世界の文学史が、いや想像力の天空がぐるっと大きく転回した。ダンテは茫然《ぼうぜん》自失、悲嘆にくれる。なんとか神学書や哲学書を読んで気を紛らわし（ウェルギリウスの『アエネーイス』、ボエティウスの『哲学の慰め』、キケロの『友情論』など）、ともかくもベアトリーチェのために綴ってきた詩をまとめ、三年後に一冊の詩集とした。これが『新生』(ヴィタ・ヌオーヴァ)である。詩的半生の恋情自叙伝といってよい。

ソネット二五篇、カンツォーネ四篇、バッラータ一篇、スタンツァ一篇。ソネットは十四行詩のこと、カンツォーネは最初の詩節の行末の語が続く詩節の行末にくりかえしあらわれる詩のことをいう。いずれもシチリア派がようやく完成しつつあった詩型だった。ダンテを知るにはこのシチリア派を観望することが欠かせない。シチリア派を興したのはシュタウフェン朝のフェデリコ二世だった。

フェデリコ二世は父ハインリッヒ六世のドイツの血をもって生まれたのに、初期イタリア語のほうがずっと好きで、一一九八年にシチリア王となり、若くして詩歌に耽溺《たんでき》した。これは日本でいえば、後鳥羽院が『新古今和歌集』とそのスタイルに耽溺した時期とまったく同じ時期にあたっていて、このことがほとんど指摘されてこなかったことが不思議なくらいの同期的振動《シンクロニシティ》である。ダンテには、この〝シチリア派の後鳥羽院〟とでもいうべきフェデリコ二世の影が曳《ひ》く。

シチリア派はトスカーナ派を生んだ。グィットーネ・ダレッツォが代表する。ラテン語を真似たやや衒学《げんがく》的なイタリア詩をつくろうとした。こうして十三世紀末になってシチリア派の影響を受けたボローニャ派がおこり、グイド・グイニツェリがその花を咲かせると、この派の清新な詩体がどっとフィレンツェに流れこんだ。若きダンテの最も親しい友人だったグイド・カヴァルカンティはこの「清新体詩」を最初に身につけた。『神曲』煉獄《れんごく》篇の第二六歌では、ダンテはグイニツェリのことを「私の父というべき詩人」と書いている。

ダンテの『新生』の詩篇はボローニャ派の集大成ともいうべきものになった。これをもって、フェデリコ二世を後鳥羽院に比するに、定家・西行・長明をへて、兼好や阿仏《あぶつ》尼《に》あたりがダンテの執筆時にあたっているというふうにも見える。ダンテが一二六五年、夢窓疎石が一二七五年、兼好が一二八三年ごろの生まれだ。

もうひとつ、急いで言っておきたいのは、ダンテによってイタリア語が確立していったということだ。これはフランス語が『ロランの歌』で、英語が『アーサー王物語』で、日本語が『平家物語』で出来《しゆつたい》したことに比況できる。

ところで表題がそうであるように、『新生』はこれをもって新生を期そうとしたダンテの願望がよくあらわれてはいるのだが、やはりこの詩集はどう見てもベアトリーチェの死を乗り越えないままのダンテの取り乱した実情をあらわしていた。有心《うしん》ではあっても余情《よせい》や幽玄には至らなかったとでも比喩すればいいだろうか。

その証拠ということではないが、『新生』第二三章にはベアトリーチェが死んだ夢を見て、夜中に起きると凍えるように慄《おのの》くダンテ自身の姿も描かれている。それほどにベアトリーチェはダンテの宿願の光だったのである。ダンテを語るにはこのベアトリーチェの存在を語らないでは、何にも進まない。

フィレンツェでは毎年五月一日に花祭りカレンディマッジョが開かれる。九歳のダンテが同い歳のベアトリーチェと出会ったのは一二七四年のときの花祭りで、この年はコルソ通り聖ピエール・マッジョーレ教会の隣のファルコ・ポルティナーリの宏大な邸宅の庭で催された。そこがベアトリーチェの実家だった。すでにダンテはベアトリーチェの兄マネットから妹ベアトリーチェのことを聞いてはいたが、会ったのは初めてで、その白い服に包まれて接客している可憐《かれん》な少女にたちまち魂を奪われるような感動をおぼえた。

次にダンテがベアトリーチェに出会うのは、二人ともフィレンツェの街にいながらも九年も後のことだった。アルノー河畔の聖トリニタ橋の袂《たもと》を、ベアトリーチェが二人の女友達にはさまれて歩いていた。二人は再会する。けれども二人は会釈をしあったものの、会話すらしていない。『新生』にはベアトリーチェへのそれ以来の熱愛が痛々しいほど歌われている（第二三章以下）。その熱愛は、『金色夜叉』ではないけれど、ベアトリーチェが銀行家に嫁《とつ》いでもなお続き、そして二四歳で若死にしてしまった瞬間に、永遠の凍結をみせたのだ。ダンテは生涯にわたって、このことを忘れまいと心に決めた。

では、そのようにベアトリーチェを失ったダンテが、恋愛詩や失意の物語を書いたというならともかく、いったいどうして『神曲』などという巨大なプログラムに立ち向かったのか。それを説明するのは容易ではないが、別な目で見てみればどうだろう。

実はダンテは『神曲』で何人もの教皇たちを地獄に堕《お》としている。無神論者であったのではない。敬虔《けいけん》なカトリック教徒だった。それなのに教皇に批判的だった。

そもそも『神曲』は叙事詩であって物語であって、歴史であって百科事典であって、またおびただしい数の人名辞典になっている。さらに『神曲』はフィレンツェの政治史であって国家理想をめぐる議論にもなっている。ヒントがそこにある。

この時代はフィレンツェもラヴェンナもナポリも都市国家だった。トスカーナ地方だけでもいくつもの都市同盟が複雑にむすばれていた。そのため『神曲』の随所には、ダンテのフィレンツェ政治やキリスト教社会に対する主張や見解が記述されている。聖人や神学者たちの住処《アドレス》も決定されている。そのなかで教皇が次々に地獄に堕とされているわけなのだ。ダンテには教皇を貶《おとし》める理由があったのである。

そこで、まずもってはっきりさせておかなくてはならないのは、ダンテはプラトンよろしく政治家をめざしていたということだ。それとともに、これもプラトンそっくりなのだが、フィレンツェを追放された挫《ざ》折者《せっしゃ》でもあったのだ。死にいたるまでダンテは理想と挫折の懸崖《けんがい》にぶらさがっていた。

　さきほども書いたように、一二八九年にフィレンツェはギベリーニ党を相手にカンパルディーノの合戦で戦った。ダンテはグェルフィ党の騎兵隊の一兵士だった。グェルフィ党は合戦にはなんとか辛勝したけれど、戦闘はかなりすさまじく、地獄篇第二二歌と煉獄篇第五歌はその戦闘のありさまで埋まっているほどだ。

　ところが勝ったグェルフィ党が二つに割れた。黒党と白党だ。黒党には古い封建貴族がつき、白党には富裕な市民がついた。ダンテは白党だった。富裕な白党はプリオラートという最高行政機関をつくって三名の統領《プリオーレ》を選び、毛織物業と両替業を保護する作戦に出た。フィレンツェだけがこうした商業で繁盛していたわけではない。相互に複雑な都市同盟によってこれらの権益は上下し、いつも左右に揺れた。とくに教皇の権勢や教会の利益との関係が熾烈《しれつ》をきわめた。

　こうしたなか、ダンテが統領の一人に選ばれた。ダンテは社会や組織のリーダーになることに怖《お》じけはなかったので、引き受けた。そして、その覚悟の瞬間から自分の活動の理想のマスタープランをハイパークロニクルに書き上げていくことを決意して、その実践に乗り出していったようだ。このハイパークロニクルなマスタープランこそが『神曲』なのである。『神曲』は魂の階梯《かいてい》を描いた長大な浄化の物語であるが、他方においては、この時代の同時進行的な社会宇宙論のためのプログラムだったのである。

もう少し『神曲』執筆の背景を書いておく。ダンテによって地獄に堕ちた教皇の代表は、ボニファティウス八世やアドリアーノ五世やクレメンテ五世たちだ。ボニファティウス八世はフィレンツェに圧力をかけ、黒党がその権勢のおこぼれをもらおうとした。そこへ教皇庁から教皇に奉仕する一〇〇人の騎兵を出せと言ってきた。

すでに統領の一人となっていたダンテはこれを拒否する手紙をつきつけた。教皇庁は応じない。ダンテはローマに陳情するために赴き、失敗し、ついでは冤罪《えんざい》をふくめた容疑で裁判にさえかけられることになった。これはかなりの屈辱となった。結果は罰金と二年間の国外追放。やむなく放浪を開始して、各地の食客となって流れたのち（まさにプラトンだ）、ラヴェンナに住んだ。一三一七、八年くらいのことである。そしてこのあいだに『神曲』を書きつづけた。

当然、ボニファティウス八世は地獄界に位置づけられた。さらにニッコロ三世は地獄界第八圏に、アドリアーノ五世が煉獄界の第五円に、チェレスティーノ五世も地獄の入口に捨ておかれた。教皇のすべてが地獄にアドレスされたのではない。マルティーノ四世は煉獄界第六円に、ジョヴァンニ二一世は天堂界第四天に配された。『神曲』では教皇であれ、すべてダンテの思いのままなのだ。

思いのままではあったが、誰をどこに配当するかということでは、ダンテはいろいろ迷っている。興味深いことに、ラヴェンナに滞在していたときのダンテは、この地の大司教にそのアドレス配当をめぐる心配事を相談していた。イスラムの異教徒でありながらアリストテレス学を発展させたアヴェロエスやアヴィケンナを煉獄界に住まわせていいか、トマス・アクィナスの論敵でパリ大学の教授だったシジェーリを天堂界の第四天にトマスとともに住まわせていいか、そういう相談だ。まさに聖人とそれに匹敵する知の王者たちを、どこにアドレスさせるかというマスタープランの保留事項を決めたかったのである。大司教はダンテの配当通りでいいと答えたらしい。

さて以上のことを前提に、『神曲』そのものの筋立てと構造とその特色を際立たせてみたい。簡潔ではあるけれど、ぼくなりの案内をしてみる。そもそも『神曲』はダンテその人が、古代ローマの叙事詩人ウェルギリウス（ヴィルジリオ）に案内されて地獄界からめぐっていく物語になっている。だから案内は『神曲』の手立てそのものだ。

『神曲』は大きく三部構成になっている。よく知られるように「地獄篇」「煉獄篇」「天国篇」と訳されることが多いのだけれど、また、ここにとりあげた寿岳文章の訳語もそうなっているのだが、ときに煉獄篇を「浄罪篇」と、天国篇を「天堂篇」とすることもある。

スタイルは明示的である。壮大な叙事詩なのである。すべての詩形はボローニャ風ではあるが、ダンテ自身が工夫開発した三行詩《テルツァ・リーマ》で進む。かつ、地獄篇・煉獄篇・天国篇ともにかっきり三三歌からできていて、そこに序章がついている。そのため全詩はぴったり一〇〇歌になる。こういう詩形や詩数へのこだわりは、空海からエドガア・ポオまで歴史的にも何人かが傑出するが、そこに精緻《せいち》な視覚的構造を配当したとなると、やはりダンテ以外にはありえない。

それでは聞きしにまさる規模をもって『神曲』に展観された光景と出来事を案内したい。二〇〇三年の終わりの書物案内にはふさわしいことだろう。

序章。

発端は、人生の矛盾を痛感して煩悶《はんもん》している三五歳のダンテがまどろんでいるところから始まる。ダンテはある日に「暗闇の森」に迷いこんだのだ。この「ある日」は金曜日で、イエスがゴルゴタの丘に罪を引き受けた日にあたる。

天界に遊星が走る森を脱したダンテは、そこにあった浄罪山に登ろうとして、ヒョウに会う。ヒョウは行く手を遮《さえぎ》って立ち去らない。ダンテはそのヒョウの模様のもつ示唆に気づく。次にライオンとオオカミがあらわれ、窮地に立った。三匹の野獣はダンテの行く手を暗示する寓意《アレゴリー》になっている。

もはや絶体絶命と思われたとき、天上から三人の女神が手をさしのべた。マリアとルチアとベアトリーチェである。ベアトリーチェはウェルギリウスにダンテを案内させることを命じ、ダンテが天堂界に着いたときには自分が案内することを誓う。こうしてダンテは何かをめざすには他者の救援をもつべきであることを、冒頭に告げる。

ウェルギリウスがダンテの案内人になったということは、『神曲』の基本アーキテクチャがどうなっているかを明かしている。『神曲』は古代ローマ初期のウェルギリウスの傑作古典『アエネーイス』を下敷きにして書かれたのである。『アエネーイス』はローマ建国の神話を謳《うた》った叙事詩であるが、主人公がトロイアの英雄アエネーアースになっていて、トロイアの落城後に第二のトロイア、すなわち理想のローマを建国しようという構想になっている。ダンテはこれが気にいった。

前半の六巻はトロイアからローマに到達するまでの放浪だ。この筋書き自体は『オデュッセイアー』のローマ版になっている。ここでは詳細を省くが、巻六で『オデュッセイアー』に母型をとった冥府《めいふ》行が語られ、そこでアエネーアースはアウグストゥスの甥《おい》で、将来を請《こ》われて、その顚末《てんまつ》を物語るという場面になる。このときアウグストゥスに嘱望されながら夭折《ようせつ》したマルケルスのことを語っていると、マルケルスの母のオクターヴィアが悲しみのあまりに失神する。

この悲しみに向かって物語を告げていくという方法が、まさにホメーロスからウェルギリウスをへてダンテに到達した方法だったのである。ちなみに後半の六巻はラティウムに上陸後、原住民との激しい戦闘が繰り広げられて、アエネーアースは辛くも勝利を得るのだが、このあたりはダンテの時代のフィレンツェの戦闘に擬せられる。また、この戦闘に神々が介入するという、天界の唐突な介入の仕方についても、ウェルギリウスに倣《なら》っている。

こうしてダンテは『アエネーイス』の作者ウェルギリウスをみずからの案内役に頼み、自身をアエネーアースに擬したのだった。

地獄界 (Inferno)。

ダンテの地獄は大きな漏斗《ろうと》状になっている。その上に大地が広がっていて、その中心には聖地エルサレムがある。そこから垂直に線を引くと、地球の重心に達するようになる。そこには神に反乱した巨大な天使ルシフェロが投げ落とされたままになっていて、その巨体が半ば地層に食いこんでいる。そこで大地はルシフェロの悪に汚染されるのを嫌って海中に逃れるように広がり、そこに島嶼《とうしょ》をつくっている。そこが浄罪界つまり煉獄界になる。

地獄界は九つのスパイラル・メインレイヤーでできていて、それぞれ「圏」と名付けられている。そこに副獄ともいうべきサブレイヤーが付属する。地獄界全貌の大きさは記述されていないけれど、下から二番目の第八圏でさえ、周囲が十一マイル、直径が半マイルだと地獄篇第二十章には記されているから、漏斗の上部はかなりの大規模になる。その地獄界の入口に「暗闇の森」があった。

それでは物語の開幕だ。ウェルギリウスの案内でダンテは地獄界に入っていく。はやくも暗黒の響きが唸《うな》っている。嘆息・悲嘆・叫喚・絶叫・怒号……。『遊学』にも書いたように、『神曲』はこうした阿鼻叫喚のオノマトペイアに満ちていて、それ自体が反語的なマントラになっている。『神曲』は事件的音響のオーケストレーションでもあったのである。

地獄の入口はアケロンの河。三途《さんず》の川だ。ここを渡るには地獄の渡し守カロンの舟を借りなければならない。カロンは神をも親をも呪っている白髪の鬼である。その鞭《むち》打つ姿にダンテは気絶してしまう。それでも舟は動いてダンテは対岸に運ばれる。

対岸に着いてみると、ロダンの彫刻で有名になった地獄門が立っている。ここは「彼岸」なのである。“there”なのだ。九圏の辺獄《リンボ》が待っている。驚いたことに第一圏にはホメーロス、ホラティウス、オウィディウス、ルカーヌスがいる。いよいよダンテの容赦ない人物マッピングが始まったわけである。ホメーロスとホラティウスがここにいるのは真実の信仰をもたなかった偉人の善良な魂ということらしい。

ぼくはのっけからホメーロスが地獄に堕ちていてショックだったのだが、先を読んで

『神曲』「地獄篇」は古来多様な画家たちのイマジネーションをかきたててきた。ボッティチェリの「地獄の見取り図」はその後の「神曲」解釈にも影響を与えた。ドレの緻密で幻想的な木版による挿絵を入口に『神曲』に魅了される人も多い。

ギュスターヴ・ドレ「地獄篇第19歌」

ボッティチェリ「地獄の図」
(Botticelli : De Laurent le Magnifique à Savonarole, SKIRA, 2003.)

みると、これはまだ一番軽い罪だった。そもそもウェルギリウスにしてからがここの住人だったのだ。ということは、『神曲』は最初に世界で最も誉《ほま》れの高い詩人たちを辺獄《リンボ》に置いて、ダンテとともにこの四人の詩魂を強引に道連れにしたということだった。だからここには放縦と罪悪と凶暴が占めている。ウェルギリウスとダンテはそのすべてをつぶさに目撃する。

　第二圏は入口で怪物ミノスが歯がみして、その奥では肉欲に耽《ふけ》った者が責め苛《さいな》まれている。よく見ればアッシリア女王セミラミスやクレオパトラたちだ。打ちのめされるダンテに風のように近づいてきてくれたのは、パウロとフランチェスカの魂だった。『神曲』にはこのように、入口の怪物、地獄の責め苦を受けている者たち、そこに一陣の風や歌となってさしこむ救済の象徴、この三つがたいてい組み立てられていく。

　第三圏には怪獣ケルベロスがいて、貪婪《どんらん》をむさぼった者、すなわちさきほどの教皇などが堕ちている。教皇ボニファティウス八世は冷たい雨に打たれっぱなしの状態だ。第四圏では、悪の富神ともいうべきプルートが声を嗄《か》らして唸《うな》っている。吝嗇《りんしょく》と浪費の罪を犯した者たちの辺獄である。ダンテはさらに憂鬱《ゆううつ》になっていく。第五圏には「スティージェの泥沼」があって、憤怒《ふんぬ》の罪に囚《とら》われた者たちがその泥沼にどっぷり浸《つ》かっている。そのなかの一人、フィリッポ・アルジェンティはダンテの乗った舟に襲いかかってくるのだが、ウェルギリウスとダンテは辛うじて難を免れる。

こうなると、これはまさにディズニーランドやユニバーサル・スタジオの暗闇トロッコ冒険である。やがて二人は「ディーテの城」に着く。三人の怪女フリエたちが不気味な衣装と声でメドゥーサを呼んでいる。ダンテをゴルゴンの呪文にさらして石にしてしまおうという企《たくら》みだ。

ダンテは堅く目を閉じる。悪魔が城門を閉めているので入れずに困っていると、天使がやってきてこれを開ける。つねに天上からベアトリーチェがオムニシエント（天からの目で）に見守ってダンテの危機を救っているというのが、この物語のミソなのだ。

ディーテの城内は燃えさかっていた。炎上都市だ。燃える墓があり、異端者が焼かれている。焦熱地獄という言葉は仏教にもあるけれどまさにそれである。ここからが辺獄第六圏にあたる。ダンテはそのなかにフィレンツェの宿敵だったギベリーニ党の党首が火炎に踊らされているのを見る。

第七圏では牛頭怪獣ミノタウロスが待っていた。この辺獄はその内側に三つの恐ろしいバルコニーをもっている。第一環は隣人に暴力の罪を犯した者が、第二環は自身に罪を犯した者、すなわち自殺者たちが、その体を茨《いばら》に変えられている。第三環はダンテの価値思想がよくあらわれているところで、神に向かって暴力をふるった者、神の娘（自然性）に暴力をふるった者（これがソドムとしての男色者らしい）、神の孫（技術性）に暴力をふるった者（これはカオルサとしての高利貸らしい）、こういう三者が幽閉されていた。ときどき怪鳥アルピアがダンテたちを窺《うかが》っている。のちにマックス・エルンストのロプロプ鳥を見たとき、ぼくはただちにこれがアルピアであると知った。

第七圏を見終わると、目の前に巨大な断崖があらわれる。とうてい歩いては通れない。そこへ怪獣ジュリオーネ（ゲリュオン）がやってきたので二人は恐怖に慄《ふる》えながらも、その背に乗ってとびこえる。ジュリオーネは岸壁をめぐらして円をなす谷底に着く。

辺獄第八圏は十個のサブレイヤーをもっている。ここではすべて欺罔《きもう》の者たちが堕ちているのだが、どんなふうに他人を欺《あざむ》いてきたかで分かれる。

第一嚢《のう》は婦女誘拐者たちが鞭《むち》を打たれる。第二嚢はお追従《ついしょう》ばかりをしてきた者たちが糞尿《ふんにょう》まみれになっている。第三嚢は聖物売買者が岩石のあいだで互いに衝突をくりかえしている。インチキ美術商たちである。第四嚢は妖術者《ようじゅつ》やイカサマ宗教者たちが頭を捩《ねじ》られたまま、背進を続けている。いっときメリル・ストリープの美容整形映画があって、彼女が顔を逆向きにして歩いていたが、あんな感じだ。ダンテはインチキやイカサマをとくに嫌っていた。

第五嚢は汚職をした者たちが煮えたぎる瀝青《れきせい》の中で喘《あえ》ぎ、悪鬼が罪人を爪で引っかくぞと叫んでいる。ここは汚職にまみれたサンタ・チタこと、ルッカの町なのだ。第六嚢は偽善者たちがいる。重たい鉛の外套《がいとう》を着せられて歩かされていた。第七嚢は盗賊たち、第八嚢は策略を弄《ろう》した者たちが火を浴び、よく見るとフィレンツェを誤った方向に向けた連中の顔が交じる。そこからなんとオデュッセウスの物語の声も聞こえてきた。第九嚢は不和の種をまいた者たちが悪魔の剣で切り刻まれて、第十嚢は錬金術で人を騙《だま》した者や、ニセ金を偽造した者たちがとんでもない病気にかかっている。

第八圏をすぎると、ウェルギリウスとダンテは巨人が取り巻く井戸に出会う。『神曲』においてはすべてが寓意《アレゴリー》と比喩《メタファー》によって語られるのだが、巨人はたいてい「僭越《せんえつ》」の象徴にあてられている。この井戸を降りれば地獄の底になるらしい。

第九圏は凍《い》てついて氷結した湖に見える。極北なのだ。地獄の極北なのだが、『神曲』の構造からすると地球の真下にあたっている。それなら南極なのだろう。原語ではコチト（氷獄）となっている。ありとあらゆる反逆者や裏切り者たちが氷漬けである。が、よく見ると四つのサブレイヤーをもっている。

第一円カイーナは血族に対する反逆者、第二円アンテノーラは祖国や自分の党派を裏切った者である。第三円トロメーアは食客を裏切った罪禍らしいのだが、かれらはダンテが放浪時代にイタリア各地を遍歴したときに親切にしなかった者たちが頭を氷湖から突き出されて責め苦を受けている。なんというダンテの復讐劇だろう。第四円ジュデッカは恩人に対する反逆と裏切りで、ここでは体が氷中に閉じ込められる。最後に世界三大反逆者ともいうべきユダとブルータスとカシウスが地獄の帝王ルシフェロの口で噛《か》まれたままになっている。最初に書いておいたように、ルシフェロは氷獄に半ば巨体を埋めている。

なんとも凄惨《せいさん》な光景だが、これが辺獄の最終場面であって、ウェルギリウスとダンテはここからの脱出を試みる。ぼくはこの脱出の仕方に興味をもってきた。ウェルギリウスがダンテを背負い、ダンテはウェルギリウスの首につかまり、巨人ルシフェロの毛深い体づたいにくるりとツイストしながら浄罪山のほうへ脱出していったのだ。この捩れていく脱出するという捩率《れいりつ》的方法に、かつてのぼくはいたく感激したものだった。

『神曲』はここで自身の構造を回転させながら地獄界から浄罪界に向けて、まさにデコンストラクション（脱構造）したわけなのだ。かくしてダンテは「不遜《ふそん》」からの解放に向かっていく。

浄罪界（Purgatorio）。

ウェルギリウスとダンテが脱出したところは海岸だった。エルサレムとはちょうど反対側になる。そこに見上げんばかりの七層の浄罪山が聳《そび》えている。前城にははやくも怠慢な魂たちが群がっている。ここでダンテは数秘的な体験をする。神秘的な数字がいくつも出てくる夢を見る。

燃える剣をもった天使が降りてきた。石段の最上段に剣をもった天使が坐《すわ》っていた。天使はダンテの胸を三度打ち鳴らし、Pという文字を七つ額に刻んだ。Pは罪をあらわすシンボルである。七つのPは「七つの大罪」を寓意する。天使はポケットから金と銀の鍵を取り出して、浄罪山の入口の扉を開けた。

浄罪界第一円は傲慢《ごうまん》の罪が浄められている。けれども贖罪《しょくざい》のためには「狭き門」をくぐって、重い荷物を運ばなければならなかった。ダンテは門をくぐり、いくつもの彫像に歌を捧《ささ》げた。第二円では羨望《せんぼう》と嫉妬《しっと》の罪が浄められつつあった。ダンテは粗末《そまつ》な衣服を着て、目を鉄線で縫った。耳を澄ますと、天空では倫理《エチカ》を勧める声が飛び、兄弟らしき天使が舞っている。のちにスピノザが愛した光景だ。が、それが羨望者たちには見えない。その兄弟天使に従うと、第三円が見えてくる。ふと気がつくと、ダンテの額からPの文字が二つ消えている。

第三円は憤怒の罪を浄められていた。贖罪のためには濃い煙に息をつまらせながらも聖歌を唄わなければならない。第四円では惰性《だせい》の罪が問題になっている。惰性とは何か。愛の不足のことをいう。愛していながら無関心を装うことをいう。だからここでは勤勉な者たちを褒めながら走りまわるという、贖罪の行為が課せられた。ダンテはまた夢を見た。オデュッセウスを襲った「セイレーンの夢」である。上半身は女性で下半身が鳥魚めいた怪物セイレーンはダンテを誘惑しようとし、ダンテはウェルギリウスに揺り起こされるまでその誘惑に浸っていた。

第五円では、吝嗇《りんしょく》と浪費の両方の罪を浄化しなければならない。ダンテは泣いた。さめざめと泣きはらすことも浄罪なのだ。そこに古代詩人スタティウスが出てきて、ダンテの額のPをひとつ消した。このスタティウスの登場と役まわりについては、『神曲』をキャラクター構造と見たばあいに重要なダンテの作劇術になるのだが、ともかくもスタティウスの登場によって、そろそろ「知恵の泉」が近いことに気がつく。第六円は飽食が戒められる。飢えと渇きに耐えなければならない。けれども視線の前をホログラフィのように、おいしそうな果物や飲み物がしきりに現れては消えた。

第七円は肉欲と性欲の罪を贖《あがな》う場だ。スタティウスは人体というものがなぜ肉欲をもつのかという説明をしながら、ダンテの知を促した。ダンテはアリストテレスを思い出し、知恵というものが潜在的なものと能動的なものに分かれ、前者によって外部の印象が受けられ、後者によってその印象が理解されるのだということをのべた。またアヴェロエスを思い出し、能動的な知恵には個性がないのは誤りなのではないかとのべた。宥《ゆる》しの通路に達するために猛火をくぐりぬけると、ウェルギリウスとダンテは浄罪界を抜け出たことを知る。

そこはまさに地上の楽園とおぼしい花が咲き、草原は森にかこまれ、仙女マチルダが花を摘んでいた。歌も聞こえてきた。そう思うまもなく、森の奥からは七枝燭台《メノラ》を先頭にきらびやかな神秘的な行列が進んできた。その中央には花車がひときわ目立ち、そこにベアトリーチェが乗っていた。気がつくと、ウェルギリウスとスタティウスの姿は消えていた。『神曲』はこうしてついに天堂界にさしかかる。

天堂界（Paradiso）。

ダンテとベアトリーチェが昇天していくという物語になっている。『神曲』のなかで最も美しく、かつ感動的で印象的な展開だ。構造はプトレマイオスの惑星的天体そのものだが、この時代の天体知識は天動説でも地動説でもなく、ひたすら香ばしい幻想によってのみ構造化されていた。こんなふうである。

第一天（月天）には、まだ誓願をはたせないでいる魂がいた。ベアトリーチェは月の斑点の話を語った。月の斑点は神に許されないカインの魂を象徴する聖痕《ステイグマ》である。ベアトリーチェはそのことを新たな解釈で包んでいく。第二天（水星天）には美名と善名を求める者たちが戯れていた。第三天（金星天）には恋に燃える者たちがいた。懐かしいフィレンツェの娘たちやシシリアの女王たちだ。顔が輝いている。ダンテの心は和み、懐旧と将来の音階が重なっていく。やがて「アベ・マリア」が聞こえてきた。

第四天（太陽天）では「知の魂」が弾む。ダンテはトマス・アクィナスやボナヴェントゥーラと会話を楽しむ。これらの会話は注目すべきもので、人間の判断の不確実性を問うものになっている。ダンテの知はしだいに深まっていく。ぼくはここを読んで、やっと『神曲』の全体像をつかめた記憶がある。西田幾多郎の『善の研究』を思い出したのも、ここだった。

第五天（火星天）は信仰のために覚悟して闘った者たちの魂が癒《いや》されていた。そこにはダンテの曾祖父《そうそふ》も交じっている。曾祖父はダンテを迎えて、フィレンツェの未来を予告した。第六天（木星天）にはかつて正義を断行しつづけた者の魂が凛然《りんぜん》とした姿を見せていた。しきりにユスティニアヌス帝の語る物語が終始する。『神曲』全巻を通して唯一のビザンティンな雰囲気に包まれる曲だ。ダンテはアガペーの全面的な到来を感じて、しだいに胸の内を熱くする。

かくて第七天（土星天）には、地上で瞑想《めいそう》や黙想をしつづけた者の魂が光っていた。また、ここからは天に向かって光の梯子《はしご》がかかっていて、そこを聖者たちが昇降していくのが見えた。あたかもウィリアム・ブレイクの光景である（ブレイクは何枚もの『神曲』スケッチを残している）。

続く第八天（恒星天）には勝利に輝く者たちの魂が待つ。ここでさらに上に昇るための試練をうけなければならない。聖ピエトロは信仰について、聖ヤコブは希望について、さらに聖ヨハネが慈愛についての質問をした。最後の口頭試問だ。ダンテは思慮深く、かつ勇気をもってこれに答え、すべての問答をクリアする。試問が終わりかけていたそのとき、新たな質問を投げかけたのはなんとベアトリーチェだった。

ベアトリーチェは「人間の始まり」について問う。ダンテが少し考えていると、ベアトリーチェはいったいアダムが純潔だったのはいつまでだったのか、罪を犯したのはいつだったのか、そしてなぜアダムは三〇二年間も辺獄にとどまらねばならなかったのかと問う。ダンテは満を持して神学論争のエッセンスを吐露し、スコラ議論からの脱出をはかる。いまでもこの場面をめぐっては議論が続いているところである。

こうして、ダンテはベアトリーチェに扶《たす》けられ、ついに第九天（原動天）に赴く。そこには神々が住んでいて、愛の原動力が天を回転させている。二つの光の輪が霊妙な音楽にあわせて、外なる輪は左から右へ、内なる輪は右から左へと回転している。そこには二つの天の弓が見え、二つの虹が動く。神は煌《きら》めく点となり、その周囲を天使たちが聖歌を唄って輪舞する。


やがて天空に光の十字架が見えてくると、ああ、ああ、『神曲』とはこういうことだったのかということが、忽然《こつぜん》と了解される。ボッティチェリのドローイングが最も美しくなるところだ。

このときようやく、ベアトリーチェは天使の数とはたらきを説明しはじめる。ちょうど天使の大群がやってきた瞬間である。ダンテがそこを見上げると、千段に達していようかというほどの天空円形劇場が出現していて、光でできている薔薇《ばら》が無数に輝いている。これが第十天のエンピレオ（至高天）であった。聖ベルナルドが進み出て、最後の説明役となった。

第十天エンピレオは、上の半天にはキリスト以前の聖者たちがいた。下の半天には嬰《えい》児《じ》や幼児の無垢《むく》なる魂が遊んでいた。そのあいだを聖母マリアたちが占めている。天空劇場の演目は、ここから至高の啓示に向かってさらにさらに劇的な寓意を見せるのだ。ダンテの想像力が最高峰に達する瞬間だ。すでに天空は真昼のように明るいのに、さらに輝く光の点が動きまわっている。そこに、まず木星界の霊たちの光が動いてDの字をつくる。その光はIとなり、ついでLをつくって、またたくまに七つの母字子字となる。“DILIGITE”（ディリギテ）だ。天空に「愛せよ！」と刻印されたのだ。

ダンテは次の光の刻印を待った。プラズマのごとき光点はふたたび動きだし、今度はゆっくりと“QUI JUDICATIS TERRAM”を光出させた。「地を審《さば》くものよ、正義を愛せよ」である。やがてその最後の文字Mだけが残り、そこに天空のあまたの光が集まってきた。このMは、ダンテが地上における唯一の理想を託す神意の国（Monarchia）のMである。モナルキアは故国フィレンツェであって、ウェルギリウスの古代ローマであり、またアウグスティヌスの「神の国」の象徴だった。

ダンテが茫然と光のMに見とれているその刹那《せつな》、それらの光の点たちはたちまち鷲《わし》の形となって翼を広げると目前に飛来して、ダンテの魂を救って天上高く飛び放ったのだ。天使たちの大合唱が天を轟《とどろ》かせ、ベアトリーチェはすべての愛となる。聖ベルナルドが聖母マリアに深い祈りを捧げ、ダンテはここにすべての英知と恩寵《おんちょう》に包まれて、ついに、ついに、地上に戻ることになったのである——。

以上で『神曲』全篇が終曲する。ロダンが地獄門に彫塑した光景に始まった旅程は天界いっぱいの光点の眩《まばゆ》さとなって大団円を迎えたのである。気がつけば、第九一三夜にしてついつい「千夜千冊」で一番長い案内になってしまった。けれども、この案内の長さこそがダンテがウェルギリウスを恃《たの》んでベアトリーチェを内在するために選んだ『神曲』の至高の長さというものなのだ。

これがダンテが自分自身を主人公としたディヴィナ・コメーディアというものなのだ。これが前代未聞の歴史的実名だけによる神聖喜劇という群像時空劇なのだ。

大ゴシック建築のようだといえば、まさに大聖堂の空間そのままに大詩篇になったようなものだ。エイゼンシュテインやグリフィスやキューブリックの歴史幻想スペクタクル映画っぽいといえば、そういうスケールがリテラル・スペクタクルになったともいえる。ワーグナーの楽劇四部作（ニーベルングの指輪）もかくやの構想だったといえば、まあ、その感じもする。しかし、そうなのではない。十四世紀の『神曲』から、これらが派生

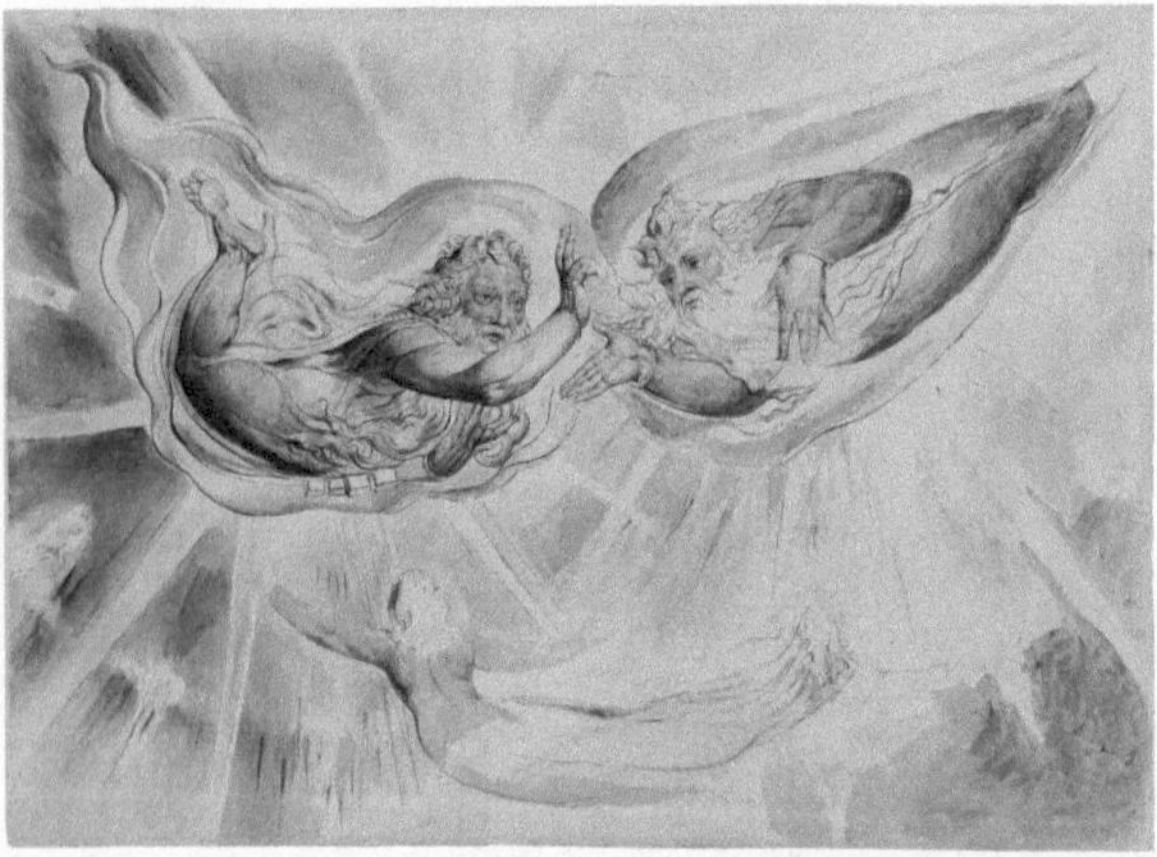

ウィリアム・ブレイク「天国篇第25歌」

ギュスターヴ・ドレ「天国篇第31歌」

幻視者として知られるブレイクは『神曲』に傾倒し、晩年に130点もの挿画を集中的に制作したが、未完に終わっている。ここでは、飛翔する想像力と光に満ち満ちたブレイクとドレの「天国篇」を並べてみた。

したのである。ダンテ一人の構想がいっさいに先行していたのである。

だから本当はサンドロ・ボッティチェリのすばらしいドローイングの絵がいいのだけれど、これはいま入手不可能だから（出版されていない）、せめてウィリアム・ブレイクかギュスターヴ・ドレの『神曲』を求め、この叙事詩がどれほどヴィジュアルな想像力に長《た》けていたかを感じてみることを奨めたい。

今夜、とにもかくにも全篇をシーノグラフィック（場面的）に要約してみたけれど、おそらくこれを読んでもらっても全容とはほど遠いだろうと思う。ジョージ・ルーカスやジェームズ・キャメロンの台本要約を読んでも、およそ作品映像が目に浮かばないだろうことと、同断なのだ。

けれども、『神曲』を読むとは長らくは、そういうことだったのである。多くの者が読み継いできたのである。そうやってボッカチオやフランソワ・ラブレーが「神曲」もどきに挑み、それをまたチョーサーやセルバンテスが擬古擬体してみせたのだった。

そういうことだと、してもらいたい。そろそろ二〇〇三年の火が消える。では、除夜の鐘。では、Mの光を。では、よい年を！

第九一三夜　二〇〇三年十二月二六日

参照千夜

九八二夜：荒俣宏『世界大博物図鑑』四四二夜：高山宏『綺想の饗宴』二〇三夜：保田與重郎『後鳥羽院』一七夜：堀田善衛『定家明月記私抄』七五三夜：西行『山家集』四二夜：鴨長明『方丈記』三六七夜：吉田兼好『徒然草』一八七夜：夢窓疎石『夢中問答集』八九一夜：尾崎紅葉『金色夜叉』七九九夜：プラトン『国家』七五〇夜：空海『三教指帰・性霊集』九七二夜：『ポオ全集』九九九夜：ホメーロス『オデュッセイアー』一二四六夜：エルンスト『百頭女』八四二夜：スピノザ『エチカ』二九一夜：アリストテレス『形而上学』一〇八六夜：『西田幾多郎哲学論集』七四二夜：ブレイク『無心の歌・有心の歌』七三三夜：アウグスティヌス『三位一体論』八一四夜：デイヴィッド・ヒューズ『キューブリック全書』一六〇〇夜：ワーグナー『ニーベルングの指輪』一一八九夜：ボッカチオ『デカメロン』一五三三夜：ラブレー『ガルガンチュアとパンタグリュエル』二三二夜：チョーサー『カンタベリ物語』一一八一夜：セルバンテス『ドン・キホーテ』

ダンテを踏襲したボッカチオが、
「レミニッセンス」を文芸に仕立て上げた。

ジョヴァンニ・ボッカチオ

デカメロン

柏熊達生・高橋義孝訳　河出書房新社（世界文学全集第二期第一巻）　一九六三／
大久保昭男訳　角川文庫　一九七四／　河島英昭訳　講談社文芸文庫　一九九五
Giovanni Boccaccio: Decameron　1348–1353

やっとボッカチオについてふれる夜がきた。ダンテに心酔したボッカチオだった。だからほんとうはダンテのあとにペトラルカの文体をちょっと覗《のぞ》いて、それからボッカチオの野心に言及したかったのだが、そんなふうに問屋は卸してくれない。任意な順になった。ま、そこが「千夜千冊」のいつも通りのたいそう気まぐれで、いいところなのだけれど……。

ボッカチオについて書きたかったことは二つある。ひとつは「物語様式の確立」について、もうひとつは「レミニッセンス」（reminiscence）についてだ。レミニッセンスは日本語にしにくい用語だが、心理学用語では記憶が少し時をへだててからのほうが増強されることをいう。「気がつかない真似」とか「無意識の模倣」とか、あるいは「人が人に似たくなる行為」「知らないうちに真似していること」などと見るといいだろう。ぼくのとっておきの言葉でいえば、レミニッセンスは「消《あや》る物語性《か》」というものだ。

とんでもないことに、いまは誰にとっても物語なんてものはごく容易に綴《つづ》れるものだと思われている。実際にも世の中に流布している小説からライトノベルまで、メタフィクションからトレンディドラマまで、大半の物語はまったくもっての大安売りだ。

こういう物語の乱売は、かつて中上健次がそういう物語の消費しやすさをあしざまに〝物語の豚〟呼ばわりしたことがあったけれど、まさに牛肉にまぜた豚や得体の知れない食肉のように、腹をこわしかねない。さもなければ賞味期限を週単位にしつつあるにすぎない。ようするに何でも物語になると思われている。

かつてはどうだったかといえば、何をもって物語とするかというそのこと自体が、きわどい冒険であって危険な企てだった。それまでは「物語」と「物語でないもの」との区別さえついていなかったといっていいだろう（ウソとホントの区別が幼児につかないように）。では、どこで物語は自立できたのか。一言でいえば、「物語には物語をひっつける作用がひそんでいる」ということに誰かが気がついたとき、物語は勇躍して自立していったのだ。その「ひっつける」という作用をおこしているのがレミニッセンスだった。

心理学の分野ではレミニッセンスは学習効果の手立てとしてつかわれている。記憶はしばらくたってからのほうが想起しやすいという記憶改善学習だ。しかし、実のところレミニッセンスの本質は「模倣」なのである。「似せ絵」なのだ。「擬態」なのだ。「アナロギア」なのだ。それが物語というコンテキストにからんでいく。すなわち物語の心棒のようなものになっていく。ボッカチオが挑戦してなしとげたことは、この心棒のようなレミニッセンスを体現させる物語様式を創りだしたことにある。


今夜は物語の本質や属性を説明しようとは思わない。しかし、物語が安易なものではないということだけは前提にしておきたい。

誰も「背広」や「美術館」というものを知らないときに、何をもって背広や美術館とするかという決断には、関係者たちの大いなる算段が必要だったように、物語も、そのような野心と算段をもってしか生まれえなかった。そして、何をもって何に肖《あやか》るのかということが、ただひとつの物語性《ナラティヴィティ》の原理だったのである。このことはよくよく知っておいたほうがいい。

ダンテ、ペトラルカにつづいて登場した三人目のトスカナ人のボッカチオは、そういう意味でヨーロッパ最初の物語様式の確立者となった。もうちょっと正確にいえば、

『デカメロン』によってボッカチオは物語編集様式の最初の確定者となったのだ。これで世の中は、「ああ、これが物語というものだ」と思えたのである。

それを日本において レミニッセンスの本質を最初に深々と見抜いた世阿弥に倣《なら》っていえば、ボッカチオは「無心」のコントを「有心《うしん》」のバラードに変換させた〝物学《ものまね》編集術〟の比類のない天才だったということになる。

ボッカチオがヨーロッパ最初の小説創造者なのではない。作品としては英国のダニエル・デフォーを大きく先行したけれど、時期からすれば日本の紫式部にははるかに遅れていた。しかしボッカチオは小説家のハシリだったのではなくて、物語様式の最初の編集大成者だったのである。いいかえれば「抱けば普遍に、離しても普遍になりうる物語」という様式をつくりたかったのだ。そこに、ぼくの言葉でいうところの〝肖像的物語〟(アヤカロジー?)ともいうべき新たな牙城《がじよう》が奇跡的に誕生した。

ボッカチオ以降、ヨーロッパはこの物語様式に関するマザーモードを愛することで、あらゆる文芸を育《はぐく》んだ。いくらでも「続ボッカチオ」や「超ボッカチオ」や「反ボッカチオ」が出現していった(実際にも、ヨーロッパ文学の多くはダンテとボッカチオの模倣で埋め尽くされていると見られよう)。これにくらべると紫式部の快挙は、その後の多くの者を『源氏物語』のもとに組み伏した(日本のアヤカロジーはむしろ和歌や能や文様で開花した)。

以下は、そのようなぼくの文芸視像に入ってきたボッカチオのみをとりあげる。ちなみに、現在ではボッカチオは「ボッカッチョ」と日本語表記するのがふつうになったけれど（今夜とりあげた本も「ボッカッチョ」と表記している）、ぼくは昔からの好みで、あえて「ボッカチオ」というふうに、わざわざ古風に（荷風に？）綴ることにする。

今夜とりあげた一冊は河出書房新社が昭和三四年から刊行をはじめた「世界文学全集」の第二期の第一巻にあたるもので、実はイタリア語からの翻訳ではない。かつて柏《かしわ》熊達生《くまたつお》がイタリア語から訳した『デカメロン』を、ドイツ文学の高橋義孝が重訳した。部分訳ではあるが、大久保昭男訳の角川文庫版や河島英昭訳の講談社文芸文庫版は読みやすい。そうではあるのだが、ぼくの青春の一読一過も忘れがたく、この河出全集版の一冊を提示しておくことにした。あしからず。

ついでにもう一言。イシス編集学校「破」では〝物語編集術〟というとっておきのエクササイズがあるのだが、この骨格にはボッカチオ風のアヤカロジー的レミニッセンスが仕込まれている。気になる諸姉諸兄は入門されたい。

一〇×一〇＝一〇〇。これが『デカメロン』である。デカメロンとは「十日尽くし」という意味で、一日ずつ十話を十日続けて百話にいたるという〝話題構成のリセプタクル様式〟をあらわしている。物語の容器、それがデカメロンだ。容器だからといって、でたらめに話題を入れこんでいくわけではない。それはデタラメロンであって（笑）、デカメロンではない。編集ルールが設定されていた。

十日物語としての『デカメロン』は、次のような語りのための編集ルールをもっていた。ボッカチオがそういう〝発明〟をした。

一日目はテーマは各人の自由だ。まず話をおこせばいい。二日目は多くの苦難をへて、のちに成功や幸福にいたった人物をとりあげる。次の三日目はちょっと変わっていて、ながいあいだ熱望していたもの、あるいは失っていたものがやっと手に入ったという物語を選ぶ。何を望んだかで、話は高くも低くも、退屈にもなる。四日目はよくあるたぐいのテーマで、不幸な恋の物語をお涙頂戴たっぷりに語る。みんなが得意の、どの町にも転がっている話だ。しかし五日目はその恋人たちの身の上にさらに悲しい出来事がおこり、かつ、それをクリアーした者をめぐる特異な話をしなければならない。

これだけでも準備がたいへんだが、六日目にがらりと変わって、機知に富んだ話が要求される。当意即妙の返答で窮地を脱した者たちの話を用意するのだ。ただし、神話や昔話にはこの手のプロットはイソップ話をはじめわんさとたまっているので、さがしてくるのはそれほど難しくない。ついで七日目はこれまたどこにでもころがっているから困らないだろうが、夫を騙《だま》した妻の話を準備する。イタリアの地方文化ではとくに女房の毒が好まれるのだ（ピエトロ・ジェルミ監督、マルチェロ・マストロヤンニ主演の《イタリア式離婚狂想曲》

をご覧いただきたい）。そして八日目はそれをうんと広げて、女が男を騙し、男が女を騙す話ならなんでもよいというふうになっていく。『ボヴァリー夫人』のプロトタイプはここにあったのだ。

こうして九日目にもう一度、自由なテーマで話し気分をととのえると、最後の十日目で気高い者がいったいどのように寛大を示したかを強く語って、結んでいく。この寛大と気高さに十日にわたった物語展開のゴールがあるわけなのである。

十の話を十段階にわたって積み上げていくという方法は、宗教の分野ならとっくの昔に得意としてきたものだった。たとえば空海の『秘密曼荼羅十住心論』は、まさに十段のマインドステップで構成されている。しかし『デカメロン』はたんに十段のステップを積み上げるために構成されたのではない。まだ誰も聞いたことのないお話を積み上げる必要がある。加えて、そこには「お題」があった。

当時、このような「まだ誰も聞いたことのない話」のことをノ、ヴェ、ッ、ラといった。「新奇な物語」という意味と「最新の情報」という意味をもっていた。ボッカチオが十段にわたって収集・翻案・新案して書いたのはこのノヴェッラである。その連鎖と再構成である。ただし、好き勝手に書いたのではなかった。たったいま説明したように、ボッカチオはお題付きの編集ルールにもとづく「枠物語」を書いたのだ。問題は最初に枠を思いついたのか、それとも書きながら枠をつくっていったのかということだ。

いずれにしても、このような「枠」（フレーム、スキーマ、アーキテクチャ、フォーマット）にあてはめて物語を集中させたことがボッカチオの方法の真骨頂だった。その接着剤がレミニッセンスだった。

物語をなんらかの枠組に入れるということは、ボッカチオの発明ではない。中世からルネサンス初期にかけて、そういうものはすでにちらほら出ていたし、ここではその点についての研究成果を援用することはしないけれど（たとえば『ノヴェッリーノ』）、どんな民族のどんな昔話や伝説も、それなりの枠組をもつことを好んできた。とくに有名なのはアラブ社会の『千夜一夜物語』や日本社会の『今昔物語』であろう。

けれども、このような枠組に一人でとりくんだ者はいなかった。それまでは伝承物語の複数による継承だった。が、ボッカチオはそこをたった一人で組み上げた。

もうひとつ、強調しておかなければならないことがある。『デカメロン』は『神曲』を徹底的に意識した。下敷きにしたのではなく、その精神の構成力において『神曲』に対応した。あらかじめ結論を言ってしまうことになるけれど、実は『デカメロン』とは、『神曲』に対する『人曲』だったのである！

ちょっと時代の符牒《ふちょう》を併せておこう。ダンテが死んだとき、ボッカチオはフィレンツェにいて八歳だった。ダンテの『神曲』はその後のボッカチオの生涯をずっとゆさぶったのだ。

文芸的にもダンテの後裔《こうえい》たらんとしたボッカチオは、私生活においてもダンテの後塵《こうじん》を拝したかった。生まれ変わりになりたいとさえ思ったはずだ（ここにもレミニッセンスがはたらいていた）。実際にもたとえば、ダンテにおけるベアトリーチェは、ボッカチオにとってはマリアという実在の女性だった。ナポリ王の婚外子マリア・ダクィーノがボッカチオの終生の「俤《おもかげ》」になった。

そういう〝ダンテがらみ〟のボッカチオが生まれたのは、一三一三年のパリ。父親がフィレンツェ人で、母親がパリ人だとも婚外子だったとも伝わる。育ったのはフィレンツェ。しかしその血はまさにダンテ同様のトスカナ人のものだった。幼少のころからフィレンツェのジョヴァンニ・ダ・ストラーダのもとに通わされて、ラテン語を教わっている。ダンテを教えたのはこのストラーダだったのだ。

十二歳から十五歳くらいのあいだ、ナポリに送られてバルディ商会で商人見習いをした。父親のたっての期待だったのだが、この職業とはよほどに相性が悪く、しばしば仕事場を抜け出してナポリ王の宮廷に出入りした。ここでボッカチオの古典趣味が一気に培われた。日本では後醍醐天皇が登場して、建武の新政をおこしたころだ。

ナポリの宮廷に出入りするボッカチオは二つのものに心酔する。ひとつは韻文や叙事詩としての騎士道物語。もうひとつは聖ロレンツォ教会で出会った美しいマリア・ダクィーノだ。たちまちマリアにぞっこんになったボッカチオは、彼女を「フィアンメッタ」(小さな炎)と名付け、ダンテのベアトリーチェに準《なぞら》える。それとともにマリアに捧《ささ》げる詩・韻文・叙事詩に手をつけた。「消る」ことと「準える」こと。これこそボッカチオの、そして物語的編集術の王道である。

純愛は数年で終わった。マリアは別の男に走ってしまった。寂寞《せきばく》に堪えかねて、いくつもの幻想譚《たん》に手を染めてみるものの、気持ちは落ち着かない。これでボッカチオは初めてダンテになろうという気になっていく。ダンテに肖って、失ったものとは別途のものへの再生にとりくむことにする。ゆっくりと騎士道物語や韻文からの脱出を試みる。

一三三九年、このあと一〇〇年にもおよんだ英仏百年戦争が始まると、ヨーロッパに覆いがたい変化があらわれた。各国各領土各都市の孤立と分断がおこるのだ。いわば意図しなかった競争を強いられるのだ。

こうしてここからしばらくは、ルネサンス勃興《ぼっこう》に向けての「再生の苦悩」の時代がやってくる。ナポリやフィレンツェもその波風からは逃れはできない。

ボッカチオの周辺にもいくつもの変化がおこったらしい。ナポリを去ってフィレンツェに戻ったり、ラヴェンナの宮廷に通ったり(ラヴェンナはダンテの死の象徴の都市)、フォルリに滞在したりしていたようだ。

かくて三四歳のとき、ヨーロッパ各都市をペスト（黒死病）の猛威が襲う。これが決定的だった。コンスタンティノープル、キプロス、ヴェネツィア、マルセイユと地中海沿岸を風魔のごとくに走ったペスト菌は、一三四八年にはフィレンツェに届き、あっというまに父親の命を醜悪に奪ってしまった。誰も抵抗などできはしない。すべては宿命とみなすしかない悲劇の到来である。日本なら、この時代をこそ「乱世」とか「末法」という。

しかしそうであったがゆえに、この渦中にこそボッカチオは『デカメロン』を構想し、そして着手した（まさに長明や世阿弥のように）。序には、「私は、あの過ぎ去った死のペストの時代に、一団に寄り集まった七人の淑女たちと三人の紳士たちによって、十日の間に語られた百の物語をお話ししようと思います」というふうにある。

そうなのだ。『デカメロン』とはペストの脅威が擦過した直後のフィレンツェの一隅、聖マリア・ノヴェッラの教会で七人の女性が落ち合い、郊外の別荘に会合を移して男性三人を加えて語られていった物語という想定なのである。一三四八年に起稿され、一三五三年に脱稿したとされている。

ところでずっと言い忘れたことだったが、井上ひさしの『東京セブンローズ』（文春文庫）を読んだとき、ぼくは『デカメロン』冒頭の七人の女性たちとの出会いを思い出していたのだった。

では、『デカメロン』がどのようにレミニッセンスを駆使したかを、ごく手短かにお目にかけておく。

念頭には世阿弥や近松門左衛門の戯曲をおいてもらうといいだろう。なにしろこのプロット集は飛び抜けたレミニッセンス編集術のお手本だからだ。ちなみにこのボッカチオに近松を合わせるという東西の意外な比較はまだ誰もしていないとは思うけれど、ぼくとしては日本人のボッカチオ読みにはきわめて有効な想定だと思われる。

まず、いったいなぜ、お話を語るという出来事がおこったかということだ。さっきものべたようにペストの猖獗《しょうけつ》と恐怖がやっと通りすぎたのである。このことは人々にいっときの至福感をもたらした。けれども、いつこのエピキュリズムがふたたび侵されるかは、わからない。そこでせめてもの十日間、七人の熟した女たちが人生のすべての物語を語っておきたいと思いついたのである。

こうして一日目、パンピネアの主宰によって各自が最も得意とする物語の披露が始まったのだ。Ａは、ある男が偽りの懺悔《ざんげ》をして修道士を陥れたにもかかわらず、死後にはなぜ聖人扱いをされたのかという話をする。Ｂはユダヤ人アブラハムの話を持ち出して、聖職者の堕落ぶりを見たことが、のちに彼をしてキリスト教徒にさせたという物語を語った。Cは三つの指輪をめぐる話をし、Dは罪には似たような罪や同じような罪があるという話を、Eはそういうことは王たちの恋の道にもおこっているという話をした。

こういうぐあいに物語は始まっていくのだが、ここには驚くべき編集的転位がおこっていく。二日目、最初の十の挿話の交流は、早くも「苦しんだ者がはからずもそこから脱出できた物語」という次の方向をつかんでいった。一種のコレクティブ・ブレイン（集合脳）が作動したわけだ。しかし、集団催眠にかかったわけではない。男女十人の語り部たちは、前の者の物語を聞きながら、それとは似て非なる物語を創発させていく。そこが「肖《あやかり》」と「準《なぞらえ》」のレミニッセンスなのである。

そのレミニッセンスの最もわかりやすい例が三日目に噴出する。この日は「ほしくてたまらなかったものが手に入ったという物語」がお題になるのだが、最初の語り部が、ある男が口をきけないふりをして女修道院の園丁になりすまして修道女たちの体を得たという話をしたとたん、次から次へと似たような話が連鎖する。のちに『デカメロン』がポルノグラフィとしてよろこばれたのは、この三日目の「ほしいものが性的な欲望だった」という一連の十話を読んだ者たちによっていた。

これらは実際に十人の男女が語り交わしたお話の連鎖ではない。一人ボッカチオが委曲を尽くしてつくりあげた物語連鎖なのである。想像の産物だ。ぼくはかつて、この「肖」と「準」の作為にとても驚いたものだった。

かねてよりぼくは、美術史上において「肖像」あるいは「肖像画」というものが確立した謎に興味をもっていた。なぜ人は人に似せた肖像画を描くのか。おそらく最初は王が描かせたものが多かったろうが、しかし幼児が最初にお父さんやお母さんの似顔絵らしきものを描くように、そこには人類学的幼児性の自主発揮もはたらいていたはずなのだ。先だってのこと、「連塾絆走祭《れんじゅくはんそうさい》」の「牡丹《ぼたん》に唐獅子《からじし》」と題した回で森村泰昌さんに舞台であることを演じてもらった（六月十六日・築地本願寺）。三島由紀夫に扮《ふん》して最後の演説をすることと、フィルムに収めた森村ヒトラーの映像を見せることだった。

森村さんの提案によるそのプランを、二人で一ヵ月ほど前に相談していたとき（最初はレーニンに扮したフィルムも上映する予定だった）、ぼくと森村さんは「肖ることの存在学」の重大な意味と、それを森村さんが実現しつづけてきた驚異的に高度な作品性をめぐって交わしあったものだった。

いったい「肖る」とはどういうことなのか。それを画像や文章に定着したくなるとはどういうことなのか。

知る人ぞ知るように、ぼくはオリジナリティという言葉を信用していない。ジャン・コクトー同様に、「ぼくはオリジナリティを誇ることが嫌い」なのだ。このことは「似ている」とか「似る」ということから、すなわち、われわれがわれわれ自身から逃れようとすることの愚の骨頂を暗示している。むろん何かに似さえすればいいということではない。そうではなくて、内なるレミニッセンスがはたらくところにこそ、イメージ人類学的なマザーが発効するのではないかということなのだ。

以上、ボッカチオの『デカメロン』にひそんでいたことで、ながらく話さずにいた気持ちが、これでちょっとだけ解放された。あとはただひとつのことを付け加えればいい。当面、ボッカチオはこのことで十分だろう。

付け加えたいこととは、すでに書いてきたことだけれど、ボッカチオはダンテに肖ったということだ。『神曲』に肖って『人曲』をものしたということだ。それだけではなく、ボッカチオは用意周到なダンテ研究ものこしていて、晩年には（死ぬ直前の六十歳のとき）、フィレンツェの聖ステファーノ・デ・バディーア教会に頼まれて『神曲』についての連続講義もおこなった。死後に『ダンテ評釈』として出版されている。

このようなダンテに対する傾倒は、ボッカチオの生涯にわたる精神の風貌《ふうぼう》のすべてを語っている。いっさいがダンテを確信することによって支えられたのである。それはまた年長の同時代人のフランチェスコ・ペトラルカとも共有されていた。『ペトラルカ＝ボッカッチョ往復書簡』（岩波文庫）も残されている。これはまことに心ゆくことだ。とくに精神を編集し、物語を編集したい者にとって、このようなこと、ぜひぜひ肖《あやか》りたいことである。たとえそれがポルノグラフィ呼ばわりされることがあったとしても。

第一一八九夜　二〇〇七年六月二三日

参照千夜

九一三夜：ダンテ『神曲』　七五五夜：中上健次『枯木灘』　一一八夜：世阿弥『風姿花伝』　一一七三夜：ダニエル・デフォー『モル・フランダーズ』　一五六九夜：紫式部『源氏物語』　二八七夜：フローベール『ボヴァリー夫人』　七五〇夜：空海『三教指帰・性霊集』　一四〇〇夜：『アラビアン・ナイト』　九七五夜：井上ひさし『東京セブンローズ』　九七四夜：『近松浄瑠璃集』　八九〇夜：森村泰昌『芸術家Mのできるまで』　一〇二二夜：三島由紀夫『絹と明察』　九一二夜：ジャン・コクトー『白書』

「お尻」で世の中の話材をことごとく吹き飛ばして、前代未聞の奇書が仕上がりました。

ガルガンチュアとパンタグリュエル

フランソワ・ラブレー

宮下志朗訳　ちくま文庫　全五冊　二〇〇五～二〇一二

François Rabelais: Gargantua et Pantagruel 1532–1564

早稲田の茶房の片隅で苦い珈琲を啜《すす》り、ハイライトを喫いながら日本ではめずらしいユマニスト渡辺一夫の『へそ曲がりフランス文学』（光文社カッパブックス、その後『曲説フランス文学』岩波現代文庫）を読まなかったら、糞《くそ》ったれ大巨人のガルガンチュアのスカトロジーにも、「喉《のど》からから王国」の王様パンタグリュエルにも関心をもたなかったろうし、「遊」一〇一一号（一九八〇）の『国家論インデックス』のⅡ「追憶の国家」09に「テレームの僧院」を挙げたりしなかった。

ミハイル・バフチンの『フランソワ・ラブレーの作品と中世・ルネッサンスの民衆文化』（せりか書房）を知らなかったら、『ガルガンチュアとパンタグリュエル』などという大部のめちゃくちゃな物語を読む気にはならなかった。もっとも渡辺一夫訳の岩波文庫版は第三巻の途中で挫折《ざせつ》した。そして、古稀《こき》を迎えたこの二〇一四年一月二五日の前後でなければ、フランソワ・ラブレーのこんなに知的でこんなに荒唐無稽《こうとうむけい》な物語を、宮下志朗の名翻訳と絶妙の手引きを借りて、みなさんに紹介する気にはとうていならなかった。それほどこの物語とラブレーの生きざまを案内するのは暴走的なのだ。…深層圏暴走族伴走派。

そんなわけでいったいどうやってこの千夜千冊を書こうかと思っていたのだが、やっぱり作者のフランソワ・ラブレーという敬虔《けいけん》きわまりない変人がどのようにこの物語を書く気になったのか、その奇妙な経緯の一端を説明しながら、だんだん物語の構造や特色を鏝絵《こてえ》をつくるように見せていくのがいいだろう。

この手法は『本の都市リヨン』(晶文社)で斯界《しかい》を唸《うな》らせた宮下さんが得意とするもので、『ラブレー周遊記』(東京大学出版会)にも駆使される。本書はその宮下さんがちくま文庫のために渡辺訳に挑んで新たに勇躍翻訳したもので、『第五の書』が翻訳刊行されたのは二〇一二年のことだった。七年にわたる新訳仕事だった。お疲れさまでした。

ではまずは、ラブレーが『ガルガンチュアとパンタグリュエル』という大部の物語を書くきっかけと、その舞台のことから紹介したい。そこは一五三二年の都市リヨンなのである。ローヌ川とソーヌ川の合流地点に発達したリヨンには、特筆すべき二つの特徴があった。ひとつには、年に四回開催される「大市」(foire)が有名で、各地の有力商人や銀行家が「両替広場」でいそいそと手形決済をしていた。

もうひとつには、リヨンでは商業地区の只中《ただなか》で出版業がインクの匂いがぷんぷんする活況を呈していた。パリの活字本がカルチェ・ラタンのソルボンヌ(パリ大学神学部)構内で産声《うぶごえ》をあげたのにくらべると、これはたいそう対照的なことで、そのため俗語のフランス語で書かれた民衆本や絵入り本がリヨンからフランス各地にたくさん出回り、パリがユマニスム(人文主義)の象徴であるローマン体を重視していたのに対し、リヨンはゴシック体がまだ勢いをもっていた。

このリヨンに、入院患者は一五〇人ほどいるのに医者はたった二人しかいない市立病院があった。その医師の一人が、毎日二度は市立病院に通っていたフランソワ・ラブレーだった。医師ラブレー先生はたいへんな知識の持ち主で、かつ猛烈な読書家であったので、リヨンの版元業者もいろいろヒントをもらっていた。先生は古典に通じていたのはむろんだが、奇書珍本も大好きだったから、出版人は先生を見逃せなかったのだ。きっと狩野亨吉《かのうこうきち》のような〝数寄《すき》学人〟だったのだろう。

そのころリヨンの巷《ちまた》では『ガルガンチュア大年代記』という民衆本が人気になってい

た。大年代記というわりにはたった三二ページのお粗末な冊子なのだが、話は奇想天外だった。冊子を出版していたクロード・ヌーリー書店は、これに似た続きものがあれば柳の下のドジョウでもっと儲《もう》けられると思っていた。

そこでラブレー先生に、こいつと似たものを書きませんかと持ちかけた。そうしたら、先生はすぐ引き受けてしまったのだ。わかった、書いてしんぜよう、ミステール（聖史劇）にパンタグリュエルという端役がおるだろう、あいつを主人公にしてやろう、パンタグリュエルはガルガンチュアの息子なんだよと、大乗り気なのである。

こうして先生は、『大巨人ガルガンチュアの息子にして喉からから国王、その名も高きパンタグリュエルのものすごく恐ろしい武勇伝』という、やたらに長ったらしい題名の物語をたちどころに書いてしまったのだ。ミステールでは、パンタグリュエルは塩をかけて人間どもの喉をからからにしてしまう小悪魔の役どころなのだが、それをガルガンチュアのもとに生まれた巨人族の王子に仕立て、奇っ怪きわまりない生涯をおくった人物に祭り上げたのだ。

当然、この物語はゴシック体で組まれて発売された。リヨンの一五三二年秋のことだった。ラブレー先生四九歳のときだ。

ゴシック体というのはのちの通称で、国ごとのタイプフェイスのちがいはあるが、まとめては「ブラックレター」（黒っぽい文字）と言われた。この時代では「田舎っぽい」、ないしは「頑《がん》として譲らない」といったニュアンスの活字文化の象徴だ。ただし、さすがに実名を憚《はばか》ったのか、表紙に刷った作者名はアルコフリバス・ナジエ（Alcofribas Nasier）というへんてこな名前にした。先生お得意のアナグラムによる筆名で、これは自身のフランソワ・ラブレー（François Rabelais）の綴りのアナグラムだった。そもそもパンタグリュエルにしてからが、「パンタ（万物）をグリュエル（のどが渇いた）した」という変ちくりんきわまりない名前なのだ。

しかし実名を憚ったとはいえ、物語の筋立てのほうこそ要約することすら憚るほどのもの、語り手はアルコフリバスなのだが、パンタグリュエルの誕生と成長、従者パニュルジュとの出会い（この男がけっこう大活躍する）、論争一辺倒による武者修行の展開、無秩序王アナルクとの戦《いく》さ、おしっこの洪水による作戦の敢行などをぐだぐだ語るばかりで、そのうち語り手が巨人王の口の中に入りこんでぬけぬけと別世界を見聞してしまうという体《てい》なのだ。

それにしてもなぜ市立病院の立派な医者であるラブレー先生は、こんな荒唐無稽の物語を書く気になったのか。

変人フランソワ・ラブレーは、トゥレーヌ地方の町シノンの弁護士の息子として生まれた。三男だ。一四八三年の生まれだから、ルイ十一世が死んでシャルル八世が即位した時期にあたる。ボッティチェリが《ヴィーナスの誕生》を描いていた。

ラブレー十代の世の中は、わかりやすくいえば、コロンブスやガマが大航海をし、フィレンツェではサヴォナローラがメディチ家を追放して革命をおこして失敗し、エラスムスが次々にユマニスム（ヒューマニズム＝人文主義）溢《あふ》れる著作を発表し、声楽家でもあったフランドル楽派ジョスカン・デ・プレがいろいろ作曲（《アヴェ・マリア》もそのひとつ）していた時代だった。

幼少年期のことは記録がない。ベネディクト会修道院で初等教育を受けていたこと、一五一一年頃、二八歳のときにラ・ボーメットのフランチェスコ会修道院にいたこと以外には、よくわからない。三七歳のときはフォントネー・ル・コントのフランチェスコ修道会に入信して、やがて司祭になっている。つまりはまことに篤実《とくじつ》な日々を送っていた。とうてい怪しげな物語を書くような人生を送っていたとは思えない。ただし、じっとはしていられない。法学者アンドレ・チラコーを囲む文化サークルに出入りしたり、詩人ジャン・ブーシェらの多くのユマニストたちとも交流した。

このあいだに、ドイツではマルティン・ルターが宗教改革の狼煙《のろし》をあげた（一五一七）。守旧カトリックはどうするか。

一五三〇年、ラブレー先生は何を思ったのか、四七歳のオヤジになっていたのにもかかわらずモンペリエ大学の医学部に入るのだ。いかさまではない。ちゃんと学生簿がのこっている。ひやかしでもない。れっきとした解剖学の講義を受け、メスを奮い、ついで医学得業士になった。翌年からは医学部の先生として講義をし、ヒポクラテスやガレノスをギリシア語の原典で解説してみせた。

オヤジの精神はそうとうに若かったのだろう。また、人体というものに異常な関心があったのだろう。人は「体」にめざめると「心」も元気になるもので、だから先生も精神だけでなく体欲のほうも旺盛だった。超元気に満ちていた。そこでどこやらの未亡人とはちょめちょめを続け、二人の子をつくっていた。学生たちが上演した笑劇『唖《おし》の女』では役者の真似事もした。

こうして一五三二年、誰かに請われてリヨン市民病院（Hôtel-Dieu）の医師となると、年俸四〇リーヴルをもらうようになっていた。市民を救うお医者さんになったのだ。けれどもこのお医者さんはすこぶる想像力も旺盛だった。というわけで、そこへ版元のクロード・ヌーリーが訪ねてきたのだった。

正式タイトルを『大巨人ガルガンチュアの息子にして喉からから国王、その名も高きパンタグリュエルのものすごく恐ろしい武勇伝』といい、通称を『パンタグリュエル物語』というこの奇書は、そこそこ売れたようだ。版元はしめしめこれはまだいけるかもしれないと踏んで、後続作品を書きませんかと先生を煽《あお》った。

ふむふむ、それはわしも思案しておったところだと、先生はさっそく第二弾に着手した。いや、先生は当初から第一作で了《お》えるつもりなどさらさらなく、実は『パンタグリュエル』の末尾でその後続書（「第三の書」と「第四の書」）までちゃっかり予告していたのだった。

そのうえで、先に『パンタグリュエルの父親、大ガルガンチュアのとっても恐ろしい生涯』、通称『ガルガンチュア物語』を書きあげ一五三四年に刊行した。

この物語は第一作から時代を親の時代にさかのぼったもので、パンタグリュエルの父親ガルガンチュアの話になっている。とはいえ、もともとパンタグリュエルが牝牛《めうし》四六〇〇頭ぶんの乳を飲んで育った巨人だったのだから、その父親ガルガンチュアはもっと大巨人で、その出生と少年時代の所業からしてかなりとんでもないものになった。

出生や少年時代だけでなく、ガルガンチュアがやらかすことや思いつくことも、途方もなく仕立てていくしかない。そこでこちらを「第一の書」とし、『パンタグリュエル』のほうを「第二の書」と呼ぶようになった。

このような出版事情のことも手伝って、のちに『ガルガンチュアとパンタグリュエル』としてまとまった物語の全貌《ぜんぼう》は、出だしのところで修辞学的な「キアスム」（交差配列）をおこすことになり、一挙に前代未聞の荒唐無稽かつ教知溢るる大物語の様相を呈することになったのである。（★ラブレーのキアスムは作品構造だけでなく、文中にも語彙にものべつあらわれる。）

いったいどんな話になっているのか。まだラブレー先生が「第一の書」と「第二の書」を交差させながら書き揃えたばかりのところだが、それでもまあ、すでにして途方もなくめちゃくちゃな話ばかりなのだ。だから粗筋《あらすじ》をかいつまんでみたところで、諸君が「ああ、なるほど」なんて思えるわけはない。ぼくも、かつてはそうだった。ともかく饒舌《じょうぜつ》なエピソードが多すぎる。

それに、一通りの話の流れが見えたからといって、それでラブレーの知的意図などほとんど伝わらない。あとで少しは見当がつくかもしれないが、ラブレーはこの大作を通じて、さしずめ「言語によるポリフォニック・シンフォニー」を自作自演したようで、作品展開それ自体が〝一人オーケストラ〟による多声的出現なのである。

それゆえ、作品中のありとあらゆるところに言語楽譜のような「知の罠《わな》」が仕掛けられているのだが、その複雑知的な意図群はおそらく読む者にはストレートには伝わってこない。あえて、そうした。交響曲を聴いても渾然一体《こんぜんいったい》とした〝音楽〟に聞こえてくるようなもの、読者がラブレーが用意した紆余曲折・複雑怪奇に分け入る気がないと、わからないようになっている。そう思っていてほしい。

ということで、まずは「第一の書」のガルガンチュア物語の流れを紹介するけれど、これで何かが見えたとは思わないでもらいたい。

そもそもさるところに、グラングジエという巨人王がいた。塩からいものが大好きな王様だ。古代ギリシア神話には単眼キュクロプスをはじめ巨人族なんていくらもいたのだから、このような話のスタートは十分にありうるわけだ。（★日本昔話ならダイダラボッチのようなもの。）

グラングジエの王妃はガルガメルと言った。ガルガメルは懐妊していた。ある日の午後、草原の一角で牛の臓物料理をしこたま食べた。あまりに腹いっぱいになったので、バグパイプなどの音楽にあわせてどんどこ踊っていたところ、にわかに陣痛になった。すでに十一ヵ月目になっていた。とたん、左の耳から赤児がどどっと産み落とされた。「オギャー」とは言わなかった。「のみたいよー」「のみたいよー」と喚《わめ》いた。（★この作品は酒呑み文学でもある。）驚いた父王は「ク・グラン・チュア！」と叫んだ。「おまえのはでっかいな」という意味らしい。何がでっかいのかはわからない。それでこの子はガルガンチュアという名前になった。（★この作品は猥褻《わいせつ》文学でもある。）

わが子ながらガルガンチュアは大巨人にふさわしいとてつもない器量を放っていた。

授乳には一七九一三頭の牝牛を集めねばならず、肌着には麻布九〇〇丈が、ズボンには一一〇五丈が、靴底にさえ革一一〇〇枚がいる。ガルガンチュアはこれらをたくさんの色彩とともに纏《まと》った。ラブレーはこれらの説明のために、『色彩の紋章学』をはじめ、多くの文献の解説を挟む。（★ゲーテのオプティックな色彩狂いはこのせいだろう。）

このバカでかい子は遊びの達人だった。木馬を与えるとありとあらゆる木馬遊びをしてみせた。棒馬も得意になった。尻《しり》ふきにはガチョウの雛《ひな》の柔らかい羽毛をつかうことを発見した。（★言うまでもなく、ラブレーはスカトロジー〈糞尿学《ふんにょうがく》〉が大好きなので、この大作は一名「お尻文学作品」なのである。）

ガルガンチュアの遊びといったら、とんでもなく多様だった。なかでもべらぼうなのは、たくさんのゲーム遊びに長《た》けていたことだ。ラブレーは二一七種の遊びを列挙している。マーク揃え、札集め、一〇〇点集め、ピカルディ、フルハウス、三一、ばば抜き、坊主めくり、タロット、イタリア式じゃんけん、キツネとめんどり、トリックトラック、ちんちろりん、石蹴《け》り、四隅すごろく、お手玉、ムカデ競走、座るが勝ち、にらめっこ、輪とび、積み木、足払い、もういいかい、がっちゃん、ほうき乗り、けん玉、わたしはだあれ、回転風車、はさみ鬼ごっこ、さかさおんぶ……等々。

かのブリューゲルの《子供の遊戯》が九一種の遊びを描いていて、絵画史上最高の種

ギュスターヴ・ドレによる『ガルガンチュア』の挿絵。荒唐無稽な巨人がたらふく食べている。ドレは「聖書」をはじめヨーロッパ各国の名作物語の挿絵を手がけたが、その精緻な作風は、印刷技術の飛躍的向上がなければ完成しえなかった。

類を誇っているが、ラブレーこそなんとも夥《おびただ》しい。これこそまさに〝モーラの遊学〟というべきだろう。

お遊びに耽《ふけ》っていたばかりではない。当初、父王グラングジエはこの子の教育をテュバル・ホロフェルヌに託した。ソフィストの先生で『ドナトゥス文法』やら『アラヌス箴言《しんげん》集』やらを教え、これをいちいち書き取らせた。教会の柱ほど太いペンでの書き取りは汗だくだった。ついでジョブラン・ブリデという咳《せ》き込んでばかりの博士が暦法やらラテン文学やら食卓作法やらを教えたのだが、ごほん・ごほんばかりで〝ご本〟の理解というわけにはいかない。

ガルガンチュアは勉強を熱心にするのだが、なぜか肝心のところが疎《おろそ》かだった。そこで父王は家臣に学識豊かなユーデモンがいたので、その師のポノクラートを新たな家庭教師として一緒にパリに遊学させることにした。これがうまくいった。いや、うまくいったと言うのは作者のラブレーで、読者からするとさらに想像のつかない話が連打されるのである。

だいたいヌミディア王が贈った象六頭ぶんの牝馬の乗り物に乗ってパリに着いたガルガンチュアは、その風姿からしてやたらに目立っていた。パリっ子というのは物見高くて阿呆《あほう》なので（と、ラブレーが断言している）、すっかりガルガンチュアに巻き込まれた。あるときはそのおしっこ洪水で二六万人ほどが溺《おぼ》れてしまった。

とはいえ、パリのガルガンチュアは猛烈に学習する青年に向かっていて、たっぷり知恵もついてきた。（★読書巨人なのだ。たとえばヘシオドスの『仕事と日々』、ウェルギリウスの『農耕詩』、ポリツィアーノの『田園詩篇』、大カトーの『農事論』など暗誦《あんしょう》するほどに身につけたし、錬金術師・金銀細工師・印刷職人・タピスリー職人・時計職人などの工房で技を観察することにも熱心だった。）そのぶん悪戯《いたずら》もでっかくなった。ノートルダム寺院の大釣鐘を小脇にかかえて失敬したりした。

一方、故郷のほうでは大論争が持ち上がっていた。レルネの小麦せんべい売りたちが、グラングジエの国の羊飼いにせんべいを売ろうとしない。小競り合いをしているうちに、羊飼いがうっかり一人のせんべい売りに瀕死の重傷を負わせてしまい、これに怒ったレルネのピクロコル王がグラングジエの国を侵略したというのだ。（★こういう些細な問題を戦争にもっていくあたりのラブレーは今日的ですらあろう。）

そもそもグラングジエ王の臣民は戦いを好まない。車両にしてたっぷり五台ぶんの小麦せんべいを焼くと、ピクロコル王に献上して和平を申し出たのだが、なんの効果もない。相変わらず攻めてくる。グラングジエには、勇猛果敢な戦闘力をもった者はジャン・デ・ザントムール修道士を除いて、一人もいない。父王は国土を守るためにはガルガンチュアをパリから呼び寄せるしかないと決断した。主人公は巨人だが、ほかの仲間たちはからっきしで、弱っちいのだ。（★フラジャイルで優しいのだ。）

ガルガンチュアが戻ってくるというので、敵陣からは雨や霰《あられ》と弾丸が打ち込まれた。九〇二五発。けれどもガルガンチュアが髪をばさばさと梳《くしけず》ると、ばらばらと落ちていった。（★こういうふうに数値をこまかく書くのは、ラブレーが数値主義をバカにしているからである。）

敵の軍隊は怯《ひる》み、打ち負かされた。ガルガンチュアは敵兵みんなを気前よく釈放した。味方の気弱い兵士たちにも褒美を与え、とりわけ武勲赫々《かくかく》のジャン・デ・ザントムールル修道士にはロワール地方の一国を与え、ここに世にも奇怪な「テレームの僧院」を建てさせた。この修道院は世の修道院とまったく正反対のものだった。規律といっても「汝の欲するところを為せ」という、ただそれだけのもので、男女共生は許されていたし、むろん結婚してもよく、蓄財してもかまわない。いつでも望めば出ていってもかまわない。なんともすばらしい僧院なのである。

こうして幸せな日々が続いたあとのガルガンチュアの五二四歳のみぎり、王子パンタグリュエルが誕生しましたとさ。

これが「第一の書」の粗筋だ。ラブレーはここまででも相当の知力を注ぎ、すべてのパラグラフを滑稽と諧謔《かいぎゃく》で塗《まぶ》しつつ、あちらと思えばまたこちらという具合に読者を翻弄《ほんろう》してきた。

見逃せないところも、いろいろある。とくに「第一の書」の最後に登場する「テレームの僧院」については少々案内しておきたい。理由がある。この僧院に付された〝暗喩《あんゆ》の構造〟こそは、ぼくが「遊」第二期を編集しているときに一番気にいったユートピック・システムだったのだ。

修道院「テレームの僧院」の構造は六角形になっている。都合九三三二室をもっていた。六角形それぞれの角の頂点には直径六〇歩の円塔が建てられ、それが各六層になっている。円塔どうしの間隔はきっかり三一二歩。塔屋根はフランドル石膏《せっこう》によるキュ・ド・ランプ（持ち送り）の形をとっている。窓はすべて格子窓。そのあいだには金色と空色のだんだら模様に塗られた縦樋《たてどい》が突き出して地下まで達し、そのまま下水道となってロワール川に注ぐ。

本棟はアリエール・シャンブル（奥の間）、キャビネ（仕事部屋）、ガルドローブ（衣装部屋）、シャペル（礼拝堂）、そして大広間と図書館と玄関が配されている。階段は横幅一二ピエ、厚さは指三本ぶん、一二段ごとに踊り場がある。むろんこれ以外に望楼とバルコニーが付いている。

図書館も誇るべきものになっていた。書架と書物はギリシア語・ラテン語・ヘブライ語・フランス語・イタリア語・スペイン語など言語別に分類され、テーマ展開ができるように配列されている。すべての扉にはアンチック書体で「眉唾《まゆつば》者はここには入るな」「欲深い法律屋はここには入るな」「偽善の徒、むくれ坊主、金の亡者はここには入るな」などと記された。（★これ、かっこいい。われわれはあまりにも「扉」を中身の入口にしてしまいすぎている。そうではなく、撥《は》ね飛ばすための扉があってもいいわけなのだ。）

中庭にはアラバスター（雪花石膏）でつくられた噴水がある。上部は豊饒《ほうじょう》の角を手にした三美神が並び、口・耳・目・乳房から清水を吹き出している。

中庭を古代アーチを構えた回廊が巡っている。回廊の一端の北塔から進んで南塔の門のところまでが、女性用修道院だ。それでご婦人方のために、東塔と薫風塔のあいだに闘技場・馬場・劇場・プール・浴場をこしらえた。ちなみに東塔と南塔のあいだには競技場が、氷結塔の横には果樹園が、その向こうには野生動物が柵に囲まれて飼われていた。（★ここは近代動物園のハシリになっている。）

ラブレーは僧院での男女の服装・服飾・素材についてもことこまかに書いているのだが、それは省略する。一途《いちず》に「親和力」を重視した服飾になっていることだけを強調しておく。しかしもっとも強調するべきなのは、この僧院は法や規定や規則によって支配されてはいなかったということだ。すべては「フラン・アルビトル」（自由意志）によって運営されていた。これはラブレーがいかにエラスムスの『自由意志論』に傾倒していたかを物語る。

というわけで、ガルガンチュアがこの僧院で定めた唯一の規則は「お前が望むことをしてみなさい」という、このことだった。「テレームの僧院」の章は、不思議な謎歌《エニグム》で了《おわ》る。いささか長いものなので実際に当たってもらったほうがいいが、最後にこう書いてある。「ああ、最後の最後まで、不退転である者こそ、称《たた》えられるべきである！」。

ところでぼくは、もう三五年ほど前のことになるが、冒頭に書いたように雑誌「遊」一〇一一号に発表した奇妙な『国家論インデックス』のⅡ「追憶の国家」の09に、こっそり「テレームの僧院」を差しこんでおいた。なぜそのようなことをしたかといえば、むろんラブレーに敬意を表していたからだが、それ以外にもぼくの編集的世界観にとっても「テレームの僧院」の表象性は唯一無比のものであったからだった。

『国家論インデックス』のⅡ「追憶の国家」の前後の構成項目を示すことで、その脈絡をちょっとだけ感じてもらうことにする。「追憶の国家」は次の15界で構成しておいたのだ。

00「プラトンの洞窟《どうくつ》」、01「星座の形而上学」、02「神話作用」、03「金枝篇の暗示」、04「アルカディアとユートピア」、05「ヘルメス学の方法」、06「新プラトン主義」、07「ローマ帝国衰亡史」、08「神曲的構造」、09「テレームの僧院」、10「失楽園」、11「大旅行と別世界」、12「騎士道の森」、13「西方と東方の両世界」、14「対極」。

その09の「テレームの僧院」は次のような小項目にしておいた。1「カロリング・ルネサンス管見」、2「中世千年王国の妄想」、3「メメント・モリ運動」、4「中世は秋ではない」、5「巨人ガルガンチュアの労働論」、6「時間のない世界模型都市」、7「モアとエラスムスの笑い」、8「太陽都市とカラブリアの陰謀」、9「荘園制と帝王学の幻夢」というふうに。

当時のぼくがラブレーの構想を、中世世界人が遠望したさまざまな理想世界模型のひとつに位置づけようとしていたことが見てとれるだろう。ちなみにII「追憶の国家」に続くのは、III「結界の国家」（日本を対象）、IV「契約の国家」（ヘブライズムを対象）というふうになる。（★いま、この『国家論インデックス』は『目次録』という名に変更され、イシス編集学校の「離」の有志たちによって拡張工事されている。）

さて、次の「第二の書」は通称『パンタグリュエル物語』である。五二四歳のガルガンチュアは無可有郷《ユートピー》国の不被見《アモロート》王の姫バドベックと交わって、熊のように毛むくじゃらな大きな子をもうけた。

これが巨大幼児パンタグリュエルだ。あまりに大きかったので、母バドベックは難産のすえ落命した。ガルガンチュアは妻を失った悲しみと子をもうけた喜びで混乱した。（★このようにラブレーは喜悦にも悲嘆にも浸らない。つねに「悲喜こもごも」で、両義的なのである。）

パンタグリュエルの怪力ぶりは父に勝るとも劣らない。揺り籠《かご》を結びつけていた紐《ひも》をたぐりよせ、授乳をしていた牛を引きずりこんでむしゃむしゃ牛肉を食べるかと思えば、王家が飼っていた熊が唇を嘗《な》めにきたときは、金太郎よろしくこれを投げ捨て、またまたその肉をおいしそうに食べてしまった。これでは先が思いやられると、父ガルガンチュアは鉄の鎖でわが子を巻き付けておくという、すこぶる愛情に満ちた手段をこうじたのだが、そんなことで巨大幼児が怯《ひる》むはずはない。

そんな人騒がせのパンタグリュエルも、長じるにしたがって勉学への強靭《きょうじん》な〝たまきはる意欲〟を見せ、やがて各地のリベラルアーツを次々にマスターしていった。（★ラブレーはどんな奇っ怪な登場人物も「学習の徹底」によって変化変身することを強調した。）

とくにパリに入ってはほとんどの学者を相手に激論をたたかわせ、難解な学問論争にばっさりケリをつけるということをやってのけていく。ディベートで負けたことがない。ついにはパリのあちこちの四つ辻に、九七六四項目にわたるコンクリュジョン（提題）を掲げるに及んだ。この提示にはエラスムスの投影とともに、ラブレーが実際の大学知識人とやりあってきた経験がいかされている。（★この提示の趣向、ぼくにはたいへんよくわかる。七十歳を過ぎたらぼくは暴走族になるつもりだったのだが、それは「学殖」という社会に九六四項目にわたる仮説集を突き付けたいからなのである。）

かくして「オートル・モンド」（もうひとつの宇宙＝別世界）として長じてきたパンタグリュ

エルは、ある日、見るもあわれなほど傷だらけの男と出会う。襤褸《ぼろ》をまとった見かけとは違って、どこか高貴な感じがする。興味をもって話してみると、十三ヵ国もの言葉を操るではないか。名はパニュルジュと言った。感心したパンタグリュエルはパニュルジュとさっそく親交を結ぶと、家臣に加えることにした。たちまち金を稼ぐ六三種の方法と金をつかうための二一四種の方法を披露してくれた。

それからというもの、パニュルジュの活躍といったら、目を剝《む》くほどすばらしい。パリの城壁プランでは臼《うす》積みの方法をたちどころに提案し、イギリスの大学者には指言語で応対して議論で打ち負かし、とにもかくにも出会う相手をことごとく翻弄する。英知が社会的な悪戯《いたずら》の極みに達したというしかないほどだった。（★パニュルジュを多言語主義の才能の持ち主にしたところが、ラブレーの魂胆だ。ぼくは自分の語学能力はさっぱりなのだが、三三歳のとき、木幡和枝率いる同時通訳チームと仕事をともにすることを選んで、そのほうが言語的編集力がずっと深まることを実感したものだ。）

そのころ、父ガルガンチュアがモルガーヌによって妖精《ようせい》の国に雲隠れしているという噂がとんだ。まあ、この大作はいろんな噂が虚実皮膜の連続になっているのだから、何があってもおかしくはないのだが、物語の中では「噂」はつねにプロットの好機というものになる。

ということで、パリのパンタグリュエルのもとに、乾喉人《ディプソード》が不被見人の無可有郷国に攻め入っているというニュースが届いたのだ。喉からから人がパンタグリュエルの母の国を襲ったのである。ニュースを聞いて居てもたってもいられないパンタグリュエルは、憤然としてパリを出発してオンフルールの港から出航した。

やってみると、戦いはあっけなかった。パンタグリュエルの勇気と英知とパニュルジュの諸葛孔明《しょかつこうめい》よろしき数々の奇計がまんまと功を奏した。敵陣に火薬の船を走らせ、侵略者に激辛ジャムを食わせ、利尿剤を飲ませ、天幕《タント》や幕舎《パヴィヨン》に火を放った。あとは飲めや歌えの祝宴だ。もっとも度を外しすぎたのか、パンタグリュエルはちょっぴり病気になった。当然、下々の病気だったのだが、ここはラブレー先生お得意の「おしっこばんばん放尿作戦」で、この難病も無事治った。

だいたいこんなところが「第二の書」のあらましで、最初にも説明しておいたように、これはラブレー先生が最初に書いた自信に充《み》ちた荒唐無稽の起爆装置に当たっている。まさに「パンタグリュエリスム」と呼ばれた作意の爆発だった。この言葉はすでにラブレー自身が使っていたものだ。ラブレーは自分の主義主張をセルフネーミングするのも大得意なのである。

ぼくも久々にこの一ヵ月ほど前から全篇をおそるおそる読みなおしていたのだが、改めてこれは「パンタグリュエリスム」の暴走力と言うしかないことに納得させられた。すべてが寓意《ぐうい》と暗喩で装飾されている。随所に仕掛けられた「知の罠《わな》」にも、いちいち唸らされる。その基本は「第二の書」にほぼ如実なのである。むろん宮下志朗の解説に助けられてのことではあったけれど……。

さて、「第三の書」は一五四六年に出版された。ここでラブレー先生は初めて本名を名のっている。中身は十四年前に刊行した「第二の書」の続きになっている。つまりパンタグリュエル物語がえんえん続くのだ。ただし主人公はしだいにパニュルジュに移っていく。（★ドン・キホーテよりサンチョ・パンサが狂言の中心になっていくように。）

「第三の書」を書くのに十四年がかかったとは思えない。ラブレー先生は一晩で編集、千里を走るのだ。

では、何をしていたのかというと、先生はこの時期、教会社会の劇的な変節に苦しみ、闘い、思索をし、さらに各地の旅をしていた。とくに福音主義的な人文主義が批判にさらされるようになってきた一五三〇年代半ばには、パリ司教ジャン・デュ・ベレーの知遇を得て、二度のイタリア旅行に勤《いそ》しんでいる。

今夜はこのへんの事情については省くけれど、実は十六世紀のヨーロッパを語るにはカトリックの変容、プロテスタンティズムの勃興《ぼっこう》と分化、イギリス国教会の誕生、エミグレのピルグリム・ファーザー化など、宗教の寛容と激化をめぐる事情がさまざまな命運を分けたのだ。

話のほうは、パンタグリュエルがディプソード国を打ち負かしたあとから始まっている。パンタグリュエルはたんに勝ち誇ったのではなかったのだ。自身のユートピー国の住民九億八七六五万四三二一人を移住させることを思いつくことから、物語は再開する。

この移民には女子供は含まれなかった。男たちを移住させ、あちらで婚姻を成り立たせようというものだ。ユートピー国では夫婦がみんな九ヵ月ごとに七つ子を産むために、いささか人口過剰になっていたのだった。まことに大胆な人口政策だった。（★ラブレーはのちのマルサスの人口経済学の結論すら予告的に笑って見せたのだ。）

パニュルジュのほうは多くの功績によってその役割が称揚され、栄えあるサルミゴンダン（肉雑炊）領の領主になった。これで慢心したのか、パニュルジュはやたらにお金を費《つか》いまくっていく。修道院や聖堂を建て、学寮や病院をつくったのである。むろんおいしい食事もふんだんに食べている。

パンタグリュエルがいささか心配して「蓄財がなくなると困るぞ」と言うのだが、パニュルジュは「散財と借財こそが本来の社会正義だ」と言って、いっこうに聞く耳をもたない。それどころか、かえって新たな経済社会観や経済文化論をぶちまける。これが

第二章から第五章までえんえん続く。

ここは示唆に富む。コミュータティヴ（交換的な）正義とディストリビューティヴ（配分的な）正義とは何かということを問うていて、そんじょそこらの議論を超えている。そのうえで節約（タンペランス）と蓄え（アポテック）が何を意味するのかが論じられるのだ。（★マイケル・サンデルは『ガルガンチュアとパンタグリュエル』を読むべきだった。）

ラブレーが素材にしているのはローマ帝国やルイ王朝の経済理論で、大カトーの『農事論』なども引き合いに出る。そのなかでパニュルジュの「借金こそ命」という仮説がしだいにふくらんでいく。パンタグリュエルは借金礼讃には反対で、もっと堅実な国づくりや領国づくりを主張する。この掛け合いが絶妙なのだ。まるで今日にも通じる財務論になっている。

パニュルジュは知恵と悪戯には長けていたとしても、人格十全の士というわけではない。他方では自分の身の処し方などではぐじぐじしてしまう。とくに結婚問題となるとからっきしなのだ。（★ラブレーは「高潔」もしくは「お尻好き」が一番好きなのだ。）結婚はしたい。けれどもコキュ（寝取られ亭主）にはなりたくない。最近の日本の草食青年たちもそうなっているが、パニュルジュもこのことについては、この程度の男なのだ。

そこでパンタグリュエルはそんなに心配なら占い師にでも見てもらったらどうかと奨

めた。こうして物語はさまざまな巫女《みこ》や予言や占星術のあれこれの検討に入っていく。(★おそらくラブレーはこれらを通してヘルメス学やカバラや新プラトン主義や神秘主義を評定したかったのだろう。つまり「未来とは何か」をポリフォニックにとりこんだのだろう。)

かくてパニュルジュはパンズーの巫女、詩人のラミナグロビス(大猫悟老)、予言者のヘル・トリッパ(鳥羽先生)、豪傑のジャン・デ・ザントムール修道士などなどに、自分の未来を占ってもらう。むろん、みんなの勧告はてんでばらばらだ。占いなんて凝れば凝るほど、そうなっていく。だからラブレー先生は、そういうたぐいをちゃんと紹介してみせている。カエロマンテイア(蠟燭占い)、コエロマンテイア(豚占い)、クレロマンテイア(籤《くじ》引き占い)、ボタノマンテイア(植物占い)、アントロポマンテイア(臓物占い)、アレウロマンテイア(麦粉占い)、アレクトリオマンテイア(鶏冠占い)、カトプトロマンテイア(鏡占い)……。しかしこれらすべてが、みんな勝手な結論なのである。

ところで、この占い談義には、しょせん占術は「たまきん」なんだというか、未来は結局「たまきん」なんだというか、たいへん豊富な「たまきん」論が出てくる。ぼくのような短小包茎の者には、実に充血異例の「たまきん」オンパレードだった。(★あまり紹介しなかったが、この手の猥褻タームは湯水のように使われているのが、この作品のもうひとつの発禁的編集力なのである。)

曰《いわ》く、筋肉たまきん、おさわりたまきん、暴れたまきん、詰めものたまきん、フェルトたまきん、絶対たまきん、艶だしたまきん、持ち上げたまきん、張り込みたまきん、二軍たまきん、決断たまきん、お愛想たまきん、ざらざらたまきん、痙攣《けいれん》たまきん、おしゃれたまきん、首振りたまきん、人形たまきん……。いやはや、なんとも立派なものである。

ともかくパニュルジュは優柔不断で、かつ世の中の知識ではとうてい未来などはわからないのに、その未来に向かっていきたがる。やむなくパンタグリュエルは奥の手を推薦することにした。このあたりから、さしもの大作も大団円に向かう準備に入っていくのだが、パンタグリュエルが提案したこというのは、霊験《れいげん》あらたかな徳利明神（渡辺一夫訳）にお伺いをたてるべきだということだった。

けれども徳利明神（ディーヴ・ブテーユ）がどこにいらっしゃるのか、どうもアジアの方だ、インドの方だということくらいしかわからない。それでもパンタグリュエルの一行はいよいよインドに向かって航海に出ることにした。

こうして話は「第四の書」になっていく。一行はガルガンチュア家秘蔵のパンタグリュエリヨン草を船団にしこたま積みこんだ。

「第四の書」は航海記の続きだ。ただしちょっとだけ未完成になっている。最終章はたった一ページでおわっている。正確なことはまだわかってはいないのだが、ラブレーはこのパンタグリュエル一行の航海記の執筆の途中で亡くなったようなのだ。あるいは病気で執筆を断念したようだ。しかし、われわれがいま読める「第四の書」以降の航海記の中身はたいそう多彩で、さまざまな島巡りになっていて、あいかわらず倦《あ》きさせない。多島海での出来事だから、話はなんとでもでっちあげることができたからだ。（★つまり「ガリヴァーすれば、なんでもOK」なのだ。）

島々にはまことしやかな名前が付いている。航海の前半には、本物そっくりのニセモノだらけのメダモチ島（不可在島）、人々の血縁関係が捩《ねじ》れているエナザン島（鼻欠島）、パニゴン王が治めるケリ島（平安島）、シカヌー族が暮らすプロキュラシオン島（代理委任島）、巨人プラングナリーユが奇妙な死をとげたトフ・ウボフ諸島（蕩遊《とうゆう》茫遊《ぼうゆう》諸島）、長寿長官たちがいるマクレオン群島（長生族群島）、精神の潔斎（決済？）が大好きなタピノワ島（潜伏島）……などなどが登場する。

行く先々でそれなりの議論や思索や疑問や珍妙が出入りするのだが、潜伏島でのパンタグリュエルによる「自然《フィジス》と反自然《アンチフィイジス》の神話語り」など、けっこう説得力がある。とはいえ、これらの島々での出来事はむろんのことアブノーマルな幻想海域での出来事なのである。ひょっとしたら何かの大きな「世界《シュークル》」を別々の面から見た幻影にすぎないとも言えるのだ。（★島々巡りはラブレーが画策した〝堂々巡り〟かもしれなかった。）

航海の後半は、さらに奇抜だが、この世の暗部を象徴するような島々が次々にあらわれる。一行は、アンドゥーユ（腸詰）族が支配するファルーシュ島（獰猛《どうもう》島）でへんてこな出来事に出会うことから始まり、風ばかりを食料としているリュアック島（風の島）で、あやしげな信仰が愚弄されるべきだろうパプフィーグ島（教皇嘲弄《ちょうろう》島）で、その逆に教皇教令集《デクレタル》を絶対視しているパピマーヌ島（教皇崇拝島）で、なんとも納得のいかない体験をする。

カネフ島（偽善島）やガナパン島（盗人島）も、この世の反映である。とくに奇妙だったのは、島の名前は知りえなかったのだが、ガステル様が君臨する腹話族と腹崇拝が混在する島だった。

こうした妙ちきりんな島々を、さて、登場人物たちはどのように解釈したものか。さすがに学識のあるパンタグリュエルはピタゴラス学派のペトロンを引いて、次のように説明してみせた。「複数の世界がおたがい接触していて、全体に正三角形を構成しておるのだ。その底辺の中央に、真理の館《やかた》とでもいうものがあって、そこに過去と未来をめぐるすべての事物のパロール、イデー、エグザンプレール（模範）、プロトレ（肖像）が宿っておるのだ。そしてな、それを囲むようにして、この世の世界《シュークル》というものが存在しておるのだ」と。（★うーん、まことに明快だ。）

バフチンは、これはラブレーが仕組んだ両面価値性をもった多義的世界像なのだと解釈し、島々の全体が組み合わせ自由のサンタグム（連辞）になっているのだと摑《つか》まえたのである。（★バフチンの解釈は目ざといけれども深くない。スウィフトの目が足りない。）

「第五の書」はラブレー死後の一五六四年に刊行された。テクストも『鐘の鳴る島』『第五の書』『写本』とのちに呼ばれることになった三つのテクストから構成される。そのため、「第五の書」は真作草稿説、断片草稿加筆説、偽作説、その中間の灰色説などが乱れとんできたのだが、やはり『ガルガンチュアとパンタグリュエル』の締めくくりの一巻とみなしたほうが、落ち着く。訳者の宮下も「中世の作品は、そもそも流動的なのである」と書いて、「第五の書」を切り取ったりはしなかった。

というわけで、話はまだまだ一貫バカすることになる。「第四の書」の島巡りの延長だ。あいかわらず種々雑多な島々をパンタグリュエル一行が訪れ、最後に北インドあたりとおぼしいランテルノワ国（提灯《ちょうちん》国）の港に着き、ついに念願の徳利明神（酒瓶神託所）のお告げに出会うというふうになっている。（★これらが『アラビアン・ナイト』やその中のシンドバッドを思わせるとしたら、諸君は中世的な知がわかっている。）

少しだけ紹介しておくと、島々には、たとえば鳥に変身させられたシティシーヌ族の「鐘の鳴る島」、たとえば島中に剣や槍《やり》が突き刺してあるフェルマン島（鉄器具島）、たとえばサイコロ賭博《とばく》の悪魔が住むカサード島（淫痴奇《いんちき》島）、たとえば子供を喰《く》らってわいろで暮らすシャフレ族が住むル・ギシェ島（獄門島）、たとえば単音節で会話をするエクロ島（木沓島）などがある。なかでランテルノワ国は、バッカスがついさきほどまで君臨していたのかと思わせる装飾に満ちていて、一行はどきどきしながら神託所に到達する。さしもの大航海もいよいよここが終着点なのだ。

一行が進んでいくと、そこには霊妙な泉がこんこんと湧き出ている。それは案の定、神酒である。パニュルジュが女性司祭の導きで泉に跪《ひざまず》くと、神祇官《じんぎ》バクブックが何か得体のしれないものを泉に投げこんだ。するとたちまち泉が沸騰し、聖なる徳利明神からの声が一言、聞こえてくる。それは「TRINCH」（トリンク）というふうに聞こえた。これが待ちに待ったモ・パノンフェ（御託宣）だった。おもわずパニュルジュははーっと心から畏《かしこ》まり、一行もよろこんで連歌を巻いて、ついに目的を果たしたことを言祝《ことほ》いだ。

なんともあっけない幕切れだが、かくて全巻、めでたしめでたしでありました、というふうに終わるのだ。

これでだいたいの筋書きを紹介したことになるのだが、さあ、それならこの猥雑で哄《こう》笑《しょう》に満ちた大作は、いったい何を提示していたのかということだ。いろいろの解釈がされてきた。

一番多かったのは、エラスムスの思想同様のシニカルなユマニスム(人文主義)の結晶だというものだ。むろん、これで当たっていないわけはない。ペトラルカに始まったユマニスムは、かのボッカチオ、サルターティ、あるいはブラッチョリーニまたの名のイル・ポッジョと続き、ギリシア古代の古典的復活を次々にイタリアにもたらした。

そこに加えて一四五三年にビザンティン帝国が滅亡すると、多くのギリシア語写本が亡命ギリシア人によってヨーロッパ中心に入ってきた。とりわけイタリアのパドヴァ学派は、それまでの〝宗教どっぷりの社会思索〟からの脱却をはかり、アヴェロエスあたりを手掛かりにアリストテレスの本格的な注釈をやりだしたのである。ポンポナッツィやフィレンツェのマルシリオ・フィチーノの新プラトン主義が広まったのは、このときからだ。

こうしてピコ・デッラ・ミランドラが、マキアヴェリが、さらには多くの神秘主義者が登場し、これらがしだいに統合されてオランダのエラスムスの福音主義的で文芸共和国的なヴィジョンの実現と批判精神となり、それがまたイギリスのトマス・モアのユートピックなヴァーチャル・テクストの誕生につながっていった。

これらがフランスに流れこんできてフランソワ・ラブレーとなったことは明白だ。ラブレーがジャン・デュ・ベレー司教に従って二度にわたってローマを訪れていたことは、以上のユマニスムの流れがラブレーの魂の奥で再生されたということを物語る。(★このへんのこと、だいぶんはしょってしまったので、諸君はちゃんと勉学されたい。）

しかし、これだけならラブレーの「お尻大好き」や「メタファー洪水」の趣向は説明できない。ラブレーは「万能知」や「世界知」を求めてあらゆる学殖に目を注ぎ、実際に神学も文学も医学も法学もそうとうに極めたのだけれど、それらはラブレーがこれをいい、お尻で裏返すためのものだったのだ。

では、どこに向かって裏返すのか。ここでラブレーが注目したのが中世の民衆文芸感覚だった。そこに何があったかといえば「笑い」があったのだ。時代は謹厳実直なキリスト教社会である。かんたんには笑えない。

そこでウンベルト・エーコは『薔薇の名前』（東京創元社）で「禁じられた笑いの正体」に言及してみせたのだが、あれはまだまだ知的なものだった。だが、ラブレーはもっと〝民衆どっぷり〟の笑いに、あらゆる学殖をほうりこんでみたらどうなるかと考えたのだ。それは民衆文芸的には、ファブリオ（コント）、ファルス（笑劇）、ソチ（茶番劇）といったものになるけれど、ラブレーがガルガンチュアとパンタグリュエルという二人の巨人に託したのは、もっともっと徹底的なものだったのだ。

その意義を求めようと研究したのがミハイル・バフチンの乾坤一擲《けんこんいってき》『フランソワ・ラブレーの作品と中世・ルネッサンスの民衆文化』だったのである。バフチンはラブレーの笑いの狙いの起源を知りたかったのだ。だから、その解読を試みた。結論はこういうものだ。「ラブレーの小説は、世界文学史の中でも最も祝祭的な作品である。それは民衆の陽気な気分の本質そのものの具象化だった。それは後続する世紀のなかではしだいに忘れられていったもので、とくに十九世紀の文学世界を解釈する目ではとうてい解釈不可能なものとなったのである」。

まさに、そうだろう。ラブレーは祝祭やカーニバルの中世的混沌の只中に、古代ギリシア以来の学殖と、カトリシズムとプロテスタンティズムが分かれる以前のものとを、ぶちこんだのだ。それを十九世紀文学の目で解読しようとしてもできるはずがない。当然だ。二十世紀ならなおさらだ。（★バフチンについていずれ千夜千冊するので、ここはさらりと流しました。なお、最近ではマイケル・スクリーチの『ラブレー　笑いと叡智のルネサンス』（白水社）が充実だ。この人、タイモン・スクリーチのお父さんだ。）

しかしながら、ぼくにはラブレーの狙いがそこにあっただけとも思えない。いや、当初の時代社会に対する痛烈な批判精神の拠点や作品構造的な狙いはそこにあったのだろうけれど、作品のなかであらわす趣向はそれだけではなかったはずである。そこにはルネサンスを超えたバロックさえ見据えた「数寄の手法」を乱舞させたいという意図もあったのではないかと思っている。

それは何だったかといえば、言葉を徹底編集することで生じる「内爆する複雑系」「多義性のクレオド(分化の道筋)の位相転換装置」とでもいうものなのである。いやいや、このことはここではあまり説明するのは控えよう。そういう気分で今夜の古稀を迎えたわけではないからだ。(★あいすみません。)

かくて今夜のラブレー探索は、探索なんてするというより(★まったく探索しませんでしたね)、ラブレーの「深層暴走癖」という当体全是《とうたいぜんぜ》に至るのだ。ぼくが書きたかったことも、つまりはそこなのだ。(★あいすみません。)では。

第一五三三夜　二〇一四年一月二四日

参照千夜

一一一夜：渡辺一夫『曲説フランス文学』　一二二九夜：青江舜二郎『狩野亨吉の生涯』　九七〇夜：ゲーテ『ヴィルヘルム・マイスター』　一一八一夜：セルバンテス『ドン・キホーテ』　一一八九夜：ボッカチオ『デカメロン』　二九一夜：アリストテレス『形而上学』　一四〇〇夜：『アラビアン・ナイト』　六一〇夜：マキアヴェリ『君主論』　二四一夜：ウンベルト・エーコ『薔薇の名前』

第二章 物語の可逆性

ジェフリー・チョーサー『カンタベリー物語』

ウィリアム・シェイクスピア『リア王』

ミゲル・デ・セルバンテス『ドン・キホーテ』

ダニエル・デフォー『モル・フランダーズ』

ジョナサン・スウィフト『ガリヴァ旅行記』

シャルル・ペロー『長靴をはいた猫』

イタリア語の『デカメロン』が下敷きになって、ついに英語による文芸集が誕生した。

ジェフリー・チョーサー

カンタベリー物語

西脇順三郎訳　筑摩書房（世界文学大系8）一九六一／ちくま文庫　全二巻　一九八七／桝井迪夫訳　岩波文庫　全三巻　一九九五

Geoffrey Chaucer: The Canterbury Tales 1387–1400

渡辺一夫ならガルガンチュア、西脇順三郎ならカンタベリー、手塚富雄ならゲーテ。最初はそういうつもりで読んだ。西脇の詩論に興味をもっていた時期だ。そのころのぼくは日本の現代詩人のエッセイといえばもっぱら西脇順三郎と鮎川信夫だった。五十代の父が癌《がん》に罹《かか》り、ぼくが早稲田を出る前後のことだ。

読む前は『カンタベリー物語』は中世説話集なのだから、『アラビアン・ナイト』や『今昔物語集』のように読めばいいと思っていた。読みすすむうちにこれはだいぶんちがうぞと感じた。まずフレームワークがしっかりしている。『デカメロン』に近い。話の種類もいくぶんエンサイクロペディックに集めてあって、むろん中世イギリスによく知られた寓話《ぐうわ》やファブリオー（韻文風の世話ばなし）などを拾遺《しゅうい》的に並べたのだが、そこに前後左右の結構を意図した組み立てがある。

語り手がきわめて特徴的に突出していて、そこにチョーサー自身も交じっている。だから著者としての自分の顔がある。それゆえ綴るにあたってはチョーサーの同時代の現代性の自意識というか、生き方というか、精神のようなものが巧まずして香っている。これは、ふーん、という驚きだった。西脇順三郎が傾倒した理由も少し伝わってきた。それからは、読んでいるとちょっとした工夫がモダンだなと感じるようになった。

読みおわってしばらくは、実はどうでもよくなっていた。やがてイギリスの歴史や英語の歴史に関心をもつようになると、とくに英仏百年戦争がいろいろな謎を解く鍵《かぎ》だということがだんだん見えてくると、ふたたび『カンタベリー物語』が海底に沈んだ難破船が引き上げられるかのごとくゆっくり浮上してきた。

はっきりしてきたことは、チョーサーが英語をつくったようなものだということである。当時のロンドン方言をチョーサーが詩の言葉にし、物語の言葉にしたから、いまから見ればまだ中英語（Middle English）というものだったが、それでもチョーサーの登場によって英語がデファクトスタンダードになった。

だいたい母国語というものはそうやって形成されていく。フランス語は『ロランの歌』や『薔薇《ばら》物語』によって、イタリア語はダンテの『神曲』や『デカメロン』によって、その基本OSをつくったといってよい。語り部がその土地の物語をおおむね網羅するために尽くした方法の裡《うち》に、その国の母国語は芽生えたのである。母国語が芽生えてから「国」が意識されることも多かった。日本語だって『平家物語』や『太平記』がそのことを促す前は、はたしてそれを日本語とよんでいいかどうかはわからない。

そういうわけでチョーサーによって英語のホリゾントがつくられたわけなのだが、ところがチョーサーが最初に「文学」に着手したのは意外にもフランス語の物語だった。十三世紀の『薔薇物語』にとりくみ、これを翻訳した。それがよかった。きっとこれによって、その「国」の貴族や僧侶《そうりょ》や民衆たちが一定の領域をもって語りあう言葉の本質的な動向がどういうものか、かなり承知できたのであろう。

チョーサーは二度の旅行をした。イタリアである。そこでダンテの『神曲』やボッカチオの『デカメロン』にぞっこんになった。これは決定的だった。ダンテは当時の方言を世界構造に照応させることによってイタリア語の発生を促した張本人だった。ダンテが『俗語論』の大成者であったこともチョーサーは知っていただろう。これでチョーサーの英語形成は大きなスコープを得た。

以上のフランス体験とイタリア体験がチョーサーの第一期と第二期だとすれば、『カンタベリー物語』は第三期の英語期にあたる。ここから〝母国〟にとりくんだ。ただし、そこに語られた物語の素材の多くは若いころから少しずつ書きこんできたものだったらしい。つまり『カンタベリー物語』は晩年の英語づくりのためのブラッシュアップ・ワークでもあったのである。

ぼくは、こういうふうに「文学」なり「表現」なりを時間をかけて仕上げていくことに、すぐに敬意を払いたくなる。中野美代子さんによると、『西遊記』はいまなお書き継がれているというのが中国人の文芸心の原則であるらしいのだが、それこそが本来の文芸とか物語の伝統というものだと思うのだ。

稲垣足穂《たるほ》は「ぼくが書くものはすべて十九歳のときの『一千一秒物語』の注釈にすぎない」と言った。実際にも、足穂は複数の自作をずうっと書きなおしつづけては発表していた。それをうとましいと思う批評家がいるようだが、とんでもない。改作編集をつづけることに、本来の哲学や思想や文芸の真骨頂がある。

一作の作品を言語表現のままに継げなくとも、メディアをまたいで移ろっていくのもいい。舞台化、映画化、歌曲化、オペラ化、デジタル化、おおいに結構だ。国をまたぐのも悪くない。上田秋成が中国の白話小説を換骨奪胎し、これを『雨月物語』にしたようなことだ。それをまた溝口健二が解体し再構成をして、そこにモーパッサンを一揉《も》みふりかけたというのも、おもしろい。

そういう目でみれば、チョーサーは『薔薇物語』『神曲』『デカメロン』をイングランドで、新たな英語の構造によって継承したといってもいいわけなのである。またそういうことをしたからこそ、中世に散逸し、語り方がまちまちだった説話の数々が、新たな英語文学の最大の出発点として蘇生《そせい》できたのである。

物語の段取りはこうなっている。ある年の春、ヘボ詩人のチョーサーがカンタベリー大聖堂への巡礼を思いたって、倫敦《ロンドン》のサザークにある宿屋「陣羽織屋」(the Tabard Inn) に泊まったのである。そこには聖職者や貴族や職人やその家族たちや医者や商人やらの、ともかく雑多な連中が行き交じった三十人ほどの巡礼団がいた。

そこで、宿屋の亭主が提案した。あんたがたがそれぞれ旅の途中で行きに二つずつ、帰りに二つずつの話をしたらどうか。それでどなたの話が一番おもしろかったのか、競いあったらどうかね。全員がね。一番の者には、この「陣羽織屋」に戻ってきたとき、ほかのみんなからご馳走をおごってもらうことにしよう。これに、みんなが頷《うなず》いた。

クジ引きをしてみたら最初の話は騎士がすることになった。こうして都合二三の話ができあがったのを、チョーサーが書き留めたということになっている。

たとえば「騎士の話」は古代ギリシアが舞台で、アテネがテーベを破ったときに囚《とら》われの身となったアルシーテとパラモンが、のちに大公セーセウスの義妹のエミリーを獲得するという騎士道譚《たん》になっている。ボッカチオの叙事詩やボエティウスの『哲学の慰め』を下敷きにしたもので、のちにシェイクスピアとジョン・フレッチャーの共作『二人の貴公子』に翻案された。

チョーサーがこれは下品な話だがと断っている「粉屋の話」は、大工の奥さんと下宿書生がいちゃつくという艶聞《えんぶん》コント、「親分の話」はその粉屋をバカにした話、「法律家の話」はキリスト教的改宗のエピソード、これを受けた「バースの女房の話」は五度にわたる結婚をこなしてきた女房がアブラハムもソロモン王もイエス・キリストも不倫が好きだったと主張する話……というふうに綴れ織りのようにつながっていく。

それが「托鉢僧《たくはつそう》の話」で悪徳刑事を上回る郷士の悪事が語られると、それを「刑事の話」で托鉢僧こそ寄進と称してとんでもないものを分配しあっているという反論となり、オックスフォード出の「学僧の話」ではさきほどの「バースの女房の話」に戻ってこれを転覆させたい話になるというふうで、次から次へと落語の「おとし咄《ばなし》」ふうになったり、「ドンデン返し」を愉《たの》しむというふうになっていく。

これらをチョーサーはときおり『デカメロン』を借用したり、各地に流布した説話を織り込んだりして、退屈させせない。最後にチョーサー自身が登場して、実は自分はこれまでいろいろ物語を書いてきたけれど、いまこのように綴っている『カンタベリー物語』からするとたいしたものじゃなかったと、そんな白状をするのである。

ジェフリー・チョーサーはロンドンの葡萄《ぶどう》酒だかを扱う酒商の子に生まれて、一三五七年にはアルスター伯爵夫人の小姓になっている。その後はフランス遠征で捕虜となりながらもブレティニー条約後に釈放されて、エドワード三世期の王の近習をした。

それからはケント州の治安判事や代議士をへて、王室土木工事の監督までやった。まあ日本でいえば、作事《さくじ》奉行の小堀遠州のようなものだが、庭や橋をどうしたという記録はない。どちらかといえば職業と執筆とを分け、T・S・エリオットやフィリップ・ラーキンふうに日々を送っていた。

そして二度のイタリア旅行である。ペトラルカと出会い、ラテン世界の「母国語の発生」を目のあたりにした。そして、ペトラルカに教わったソネットを英語にとりこむ気になった。だいたいイギリスという国はフランスから分かれて自立したようなところがあるから（このあたりのことはぼくも以前にNTT出版の『情報の歴史を読む』に詳しく書いた）、ラテン世界からの学び方と捨て方は、しっかりした素養がありさえすればうまくいく。

西脇順三郎も書いているが、その点、チョーサーはキリスト教から欧州の歴史までそうとうの基礎情報を積んでいた。だからこそダンテ、ペトラルカ、ボッカチオがまるごと入ってきたわけだ。たっぷり相手の文化から様式を振り分けて、これを母国語文学の基礎建材につかったのだった。チョーサーによってそれまでのゲルマン語っぽい古英語(Old English)が中英語(Middle English)に変容できたのである。

チョーサーの時代をへて、イングランドは少しずつイギリスに向かっていく。とくに百年戦争でフランスと袂《たもと》を分かったのが大きい。それは新たに「テューダー朝」という社会と文化の課題になる。シェイクスピアの近代英語(Modern English)までには、あともう一歩。国語はたいてい物語がつくるものなのである。

第二三二夜　二〇〇一年二月十九日

参照千夜

一一一夜：渡辺一夫『曲説フランス文学』　七八四夜：西脇順三郎『雑談の夜明け』　九七〇夜：ゲーテ『ヴィルヘルム・マイスター』　一四〇〇夜：『アラビアン・ナイト』　一一八九夜：ボッカチオ『デカメロン』　九一三夜：ダンテ『神曲』　八七九夜：稲垣足穂『一千一秒物語』　四四七夜：上田秋成『雨月物語』　八四夜：新藤兼人『ある映画監督の生涯』　五五八夜：モーパッサン『女の一生』　六〇〇夜：シェイクスピア『リア王』　六三夜：伊藤ていじ『重源』

ブリテン王リアの愚かな「過ち」と「綻び」が、
「世界の裂け目」になっていく。

ウィリアム・シェイクスピア

リア王

斎藤勇訳　岩波文庫　一九四八／福田恆存訳　新潮文庫　一九六七／
安西徹雄訳　光文社古典新訳文庫　二〇〇六　ほか
William Shakespeare: King Lear 1608

ときどき「なぜやらなかったの、せっかくだったのにもったいない」と言われることがおこる。仕事でも出品でも、旅行でも逢《あ》い引きでも。なかに役者としてのチャンスを逃した二度の逸失が含まれている。

ひとつは森田芳光君が映画に引っ張り出そうとしたときで、作品は丸山健二原作の《ときめきに死す》だった。一度、人を介して断ったところ、監督がわざわざそのころ住んでいた麻布の自宅まで口説きに来てくれた。「役者ではなく実在の人を使いたいんです。それで、いろいろ考えて松岡正剛さんと谷川浩司さんで映画にしたいと考えたんです」と監督は言った。谷川とはそのころの将棋の名人である。

このアイディアには感心したし、森田君の才能にもかねて目をみはっていたのだが、ぼく自身に役者になる動機が薄く、断ってしまった。「やればよかったのに」とその後もよく言われる。映画は沢田研二が主演して、ぼくの役は日下武史が演じた。

もうひとつはチャンスでもなんでもないのだが、あるいはやっていれば何かがおこったかもしれなかった思い出だ。中学三年の学芸会の演目を選んでいるとき、担当の美術の日ノ下先生がいったい何をどう判断したものか、ぼくに『リア王』をやりなさいと命じたのだ。「荒野をさまよってリア王が狂うところがあるやろ、あそこを松岡がやるとええわ」というのだ。「おまえにはそういうところがあるしなあ」。この先生、何を考えているのかと思った。

この話はすぐに流れて、たしか『七年目のイリサ』とかいう軽い芝居になった。ぼくも出演したが、七人の神々の頭目のような役だった。なに中学生のことだ、思いきってリア王をやっていればよかったかもしれない。きっとお笑い草だったろうが。

シェイクスピアの四大悲劇は『ハムレット』も『マクベス』も『オセロー』もさすがに出来がいいが、最高傑作はなんといっても『リア王』である。もし、もう一作をあげるとすれば遺作となった『テンペスト』（あらし）であろう。

愉快で機知に富んでいた流行劇作家が、突如として悲劇を書きはじめたのは一五九九年の『ジュリアス・シーザー』からだった。ここからシェイクスピアにどういうわけか暗い影がつきまとっていった。批評家はこの理由についていろいろ書くが、こういうことは作家や芸能者や工芸者などの表現者にはよくおこることで、シェイクスピアだからといって例外ではない。それが約十年続いた。

そのあいだに十四篇の戯曲が書かれ、そのうち九篇が悲劇だった。順に『ジュリアス・シーザー』『ハムレット』『トロイラスとクレシダ』『オセロー』『リア王』『マクベス』『アントニーとクレオパトラ』『アテネのタイモン』『コリオレイナス』である。ところがシェイクスピアは『コリオレイナス』を最後に、まるで憑《つ》きものが落ちたように悲劇を書かなくなる。これも理由を云々するまでもなく、作家の身にはよくおこることだ。

最後の一六一一年の『テンペスト』だけがそうした流れを超越していたが、魔術師プロスペローと精霊エアリアルを配したこの作品は、喜劇のなかの悲劇の出現という、あるいは変化するものの本質とは何かということをめぐっての、まったく新しい方法の提示だった。だからピーター・グリーナウェイは自身の映像作品には『テンペスト』を選び、《プロスペローの本》にした。ワダエミさんが衣裳《いしよう》を担当した。

それにしても四大悲劇がたった五年ほどのあいだに次々に連打されたことは、信じがたいほど驚異的な「内爆」ともいうべきもので、シェイクスピアが人間が到達した悲劇的形而上学の秘密の内裏《だいり》になんらかの方法で深々と触れていたことを告げている。それはのちにゲーテとドストエフスキーとニーチェが、日本でいうなら世阿弥や近松や鷗外らが総力をあげて挑んだ主題でもあったけれど、それをシェイクスピアはたった五年で成し遂げた。

なぜそんなことを短期間でできたかというと、四大悲劇にはそれぞれの編集的特質がひそんでいたということ、それぞれの悲劇の素材はシェイクスピアのオリジナルではなかったことに与《あずか》っている。たいてい種本や素材や伝説が先行していて、これらを組み立て、多様な変奏を加え、そこに深甚な主題を圧縮していったのである。それが悲劇を発酵させるための作劇法だった。

作劇法は一作ごと異なっていた。そこはさすがにシェイクスピアの異能というものだったが、そうであればこそ、四大悲劇を同じように感心してしまうというのは、つまらない。先にその感想を書いておく。

まず『ハムレット』(Hamlet) だが、これはトマス・キッドの『スペインの悲劇』をヒントに、舞台をデンマーク王国にもってきて、悩める王子を主人公にした。

父王が叔父《おじ》のクローディアスによって毒殺されたということを、王子が亡霊になった父王から聞かされるという「告知の到来」に工夫を凝らし、そこに王子ハムレットの復讐《ふくしゅう》のための「擬装」という趣向を加えた。けれども劇的構造としての悲劇性を定着しきれなかった。ハムレットのゆれうごく心に対応する何かの装置か機能かが欠けた。T・S・エリオットもそういう文句をつけたことがあったと記憶する。ただし、その欠陥をハムレットの独得の行動で撃破した。独得の行動とは人間にひそむ演戯性というものである。「擬装」が「擬想」に及んでいた。

われわれは『ハムレット』を読んで、またその芝居を見て、半分は人間における憂鬱の本質を、もう半分は人間における演戯の本質を体験する。だから王子ハムレットを追うかぎりは、この芝居にはつねに永遠の共感がある。けれどもこれは悲劇というほどのものではない。憂鬱《ゆううつ》と演戯の意想哲学なのだ。

ヴェニスのムーア人を主人公にもってきた『オセロー』(Othello)も本格的な悲劇とはいいがたい。軍人オセロー自身は決して行動をしない。宿命を変えるために周辺にはたらきかけるのはイアーゴーであって、オセローではない。オセロー自身にはその内部に宿命を変える悲劇的推進力がない。最後の最後にオセローは妻のデズデモーナを殺し、デズデモーナに口づけをしながら自害して事態としての悲劇に結末をつけるけれど、それまでは福田恆存《つねあり》が言うように、オセローは歌舞伎でいう「辛抱立役《しんぼうたちやく》」にすぎないのである。

ただし話としてはすこぶる歌舞伎っぽくて、おもしろい。デズデモーナのハンカチが巧みな小道具になっている。ヴェルディにオペラ《オテロー》があり、これをフランコ・ゼッフィレッリが映画にしていたが、さすがにうまかった。

ついで『マクベス』(Macbeth) もまた、王位をほしがるマクベスを動かすのはマクベス自身ではなく、森であり、魔女であり、マクベス夫人なのである。

冒頭、三人の魔女が「きれいは汚い、汚いはきれい」と歌って乱舞するところにスコットランド軍のマクベスとバンクォーが通りかかり、「汝《なんじ》は王になれるだろう」と予言されて話が始まるのだが、その後の出来事はこの「予兆の実現」に向かって歪《ゆが》んでいくというふうになる。あとはマクベスの愚かさと夫人の執念が燃えあがる。それゆえ悲劇的性格が乏しいままになっている。とはいえ劇的構成の全体はすばらしく、だからこそ黒澤明はそこを《蜘蛛巣城《くものすじょう》》に移してみせた。

こうしたことを比較すると、やはり『リア王』(King Lear) こそがシェイクスピアがつくりあげた完璧《かんぺき》に近い悲劇作品だったことになる。

こんなものすごい悲劇造形はめったにありえない。もし引き合いに出すのならギリシア悲劇の二、三であろうけれど、ギリシア悲劇ではソポクレスの『オイディプス王』を除いて、遼遠なる絶対事実の進行の裏で見える理性が見えない神々とちょっとした取引をしていたし、多くの台詞《せりふ》がしばしば神話に譲歩させられていた。『リア王』にはそういう取引がない。いっさいの悲劇はリア王の魂が引き取ってなお深淵《しんえん》に引きずりこんでいる。そこには恐ろしいほどの「錯乱の悲愴《ひそう》」というものがある。

人間にとって、錯乱ほど恐ろしいものはない。こいつは何を言っているのか、何を血迷ったのかと感じられてしまったら最後、どんな権威にも功績にも信頼にも電撃のような亀裂《きれつ》が走る。日常会話の場面ですら、その精神のわずかな異常が疑われ、そこに立ち会った者たちを震撼《しんかん》とさせる。

私の母がある夜の夕飯の食卓で、突然に自分の箸《はし》で娘の前のご飯をつかもうとしたことがある。つねに丁寧で優美であった母が突如、そういうことをした。いったい何がおこったのか。何かのまちがいがおこったのだ。食卓は静まりかえり、その場をとり繕《つくろ》うことはだれもできなくなっていた。七十年間、母がそんなことをしたことは一度もなかった。しばらくして母が「わたし、いま変なことをした？」と言ったので、なんとかその場は元に戻ったのだが、その夜の就寝時になって妹が報告にきた。「いま、お母さんがね、パジャマのパンツを頭にかぶったの」。

日常のこんなささいな出来事でも、錯乱の徴候はその場のすべての心を凍らせる。まして一国の王の錯乱が及ぼすところのものは計りしれない。リア王においてはそれが純朴なコーディリアへの怒りから発し、ついに荒野を彷徨《ほうこう》するまでに達することになる。その間、一点の遺漏《いろう》というものがない。『リア王』はその一作においてギリシア悲劇より大きなものになったのである。

シェイクスピアが『リア王』のためにつかった資料や素材が何であったかは、だいたい研究者があきらかにしてくれている。下敷きはリア王もコーディリア（コーデラ）も出てくる作者不明の『原リア』だった。

これにホリンシェッドの『年代記』、すでにやや話題になっていたスペンサーの『妖精女王』（コーディリアという名の少女が登場する）、グロスターの物語を含めるシドニーの『アルカディア』などを参照して、加えてヒギンズの『君主のための鏡』、ハースネットの『宣言』、モンテーニュ『エセー』から言葉を引き抜いた。一六〇五年に出版された『レア王』という戯曲もあった。

しかしこれらは土壌ならしのようなもので、この上に驚くべき悲劇の駆体《くたい》が立ち上げられ、そこへ精緻《せいち》な内装哲学が注入されて、またたくまに予想のつかない構造になっていったのだ。これがシェイクスピアなのである。

たとえば、リア王が怒りゆえに見せる愚かさだ。これは『原リア』にはなかった要素で、シェイクスピアはまるでエラスムスのごとく、王者にひそむ愚鈍を見抜いて、この性格をリア王の全身に施した。また第十八場から第二一場までの、グロスターがリアに代わってその苦悩を表現するところである。この場面には、荒野をさまよっているリア王は舞台には姿をあらわせない。そこで、その苦しみをグロスターが代わって口にする。観客はかえってリア王の悲劇の深さを他者の台詞に感じることになる。こういう仕掛けはシェイクスピアにしかできない芸当である。

舞台は五幕あって、ブリテン王リアの宮殿の玉座の間から始まっている。ケント伯爵、グロスター伯爵、グロスターの庶子エドマンドに続いて、ブリテン王のリア王、コーンウォール公爵、アルバニー公爵、およびリアの三人の娘、ゴネリル、リーガン、コーディリアが舞台に揃う。

王はすでに高齢になっている。そこで退位するにあたっては国土を三人の娘に分与することにした。いったい自分を最も大事にしているのは、この三人の娘のうちの誰なのか。長女ゴネリルと次女リーガンは巧みに甘言《かんげん》を弄《ろう》して父王をよろこばせるが、末女《すえむすめ》のコーディリアはそれができない。実直すぎる。

言葉もガラスのように透明で、それが父王の胸には割れたガラス片のように突き刺さる。ついに不興をかって勘当された。このときリア王の迷断を詰《なじ》ったケント伯も一緒に追放される。コーディリアはフランス王から王妃に望まれ、ブリテンを去るのだが、のちに不遇の父を救うためにふたたび故国に戻る。リア王を敬愛するケント伯も別人になりすましてひそかに王を支える道を選んだ。

長女と次女はまんまと領土をせしめたが、たちまち父王が疎《うとま》しくなり、驚くほど悪辣《あくらつ》な性格を発揮して、リア王に冷たい仕打ちをする。

次女リーガンの夫はコーンウォール公である。家臣にグロスター伯がいて、二人の息子、兄のエドガーと庶子の弟エドマンドが継承をめぐって争っていた。エドマンドは父を騙《だま》して兄を放逐し、領地相続権を確保した。リーガンはこれを悦《よろこ》ぶのだが、リア王がこの事情に不信感をもつと、逆に父王を追いつめ、ついにみんなで荒野に追い出してしまう。有名な「荒野をさまようリア王」の場面だ。

この場面、観客にはリア王の愚かな「審判の失敗」がわかるけれど、リア王にはわからない。半ば憑《つ》かれるがごとく荒野を彷徨する。

ここでグロスター伯が半ば決意して王を救おうとするのだが、コーンウォールの密命はグロスターの両眼を抉《えぐ》ることだった。第四幕では盲目のグロスター、身を隠したエドガー、実はエドマンドと密通していた長女ゴネリル、その夫のオールバニ公らが入れ替わり立ち代わりして、エドマンドの陰謀と姉妹の浅薄がいよいよ暴かれていくのだが、事態は遅きに失していた。

第五幕、リア王はフランス軍に属するコーディリアと再会するも、そこを攻め込むエドマンド率いるブリテン軍に敗退し、王と娘は捕えられる。コーディリアは死刑を言いわたされ、悲劇はここまでかと思われた矢先、エドマンドとの仲を疑ったゴネリルがリーガンを毒殺し、自身も自害する。

そのエドマンドはエドガーとの最後の決闘に敗れ、息を引き取る寸前に、リア王とコーディリアを暗殺する刺客を自分が差し向けたことを吐く。救出に向かうエドガーだったが、すべてはまにあわない。絞首刑となったコーディリアの遺骸《いがい》を抱いたリア王は嘆き哀しみ、絶望の淵のなか、絶命する。

リア王は自分の失敗に気づけない。そのちょっとした裂け目が舞台が進行するにしたがって巨大な世界の裂け目となっていく。このことに観客は戦慄《せんりつ》するしかない。

恐ろしさは裂け目の巨《おお》きさばかりを感じるのではない。むしろ錯乱してしまったとみえる者がふるまう行為と、にもかかわらず絶対の力をもっているかのように次々に放出される言葉のすべてが、ことごとく空しい多重の意味をもってくることに気づかされ、真の悲劇が始まり、裂け目は広がるばかりなのである。

裂け目は軋《きし》みをつくる。軋みは空しいものであるにもかかわらず、空しいがゆえに、人間の本当の姿とは何なのかと考えざるをえなくなってくるように響きわたる。このとき、観客は自分自身こそがシェイクスピアの用意した巨大な世界の裂け目にまっさかさまに落下しているような錯覚を強要される。『リア王』はこういう恐ろしい物語なのである。

なぜ、これほどにシェイクスピアの仕掛けが効くのかというと、主人公が国王といういっさいの可能性の持ち主でありながら、自らその虚飾のすべてをかなぐり捨てたように見えるからだった。錯乱した王の姿のほうが、ほかのどの登場人物の行為や言葉よりも、深刻ではあるものの、また赤裸々ではあるものの、人間としてすべてを捨てた者として解き放たれているかもしれないと見えるからだ。

観客に錯覚が委譲されたわけなのだ。このように演劇が受け取られてしまうということ自体、考えてみれば悲劇がもつべきもうひとつの本質を告げていた。

けれども、これだけがシェイクスピアの仕掛けではなかった。こうしたリア王に集約された決定的な悲劇をさらに作劇的に昇華しているのが、ひとつはコーディリアの無垢である。もうひとつはコーンウォールによる残酷な目潰《つぶ》しをもって盲目となり、ついに断崖《だんがい》から落下して自殺するにいたった老いた忠臣グロスターの役割である。とくにグロスターが悲劇性を加速させている。

これはしばしば「グロスターの代行受苦」とよばれてきた役割であるのだが、観客の大半はグロスター当人の真摯《しんし》な魂が耐え切れなくなっていく経過を見ているうちに、同時に自分自身も耐え切れなくなっていく。戯曲を読むだけでは、この異様な「耐え切れない共感」はややわからない。目潰しの場面も、戯曲では数行の会話に陥没させられている。

ところがこれが舞台になると、目潰しが一作中でひときわ胸張り裂ける加虐的な場面になってきて、観客はその残虐をいっときも忘れられなくなり、その負を抱えたグロスターが、自ら「世界の裂け目」に向かって高速に落下自害してしまうのを知って、いったい誰が哀れなリア王を守るのかという絶望に落ちていく。逆にいえば、観客こそがリア王の魂の救済者になるしかなくなっていく。

これこそシェイクスピアが徹底した作劇を施した効果であった。もしこのように見えない舞台演出があるとすれば、それはシェイクスピア劇にはなっていないということになる。

いったい『リア王』は何をわれわれに示したのか。あらためて言うまでもない。世界には裂け目があるということである。その裂け目は人間の迷いと一本の神経の切断と直結していた。

シェイクスピアはその裂け目が、欲望と安逸を貪《むさぼ》る者が必ず陥る「あと少しの安定」への余計な思いから始まることを知っていた。「あと、もう少しで安逸がある」、そう合

『リア王』を演じるローレンス・オリヴィエ
(Photo by Kurt Hutton/Picture Post/Hulton Archive/Getty Images)

シェイクスピア俳優として名をはせたローレンス・オリヴィエによる《リア王》(1946年、ニュー・ロンドン・シアター)。錯乱の悲愴を全身に漂わせるリア王と、目潰しにあってもなおリア王に付き従う忠臣グロスター。静かな戦慄が押し寄せる場面。

点したとたんにシェイクスピアの悲劇は世界をたちまち巻き込んで、その世界をわれわれの近傍から奈落《ならく》に向かって突き落とすのだ。

まさに、そうである。われわれは誰もがつねに小さなリア王である危険の上に坐《すわ》っているわけなのである。

これまで『リア王』と比肩されてきた作品ベスト5は、ダンテの『神曲』、ミケランジェロの《最後の審判》、バッハの《ロ短調ミサ曲》、ベートーヴェンの《第五》と《第九》、ワーグナーの《パルジファル》だった。

こういうベスト5になったのはヨーロッパの英知と衆知によるもので、ぼくがそこに何か言いたくなるというものではないのだが、ダンテを除くと音楽と絵画が『リア王』に迫っていたことに、納得させられる。

むろん、気取った見方やずらした見方も、いろいろある。たとえば『リア王』を人間悲劇というよりも家庭悲劇とみなす見方が、かつてからあった。リアと三人の娘たちとその夫たちとの関係の炸裂《さくれつ》を書いたという見方だ。

こういう見方は映画や舞台にかかわっているプロたちに多かった。なぜこんな見方が成立してきたかというと、この見方をそのまま現代生活の作劇にいかせば、ほとんど大半のホーム・トラジディができあがるからだろう。実際にも、多くの小説や映画やテレビドラマが『リア王』の家庭悲劇化を試みてきた。

おもしろい見方もあった。劇作家のつかこうへいの見方で、これは高慢悲劇ではないかというものだ。つかこうへいはイギリスの劇画『リア王』と『オセロー』の日本語版のセリフを入れる仕事をしたときに、そう感じたらしい。老いた父が持ち続けた高慢と、その関係者たちがもつすべての高慢が、財産分与を前にみごとに崩壊していったというのである。これもホームドラマめいた見方だが、当たっているところがある。

実際のウィリアム・シェイクスピア（一五六四〜一六一六）がどんな人物でどんな生涯だったかは、わかっているようでわからない。イングランド王国ストラトフォードで生まれて、一五九二年にはロンドンにいて、すでに新進劇作家として知られていた。

兄弟姉妹が七人いたこと、両親はそこそこ裕福でカトリックを信仰していたこと、十八歳のときに八歳年上のアン・ハサウェイと結婚して女児と双子をもうけたことなどはわかっているが、そこからロンドン登場までが謎なのである。

鹿泥棒をしていた、田舎の教師をした、ロンドンの劇場主が飼っていた馬の世話をしていた云々……といったまことしやかな噂もあるが、どうやらブランクヴァース（blank verse）を書いていただろうことは、想定されている。

ブランクヴァースは弱強五歩格の無韻詩である。韻律（meter）はあるが、押韻（rhyme）

はない。シェイクスピアと同い歳の劇作家クリストファー・マーローが得意にしていた。マーローはブランクヴァースを巧みに操って『フォースタス博士』『マルタ島のユダヤ人』『エドワード二世』などを書いていたので、シェイクスピアも少なからぬ刺戟《しげき》を受けたにちがいない。

こうして気がついたときには、シェイクスピアはエリザベス女王最後の二十年間で、ロンドンの世界劇場と一体化した劇作家になっていた。実際にも一五九四年には宮内大臣一座（ロード・チェンバレン一座）のコアスタッフとして、リチャード・バーベッジやウィリアム・ケンプらとともに身も心もずぶ濡《ぬ》れの劇場男になっていた。とりわけ地球座《グローブ》と一体化してからは、座元、座付作家、俳優、演出、装置づくりなど、何でもやったとおぼしい。

シェイクスピアばかりがそうだったのではない。ジョゼ・アクセルラらの『シェイクスピアとエリザベス朝演劇』（白水社）、ヤン・コットの『シェイクスピアはわれらの同時代人』（白水社）、玉泉八州男《たまいずみやすお》の『女王陛下の興行師たち』（芸立出版）、菅泰男の『シェイクスピアの劇場と舞台』（あぽろん社）、そしてフランセス・イエイツの『世界劇場』（晶文社）などがあれこれの資料や仮説や図面を提供したように、そこには俳優の演技を見るのが大好きだったエリザベス女王からイニゴー・ジョーンズや魔術師ジョン・ディーまでが一団となっていた。シェイクスピアはそれらの一団が産み出した別格本山だったのだ。

格別のキャラクタリゼーションだったのだ。

シェイクスピアは五二歳で亡くなっている。漱石のような早逝《そうせい》だ。あれだけの多作と凝縮と深化をなしとげたのは、きっと実時間のなかでの執筆ではなかったからだろう。歴史的仮想時空が、あるときからシェイクスピアの劇的身体に地球座とともに憑依《ひょうい》していたからだったろう。

第六〇〇夜　二〇〇二年八月十九日

参照千夜

九七〇夜：ゲーテ『ヴィルヘルム・マイスター』　九五〇夜：ドストエフスキー『カラマーゾフの兄弟』　一〇二三夜：ニーチェ『ツァラトストラかく語りき』　一一八夜：世阿弥『風姿花伝』　九七四夜：『近松浄瑠璃集』　七五八夜：森鷗外『阿部一族』　五一四夜：福田恆存『私の國語教室』　一八六夜：『ゼッフィレッリ自伝』　六五七夜：ソポクレス『オイディプス王』　八八六夜：モンテーニュ『エセー』　九一三夜：ダンテ『神曲』　一六〇〇夜：ワーグナー『ニーベルングの指輪』　四一七夜：フランセス・イエイツ『世界劇場』

スペイン・バロック、インテリジェレ、メタフィクション。
この多重多岐で、多感多彩な文芸装置。

ミゲル・デ・セルバンテス

ドン・キホーテ

牛島信明訳　岩波文庫　全六冊　二〇〇一／会田由訳　筑摩書房（世界文学大系10・11）一九六〇・一九六二
Miguel de Cervantes: El Ingenioso Hidalgo Don Quijote de La Mancha 1605, 1615

ぼくにとってスペイン・バロックは憧憬《しょうけい》と謎と暗合に満ちている。かたやミゲル・デ・セルバンテスがいて、かたやルイス・デ・ゴンゴラがいた。二人は十五歳くらいしか離れていないが、ともに文芸実験をしてみせた。そこにセルバンテスの六歳年上のエル・グレコがクレタ島から渡ってきて入りこみ、セビリヤにはディエゴ・ベラスケスが宮廷での名声をほしいままにして登場して、絵画実験をしてみせた。

これはいったい何なんだというほどのスペイン・バロックの、甘美で苛烈《かれつ》で野放図《のほうず》な開闢《かいびゃく》である。この一連の動向こそが、その後の近世ヨーロッパの秘密の大半を握る物語芸術の原点だった。

なかでもセルバンテスの役割はとびぬけていた。『ドン・キホーテ』という大部の書物はスペインという民族の「記憶の国家」にさえなった。オルテガ・イ・ガセットは、こう書いた。「『ドン・キホーテ』は観念の密林だ、リブロ・エスコルソだ」と。リブロ・エスコルソとは「書物がもつ遠近法世界」といったことをいう。おそらくはオルテガの造語だろう。『ドン・キホーテ』は書物のなかに観念の密林をすべて入れこんだだけでなく、その見方のパースペクティヴを「世界」としてつくったというのだ。スペインを「世界」にしたのは『ドン・キホーテ』だったというのだ。これは、世界読書奥義伝にふさわしい指摘だ。

こういう見方はいくつもあった。九一歳で亡くなった現代スペインを代表する詩人ダマソ・アロンソは、「スペインのすべてが『ドン・キホーテ』に塗りこめられている」と書いた。ぼくはその一行を清水憲男さんの『ドン・キホーテの世紀』(岩波書店)で知った。上智大学でスペイン文学を講じてきたセンセーだ。アロンソは清水さんが最も敬愛している詩人だったと思う。

ドン・キホーテの世紀とは、『ドン・キホーテ』の前篇が刊行された一六〇五年をはさむ数十年にわたる年代のことをさす。帝国スペイン(イスパニア)の太陽が昇り、世界を照らし、そしてその太陽が秋の落日のごとく沈んでいった時代である。

カルロス一世に始まりフェリーペ二世に継がれたハプスブルク朝スペイン帝国は、地中海世界を制して絶頂期を迎えると、南米にも次々に植民地を広げ（これがインカ帝国滅亡につながる）、一五七一年にはオスマン帝国軍をレパントの海戦で破って「太陽が沈まない国」と言われるまでに膨れあがった。フェリーペ二世はポルトガルも併合した。

二四歳のセルバンテスにとっても、レパントの海戦は兵士として参加できた生涯の最も忘れえぬ一戦となっている。キリスト教カトリックの大義を守るために命を賭《と》して闘ったということは、セルバンテス最大の誇りなのである。しかもこのとき戦火に左腕を失って「レパントの片手男」という異名をとったことも、セルバンテスの大いなる自慢となった。

けれども栄光もそこまでだ。それから僅《わず》か十七年後、スペインの無敵艦隊はアルマダの海戦でエリザベス一世のイギリス艦隊に木《こ》っ端《ぱ》微塵《みじん》に敗れてしまう。これをきっかけにスペイン帝国の凋落《ちょうらく》が始まった。植民地も次々に失っていく。しかしそれを含んでなおこの時代は、セルバンテスとゴンゴラとエル・グレコとベラスケスの時代、すなわちドン・キホーテの世紀なのである。スペインが世界史上唯一の栄光と挫折《ざせつ》を体験したことがドン・キホーテの世界をつくった。

スペインにおける『ドン・キホーテ』の意義は、ぼくが想像をしていたよりもはるかに大きい。原タイトルにあるスペイン語のインヘニオソ（Ingenioso）は「機知に富んだ」という意味だが、元のラテン語はインテリジェレで、そこには「中を見る」「内部を読む」という意味が動いている。まさに『ドン・キホーテ』はスペインのインテリジェンスそのものなのだ。必ずしも知性という意味だけではない。それもあるけれど、ありとあらゆる意味をこめた〝最大級の情報戦略〟という意味におけるインテリジェレになっている。

そもそも『ドン・キホーテ』は、物語のなかで物語を追慕するというメタフィクショナルな構造を現出させている。

作中人物ドン・キホーテは自分の過去の物語を書物にしながら進む騎士であり、その書物を抱えたドン・キホーテの体験を、セルバンテスが次々に新たな物語にして『ドン・キホーテ』という書物にしていった。そういう重層的な追想構造になっている。ここにすでにバロックの萌芽が見られるのは言うまでもないけれど、そこにはさらに、民族が体験すべき国家的情報の記録がその情報の物語化を進めるという戦略的インテリジェンスを萌芽させていた。

だから『ドン・キホーテ』はふつう評されるような騎士道をパロディにした物語なのではない。パロディであったとしても、それはアナロギア・ミメーシス・パロディアの三原則のすべてを織りこんだパロディア・オペラというべきだし、そのような企みこそが、スペインという帝国の隆盛と衰退に対応し、そこで退場せざるをえなくなっていった「騎士の本来」の物語を対峙させる根拠ともなりえていた。こういう文学はめったにない。

たいへんな計画だ。尋常ではない構想だった。まさにスペインそのものをバロックにしてしまうすぐれて知的な魔術だった。

セルバンテスが予想外ともいえるほどの歴史知識や宗教知識の持ち主だったことはわかっている。また、エラスムスの人文主義にも、ウェルギリウスからアリオストにおよぶ古代ローマこのかたの劇作や劇詩に通じていたことも研究者たちが証《あか》している。

通じていただけではない。ルドヴィーコ・アリオストが一五一六年に発表した『狂えるオルランド』(名古屋大学出版会)は、「美しき姫と勇者の騎士との恋と冒険の物語」という外題《げだい》をもっていて、それこそルネサンス期の騎士道の王道を示した古典中の古典なのだが、『ドン・キホーテ』はこの王道からも逸《そ》れていったのである。

しかし、そういうことだけでは、『ドン・キホーテ』が生まれた理由はわからない。それを理解するには、ひとまずはセルバンテスの波乱に富んだ生涯を追ったほうがいい。なぜならセルバンテス自身がドン・キホーテそのものの二重化されたインテリジェレだったのだから——。

ぼくが『ドン・キホーテ』を読んだのは筑摩の「世界文学大系」での出会いが最初だった。物語の筋を追うことだけを使命にしたようなアサハカな読書で、いっこうに深まらないでおわった。次に岩波文庫の永田寛定《ひろさだ》・高橋正武《まさたけ》訳を手にしたのだが、これはなんだか数ページすら体に入ってこなかった。

一方、グスタフ・ルネ・ホッケの『文学におけるマニエリスム』（現代思潮社→平凡社ライブラリー）でルイス・デ・ゴンゴラのバロック魔術、いわゆるゴンゴリスモに毒されていたぼくは、なんとかその後に幻惑のスペイン・バロックを形象しえた表象の歴史の秘密を知りたくて、バロック逍遥《しょうよう》を悠然とたのしんでいたようなところがあったのだが、そこにいっこうに『ドン・キホーテ』が入ってこないのが気になっていた。やっとひとごこちがついたのは、ギュスターヴ・ドレの稠密《ちゅうみつ》なエッチングが作り出した『ドン・キホーテ』を見てからのこと、それを窪田《くぼた》般彌《はんや》さんの訳本（現代教養文庫）で見てからのことである。

それからずいぶんたって、牛島信明さんによる岩波少年文庫の『ドン・キホーテ』が登場した。たしか池内紀《おさむ》だったかがこのダイジェスト版で初めて『ドン・キホーテ』の真髄がわかったというような紹介をどこかに書いていて、ぼくも手にして同じような気持ちになった。池内はそれまで『ドン・キホーテ』のおもしろさがわからなかったというのだ。それが牛島訳で愁眉《しゅうび》をひらいた。そうか、ぼくだけじゃなかったんだ。その牛島訳による本格的な岩波文庫が出揃ったのはその十年後だったろうか。

ともかくも、こうしてぼくのドン・キホーテ体験がやっと始まったわけである。だから、ぼくの読みこみ体験は、まだまだ浅いものなのだ。が、それでも『ドン・キホーテ』を読むにはセルバンテスの生涯が絶対に欠かせないことは、強調しておきたい。

そこでここでは、そのように岩波文庫に半世紀ぶりに新訳をもたらした牛島さんの『反＝ドン・キホーテ論』（弘文堂）や、それをくだいた『ドン・キホーテの旅』（中公新書）、それから清水義範さんの本やオルテガの本などやらを参考に、セルバンテスが『ドン・キホーテ』を書きあげるまでのことをざっと綴ってみたい。まさにバロックな人生である。

ミゲル・デ・セルバンテス・サアベドラは、一五四七年にマドリード近郊の大学の町アルカラ・デ・エナーレスに生まれて、徳川家康やシェイクスピアと同じ一六一六年に死んでいる。

父親ロドリーゴはイダルゴ（下級貴族）で、外科医をやっていた。外科医といっても当時は傷の手当てをしたり、刺絡や罨法《あんぽう》をほどこしたりする程度のもの、まともな医師とはみなされてはいない。おまけに父親はひどく耳が悪く、一家はかなり苦しい生活を強いられた。そのためいつも借金をせざるをえなくなるのだが、打開のためにバリャドリードに引っ越したりするものの、父親は借金の手続きの悪さで投獄されてしまった。

貧しい日々をへたのち、フェリーペ二世が首都をマドリードに移した一五六一年に、セルバンテス一家もマドリードに引っ越した。十四歳のときである。そのころのマドリードは騎士道精神が熱狂的にもてはやされる都会だった。十七歳になってセビリヤのイエズス会の学校に学んだ(セルバンテス家はけっこう誠意のあるキリスト教徒)。セビリヤでは詩人フェルナンド・デ・エレーラや劇作家ローペ・デ・ルエダが人気を集めていて、セルバンテスはその目眩《めくるめ》く劇詩の魅力にも引きずりこまれた(このあたりから自身の内なる作者性にめざめていったのだろう)。

やがてマドリードに戻ったセルバンテスは、二一歳のときに人文主義者ロペス・デ・オーヨスの私塾に入り、ここでエラスムスにどっぷり浸《つ》かった(このときのエラスムスへの傾倒はのちの教養の広がりとなる)。が、それもつかのま、ある男に重傷を負わせたかどで逮捕され、十年間の流刑を言い渡されるという事件に巻きこまれた。

なんとか這々《ほうほう》の体《てい》で逃亡したらしいのだが、その逃亡の行き先がローマであったというところが、これまたのちのちのセルバンテスの文芸的素養の発揚にとって欠かせない体験だ。さる枢機卿《すうききよう》の従僕になったのだが、その時期にウェルギリウス、ホラティウス、アリオスト、サンナザーロ、カスティリオーネなどを読み耽《ふけ》った。この読書はとびきりだ。セルバンテスは長らく諧謔《かいぎやく》だけの作家だと思われていたのだが、アメリコ・カストロが『セルバンテスの思想』(法政大学出版局)を発表して以降は、セルバンテスがただならない知識人でもあったことがわかっている。

ローマの体験はさらに初期バロック的に旋回していく。一五七〇年、イタリア駐在のスペイン軍に入隊すると、ローマ、ナポリ、ミラノ、フィレンツェに駐留し、ルネサンス最後の残香を胸いっぱいに吸いこみ、そこに高揚していたマニエリスム(方法主義)を嗅《か》ぎつけた。

そのときである、教皇ピオ五世が地中海を挟んで対峙してきたオスマン帝国軍とのあいだに戦端をひらくことを決意した。教皇は教皇庁・スペイン・ヴェネツィアの連合艦隊(いわゆる「神聖同盟」連合軍)の司令官に、スペイン国王フェリーペ二世の異母弟であるドン・フワン・デ・アウストゥリアを任命した。弱冠二四歳のこの司令官の姿は、青年セルバンテスにとって恰好《かっこう》の憧憬の的となった(この司令官がドン・キホーテのキャラクターに反映された)。

やがてオスマン軍がキプロスを占領し、戦乱の火ぶたが切られた。翌年、あのレパントの海戦となり、セルバンテスは左腕に名誉の負傷を受け、おそらくは義手の男となったのだが、さっきも書いておいたけれど、セルバンテスはそれがけっこうな自慢なのである。そんな戦歴には褒賞も贈られた。

二五歳、青年の勢いはますます高揚していった。今度は名将ローペ・ムデ・フィゲローアの率いる歩兵部隊に所属すると、またまたオスマン帝国との戦火の只中《ただなか》に突進する。ローペ将軍はレパントの海戦でまっさきにオスマン軍の旗艦に飛び込み、敵の司令官の首を刎《は》ねた猛将だった。ドン・キホーテが真似ないわけがない。

かくてスペイン艦隊の一員として各地を転戦したセルバンテスは、二八歳のときにガレーラ船「太陽号《エル・ソル》」に乗りこみ、船団を組んでナポリから出港すると意気揚々の凱旋《がいせん》帰国の途についた。ところがこの船団がフランス海岸の沖で海賊船に襲われてしまう。セルバンテスらは捕虜となり、あまつさえセルバンテスがナポリ総督の推薦状を持っていたため、大物とみなされて巨額の身代金が留守家族に課せられた。

この海賊の一団はすべて背教者たちだった。それゆえ捕虜たちはキリスト教徒として幽閉されるか、ガレーラ船の漕《こ》ぎ手として駆り出されるか、つまりは徹底して奴隷扱いされた。すでにアルジェの一角には、そうしたキリスト教徒が二万五千人も収容されていたという。

片腕が義手だったセルバンテスは奴隷のほうにまわされた。こうして五年にわたる奴隷生活を強いられた。セルバンテスは果敢にも四度にわたる脱走を試みるのだけれど、ことごとく失敗した。

ここまでが「ドン・キホーテの夢」そのものであったセルバンテスの栄光の前半生である。身代金を払わざるをえなかったこともあり、三三歳以降のセルバンテス一家はかなり悲惨な日々をおくる。そして今度は、ドン・キホーテの「負の認識」のほうが蓄積されていく。

祖国スペインのほうは、こうしたセルバンテスの変転する境涯をよそに、さらに大帝国に向かっていた。フェリーペ二世がポルトガルを併合して、首都をリスボンに移していた。セルバンテスは焦った。なんとか生活の糧を得るため、スペイン無敵艦隊の食糧を調達する徴発係にもぐりこむ。セビリヤ、コルドバ、ハエン、グラナダの各地を巡っては、小麦・大麦・オリーブを集める仕事に精を出してみた。当時の食糧徴発は教会や教会領の産物からが多いため、各地の教会とつねにいざこざがあり、セルバンテスも二度に渡って破門されるという憂き目を負った。

そのさなかの一五八八年、スペイン無敵艦隊がイギリス艦隊に撃沈された。セルバンテス四一歳の七月のことだ。時代は大英帝国の時代になっていった。シェイクスピアが劇団化しつつあった。

軍隊での仕事はすっかりなくなった。すべてのことを変更しなければならない。やむなくマドリードで俳優になったり、セビリヤで宿屋の雇われ主人になったりした。そしてこの時期、劇作をめざす執筆で身をたてることをひそかに決意したようなのだ。ロマンセを書いたり、セビリヤの興行主と六本の戯曲を書く契約などをしたり、四八歳のときになるが、サラゴサの詩作コンクールで入賞したりした。セルバンテスはナマの騎士ではなく、空想の騎士になったのだ。

さて、ここから先は五四歳ころに『ドン・キホーテ』前篇を執筆しつづけ、一六〇五年の五八歳のときにその前篇が出版され、さらに十年をへた六八歳のときに後篇を出版し、その翌年に永眠するという後半生になるのだが、それは「セルバンテスがドン・キホーテになる」という一事にすべて集約されていることなので、あえて事跡を追うこともないだろう。ずっと苦しい生活が続いていたと思ってもらえばいい。

かつてドストエフスキーは『ドン・キホーテ』のことを、「これまで天才が創造した書物のなかで最も偉大で、最も憂鬱《ゆううつ》な書物だ」とも、「これまで人間精神が発した最高にして最後の言葉である」とも評した。

べつだんドストエフスキーに従う必要はないけれど、この指摘はかなりイミシンだ。「偉大で憂鬱」「最高にして最後」とは、そこに正と負にまたがる告示があるということだ。少なくとも別々の価値をもつ物語が二つ以上あるということだ。セルバンテスはバロック化をおこしたのだ。ルネサンスが円の一つの中心をめざしたのに対して、バロックは楕円の二つの焦点のように、複数の中心をもちかかえることを選んだ。ドストエフスキーが『ドン・キホーテ』に正と負の両方の価値を見いだしたのは、そこだったろう。ドストエフスキーにとって、『ドン・キホーテ』はあまりにも激越な二つの対比構造を告げたのである。

アンドレ・マルローには、心が狭くなったり苦しくなったりするときに読む本が三冊あったらしい。それが『ドン・キホーテ』と『ロビンソン・クルーソー』と『白痴』だった。これもすこぶるイミシンだ。

マルローは伊達《だて》や酔狂でものごとの価値を口にはしない男だ。そのマルローが伊達や酔狂の文学とも思われてきた『ドン・キホーテ』を、『白痴』と並べたのだ。

ハインリッヒ・ハイネは生涯にわたっておそらく数度、ウィリアム・フォークナーは毎年必ず『ドン・キホーテ』を読んだという。これはボルヘスやガルシア＝マルケスが、はい、私も『ドン・キホーテ』を愛読していましたとおっしゃるより（これは言うまでもなさすぎるからね）、やはりイミシンだ。ハイネの民族の血液と革命の旗印の問題、フォークナーの滾《たぎ》る憎悪と逆上を想像すれば、そのイミシンの意味が伝わってくる。

日本人でここまで『ドン・キホーテ』に熱意をこめた作家はいないようだけれど（わずかに堀田善衞がいるくらいだろうか）、かように『ドン・キホーテ』は世界中の大物たちをゆさぶってきた。それくらい『ドン・キホーテ』は巨怪なのである。

しかし過不足ないところをいえば、ぼくにはミラン・クンデラの見方が最も妥当なのではないかと思われる。今夜は、そのことに注目してみたい。クンデラは『小説の精神』（法政大学出版局）の「セルバンテスの不評を買った遺産」というエッセイで、次のようなことを書いている。ぼくなりに要約しておく。

フッサールとハイデガーによって、世界に何かが欠如したままになっていることがあきらかになった。それは「存在の忘却」という問題である。これは「認識の熱情」の現代的高揚とともに、それとは裏腹に喪失しつつあるものだった。「認識の情熱」なら、デカルトこのかたいくたびも視点と方途を変えて盛り上げてきた。けれども「存在の忘却」はデカルト的なるものではまったく掬《すく》えるものとはなってこなかった。

これを掬ったのは、おそらくセルバンテスの『ドン・キホーテ』なのである。世界を両義的にものとして捉《とら》え、絶対的な一つの真理のかわりに、互いにあい矛盾するかもしれない二つ以上の相対的な真理を掲げ、そこに刃向かうすべての主義主張と幻影に対決していくということを教えたのは、唯一、セルバンテスの『ドン・キホーテ』だったのである。

クンデラは、「私が固執したいことはただひとつ、セルバンテスの不評を買った遺産以外のなにものでもない」と結んだ。『小説の精神』にはさらにこんな一節がある。

かつて宇宙とその価値の秩序を支配し、善と悪を区別し、個々のものに意味を付与していた神がその席を立ち、ゆっくりと姿を消していったとき、馬にまたがったドン・キホーテが、もはやはっきりと認識することができない世界に向かって乗り出した。「至高の審判官」がいなくなったいま、世界はその恐るべき曖昧性《あいまい》（多義性）をあらわにしたのである。こうして、唯一の神の「真理」が解体され、人間によって分担される無数の相対的真理が近代に向かって散らかされたのである。そしてそれとともに、その世界のイメージであってモデルであるような小説が生まれたのである。

クンデラが『ドン・キホーテ』を、一つの真理をめざしたルネサンスを脱したバロック的な意味における小説の誕生とみなしていることはあきらかだ。その小説の精神とは「複合性」である。クンデラは、その方法にしか「存在の忘却」を描く方法はないのではないかということを示唆し、デカルトに対するライプニッツの、またルネサンスに対するヴィーコのバロック精神を継承したいと書いたのだ。

さて、以上のことを前提として『ドン・キホーテ』を見ると、この物語に六五〇人の人物が登場し（これはトルストイの『戦争と平和』の五五〇人を上回る）、三五件にのぼる前後の脈絡をこえたエピソードが乱舞しているなか、ドン・キホーテとサンチョ・パンサが入れ替わり立ち代わりして「説明」をしつづけているこの前代未聞の物語が、実は時代錯誤の主人公の物語ではなく、ましてセルバンテスの悲嘆から来た妄想の物語でもなく、むろんたんなる騎士道精神の謳歌《おうか》のパロディでもないことが、忽然《こつぜん》としてあきらかになってくる。

よくよく物語の発端とその後の展開を見てみれば、書物が書物を書き替えつづけている「世界読書奥義伝」の最初の方法の提示からくるものだったということに気がつくはずなのだ。手短かにぼくが種明かしをしてしまうことにする。

実は『ドン・キホーテ』の主人公はドン・キホーテではない。ラ・マンチャの片田舎に住む五十がらみのアロンソ・キハーノという郷士が主人公なのである。

そのキハーノが昔の騎士道物語をふんだんに読みすぎた。読みすぎてどうなったかというと、それらの書物に書いてあることのすべてが真実や真理であって、それはすべてキハーノが生きている現在のスペイン（つまり十六世紀末から十七世紀にかけてのスペインの社会）にことごとく蘇《よみがえ》るべきものであると確信してしまうのだ。これはキハーノの妄想である。けれどもこれが妄想であることを示すために、セルバンテスはキハーノをキハーノに終わらせないようにした。そこで、郷士キハーノは鎧兜《よろいかぶと》に身をかため、遍歴の騎士ドン・キホーテと名のり、隣村の農夫サンチョ・パンサを従士にして、痩馬《やせうま》ロシナンテにまたがって旅をすることにさせた。このキハーノがキホーテになるところが、セルバンテスのインテリジェレだ。バロックの楕円の「ずれ」の誕生なのだ。

このことは、前篇の表題が『機知に富んだ郷士ドン・キホーテ・デ・ラ・マンチャ』で、後篇が『機知に富んだ騎士ドン・キホーテ・デ・ラ・マンチャ』になっているところにも如実にあらわれている。「郷士」が「騎士」に変わっている。ということは、ドン・キホーテとは、キハーノの頭のなかにつめこまれた〝物語の言葉〟をもって、それを現実のスペイン社会にぶつけていく作中の語り部としての第二の（リアル・バーチャルな）主人公なのである。ここにすでに物語の相対的二重性が用意されていた。

それならば、『ドン・キホーテ』はプラトン以来の対話篇だったのである。しかも書物の中の言葉だけによって、新たな書物を綴っていくための対話篇なのだ。『ドン・キホーテ』は対話の小説なのだ。キハーノがソクラテスならば、ドン・キホーテがプラトンなのだ。

とはいえセルバンテスは、十七世紀のスパニッシュ・プラトンをつくりたかったのではなかった。そこに「スペインという世界そのもの」を現出させ（フォークナーの「ヨクナパトーファ」やガルシア＝マルケスの「マコンド」のように）、そこから世界は両義的にしか語れないことを、その価値はつねに多義的にならざるをえないことを、それは書物が書物を辿《たど》るように間テクスト的に編集されていかざるをえないことを、そうしないかぎりは「世界読書」の奥義（複合的な真理）などはあらわれてこないということを、満身創痍《まんしんそうい》で示したのである。メタフィクショナルな構成になったのは当然だ。

いまやぼくは、『ドン・キホーテ』はジェネラル・アナロジーの物語だろうと思っている。ラブレーやボッカチオの伝統を踏まえて、ハイパー・ポリフォニーの原理を発見した世界読書奥義伝のテキストだと感じている。

念のために言うけれど、『ドン・キホーテ』はジェネラル・アイロニーの物語ではない。それなら戯作として読めばいい。そうではなく、アナロジーとアブダクションのすべての可能性がつまっている計画書なのである。ミハイル・バフチンが指摘したようなポリフォニーの文学ではなかったのだ。ハイパー・ポリフォニーなのだ。その多声性は、キハーノとキホーテの両方が一対になって絡みついている。

これがぼくの種明しだ。およそのところは当たっているだろうが、それでもなおぼくにはこの物語がまだまだぴったりこないという憾《うら》みが残っている。それは、この物語がまさに「スペインそのもの」であるということにある。だとすると、これは残念なことだが、ぼくの限界だ。相手が滝沢馬琴や折口信夫《しのぶ》であれば、こんな弱音は吐かないだろう。ましてや近松門左衛門においてをや。

スペインが苦手なのではない。たしかにスペインという国はおもしろい。ピカソもダリもガウディも、ガルシア＝ロルカもオルテガもとびきりだ。ヴィクトル・エリセの映画は他の国ではつくれまい。カタルーニャやバスクのナショナリズムを覗《のぞ》くのは、ときにどんな民族や部族の今日のありかたよりも深い過激というものを感じることがある。しかしわれわれは、いやぼくは、そうしたおもしろみを語るにあたって、すでにあまりにもスペインを一知半解したままに見すぎてしまったのだ。

そもそも一四九二年を「いい国みつけたコロンブス」とおぼえたところでまちがった。この年にイベリア半島でイスラム教徒からの国土回復戦争が終わったことや、この年にユダヤ人追放令が行使されたことが見えていなければならなかったのである（ここから八四二夜にのべたマラーノとしてのスピノザの宿命が始まっていく）。これは、オクタビオ・パスを読んでメキシコを感じるように、オルテガの『ドン・キホーテをめぐる思索』を読んでスペインを感じるように、そこに感じるものが深ければ深いほど、ぼくに「スペインという物語の起源」をわからなくさせていくものなのだ。その起源に『ドン・キホーテ』があるというのだから、これはやっぱりお手上げなのだ。

ごめんなさい。ぼくの種明しにはスペインの血が入っていない。ドストエフスキーを補塡《ほてん》し、ミラン・クンデラに拮抗《きっこう》するのが精いっぱいだ。ここまで期待して読んでくれた方々には、謝りたい。

というあたりで、今夜のしばしのロシナンテの散歩をおえることにする。ポルトガル語の“barroco”は「歪《ゆが》んだ真珠」のことである。スペイン語の“berrueco”は岩のごつごつした手触りだ。このバロックのもつコノテーションは、これからもぼくをさまざまなところへ誘うだろうが、まだ郷士であって、仮想の騎士であったドン・キホーテの手触りには届いていない。それを綴るには、今度はぼくのバロック論を先に開陳しなければなりますまい。が、それはまた別の夜の遊蕩《ゆうとう》としてみたい。

第一一八一夜　二〇〇七年四月二三日

参照千夜

一九九夜：オルテガ・イ・ガセット『大衆の反逆』　一〇一二夜：グスタフ・ルネ・ホッケ『迷宮としての世界』　六〇〇夜：シェイクスピア『リア王』　九五〇夜：ドストエフスキー『カラマーゾフの兄弟』　三九二夜：竹本忠雄『マルローとの対話』　二六八夜：ハイネ『歌の本』　九四〇夜：フォークナー『サンクチュアリ』　五五二夜：ボルヘス『伝奇集』　七六五夜：ガルシア＝マルケス『百年の孤独』　一七夜：堀田善衞『定家明月記私抄』　三六〇夜：ミラン・クンデラ『存在の耐えられない軽さ』　九九四夜：『ライプニッツ著作集』　八七四夜：ヴィーコ『新しい学』　五八〇夜：トルストイ『アンナ・カレーニ

ナ』九九八夜：滝沢馬琴『南総里見八犬伝』七九九夜：プラトン『国家』一五三三夜：ラブレー『ガルガンチュアとパンタグリュエル』一一八九夜：ボッカチオ『デカメロン』一四三夜：折口信夫『死者の書』九七四夜：『近松浄瑠璃集』一六五〇夜：ベルナダック&デュブーシェ『ピカソ』一二一夜：アマンダ・リア『サルバドール・ダリが愛した二人の女』八四二夜：スピノザ『エチカ』九五七夜：オクタビオ・パス『弓と竪琴』

ロビンソン・クルーソーが「新経済学」を用意して、悪女のモル・フランダーズが「人間という小説」を準備した。

モル・フランダーズ

ダニエル・デフォー

伊澤龍雄訳　岩波文庫　一九六八

Daniel Defoe: The Fortunes and Misfortunes of the Famous Moll Flanders 1722

ジャン＝ジャック・ルソーの教育論『エミール』(岩波文庫)に、エミールが最初に読むべきもので、かつその後の長期にわたる最も重要な蔵書となるべき書物は何かというくだりがある。ルソーは「アリストテレスがいいか、ビュフォンがいいか」と問うて、「いや、やっぱりロビンソン・クルーソーだ」と答えている。

子供の教育にも人生の一冊にもダニエル・デフォーの『ロビンソン・クルーソー』が最もふさわしいと見たわけだ。

若きカール・マルクスが『ロビンソン・クルーソー』を愛読したこともよく知られている。だいたい経済学者はロビンソン・クルーソーが大好きだ。デフォーがヨーロッパ社会における最初の「ホモ・エコノミクス」（経済人間）の体現者だという説を唱える学者も少なくない。デフォー、アダム・スミス、マルサス、リカードという系譜は、ある種の学者にとってのメインストリートなのだ。『倒錯の偶像』（パピルス）で唸《うな》らせてくれたブラム・ダイクストラには御丁寧にも『デフォーと経済学』（未訳）がある。

わが大塚久雄も、ロビンソン・クルーソーを「中産的生産者層に属する経営者」のかなりティピカルなモデルとみなし、「さまざまな資材と労働をむだなく、しかも合理的に組み合わせ、そこに人間労働の合理的な組織をつくりあげた」と絶賛した。嘘だと思うなら大塚の『社会科学の方法』（岩波新書）を読むといい。もう少しくだけたものなら、瀬川久志の『ロビンソン・クルーソーの経済学』（新水社）がある。

しかし、クルーソーがなぜ「ホモ・エコノミクス」の純血種のようにもてはやされるのか、実ははっきりしないことも多い。だいいち、デフォーは経済的純血種を描きたくてクルーソーを作ったのか、いささか疑問だ。

クルーソーがどういう生涯をおくったかということは、いまさら説明するまでもないだろう。無人島に漂着して二八年をおくった。その島で穀物を栽培し、家畜を養い、住居をつくりあげた。

これを日本人はサバイバルゲームの典型のようにみなし、ときに横井庄一や小野田寛《ひろ》郎《お》のルバング島における不屈の生存能力のように解釈するのだが、クルーソーが無人島で心に決めたことは、神と父に背いた報いをはたすということだった。ピューリタニズムの実践だった。

柱に刻みを打って日付を確認していたクルーソーが、漂着して三六五日目の一六六〇年九月三十日を記念する場面がある。クルーソーは敬虔《けいけん》な祈りを捧《ささ》げ、この日を今後も断食日とすることを決意する。サバイバルをしたかったわけではなかった。

ついで地面から数本の緑色の茎が出てきたことに驚き、それがイギリス種の大麦であることに気がつき、天に感謝する。大麦がすくすく育ち、それを収穫し、また種を蒔《ま》いてそれが成長していくことを何年も体験していると、これが天の恵みというより自然のサイクルだということを理解する。こうしてクルーソーはしだいに「自然経済の本質」にめざめていったということになる。

ここにクルーソーの「神から経済へ」の進展があった、と経済学者たちは言いたいのである。けれどもそれでクルーソーがホモ・エコノミクスになったというのは、どうか。

漂着十八年目、近海を横行する人食い人種たちが上陸してきて、いくつかの痕跡を残していった。人間の骨だった。クルーソーはそれを見て、人間は人間の肉を食うのだという〝現実〟を知り、まさかの時のための防衛が必要であることにめざめる。防衛の日々が重なっていった。さらに二三年目に人食い人種たちが再上陸し、まさに捕虜の人肉を貪《むさぼ》りあっていることを目撃した。

クルーソーはしだいに、世の中というものが神の摂理や経済の確立だけではなく、社会の悪によっても成立していることを知る。このあたり、「シンパシー」(同情・共感)と「神の見えざる手」をもって経済の誕生を示したアダム・スミスより、クルーソーのほうがずっとラディカルで、ずっとクールな納得だ。

二五年目、三十人ほどの人食いたちが上陸したときは、ついにその捕虜の一人が脱走してクルーソーのところに転がりこんできた。これが有名なフライデーである。クルーソーはフライデーとともにより徹底した防衛戦闘態勢を整えつつ、しばし暗澹《あんたん》とする。「人が人を食う」ということに社会と経済の本質があることまで感じはじめたのだ。これはどう見ても、ホモ・エコノミクスの話とは思えない。クルーソーは「ホモ・セキュリタス」(防衛人間)になった。

たしかにクルーソーにはピューリタニズムが大好きな勤勉精神が生きていて、マルティン・ルターの「ベルーフ」(天職)を思わせる選択がある。また、破損した自分が乗ってきた船の残骸からことごとく物資や材料を運びこんで、これをもって日々の生活の材料としていった展開には、まるで近代制工場生産の基本システムが芽生えているようにも見える。

しかしその反面、クルーソーをたえず脅かしたカニバリズム（食人習慣）の横行は、社会や人間というものが「悪」を抜いては語れないことも告げていた。経済学者たちはそこを見ていない。経済学者は、ジュルジュ・バタイユなどの僅《わず》かの例外をのぞいて、善意の経済学を信奉しすぎるのだ。「悪の経済学」がない。

そこでぼくとしては、ロビンソン・クルーソーもいいけれど、モル・フランダーズはもっと現代に物語ってくるものが多いのではないかという、そんな見方を強調してみたくなる。

ロビンソン・クルーソーはまるで実在の人物か、歴史の一角を飾った本物の人物であるかのように思われてきた。これはシャーロック・ホームズがベーカー街に日々実在していたかのように思われていることと似て、イギリス人の嗜好《しこう》（それとも思考？）のペダンティックだが妙に即物的な側面を暗示する。

しかしぼくは、それなら「男のロビンソン・クルーソー」に比して、「女のモル・フランダーズ」がもっと語られていいと思ってきた。これは「善なるロビンソン・クルーソー」に対するに「悪なるモル・フランダーズ」ともいえるし、親鸞ふうにミメロギアをするなら、「欲望を管理したクルーソー」、「煩悩《ぼんのう》を浄化したフランダーズ」ともいえる。そういう一対だ。もっとはっきりいえば、モル・フランダーズこそ、今日なお実在している社会者そのものなのである。そのことに気がついた者もいた。

イギリス人がダニエル・デフォーを見直したのは、二十世紀まもなくのブルームズベリー派によるところが大きかった。ヴァージニア・ウルフは『ロビンソン・クルーソー』や『モル・フランダーズ』を「民族そのものの作品」だとみなし、E・M・フォースターは「小説の原型を構築した絶品」だと評価した。

ただし、この見方はあまり広がっていない。クルーソーのほうはあいかわらず民間に親しまれ、子供の童話にすらなっていったのだが、モル・フランダーズの数奇な物語のほうは無視された。毒婦や悪女の物語では、とうてい子供にも伝えられなかったし、アタマが堅い経済学者たちには悪女の社会学など、とうてい敷衍《ふえん》できるものではなかったのだ。さすがのイギリス人たちも、この物語にはついていけなかった。

モル・フランダーズとはどういう女なのか。少しだけ説明しておくことにする。これは「かわいくない女」の典型なのだ。

モルが世にも稀《まれ》な数奇な運命を辿《たど》ることになったもともとの遠因は、母親にあった。母親は窃盗と淫売《いんばい》を糧《かて》とする日々をおくったすえ、捕まってニューゲート監獄に収監され、絞首刑になるところを妊娠中ということで、すんでの七ヵ月の執行猶予となり、そのどさくさのあいまにモルが生まれた。そんな出生だったから、モルは生まれてすぐに監獄から親戚《しんせき》の家に移されたのだが、両親がいない幼年少女時代の日々がおもしろいはずがない。あるときロマの群れに紛れこんで、そのままエセックスのコルチェスターの貧しい女のところへ引き取られた。ともかく最初っから流転の人生なのである。

やがてモルは男を取っかえ引っかえすることをおぼえ、母親そっくりの掏摸《すり》や窃盗にあけくれる。あげく、銀食器を盗んだときに現行犯で逮捕されて（『レ・ミゼラブル』のジャン・バルジャンの先行モデルだ）、これまた母親同様にニューゲートに送監される。

モルの数奇はそれだけにとどまらない。やっと結婚した男が、なんと母親が別の男と交わって産んだ男だった。モルは父親ちがいの弟と結ばれてしまったのである。この血族相姦《そうかん》の事実を知ったモルはさすがに懊悩《おうのう》する。自身のおぞましさに呻吟《しんぎん》する。

こんなことばかりがモルを襲いつづけるのであるが、モルは自分が犯した罪や自分が溺《おぼ》れた欲望にはほとんど罪悪感がない。そういう意味でも「かわいくない」。それにもかかわらず、モルはロビンソン・クルーソーとはまったく逆に、自然や経済のサイクルにまったく無頓着《むとんちゃく》で、それどころかそのサイクルを逸脱することにおいてたくましく生き抜いていく。

まことに奇怪な女なのである。人生だけを見れば、十二年間は娼婦《しょうふ》として暮らし、五度にわたって人妻となり、十二年間を盗賊として鳴らし、八年をヴァージニアの流刑地の重罪人としてすごしたのだ。こんな女はめったにいない。しかも、あとでも案内するが、デフォーがこれを書いたのは十七世紀末から十八世紀にかけてのことなのだ。ヨーロッパ文学史において、こんな女が主人公になっていることが、破天荒で、桁外《けたはず》れで、ありえないことだった。

いったいモル・フランダーズとは何者なのか。デフォーはこの女性の生涯に何を織りこんだのか。なぜデフォーはロビンソン・クルーソーについで、こんな極端な人物像を描いたのか。

あえて文学史的にいうのなら、モルは、のちにエミール・ゾラやフランソワ・モーリアックやダフネ・デュ・モーリアが描いたヒロインに似て、悲惨と恐怖の体験をしつくしている。つまりはモーパッサンの『女の一生』の先行モデルになっている。

けれどもその一方、モルは快楽を求めるマルキ・ド・サドのジュスティーヌの先行モデルであって、メリメのカルメンであり、また窃盗を肯定するジャン・ジュネの思想の先行モデルなのである。耽美《たんび》も逸楽も体験した女なのだ。

これだけでもそうとうに変わった過剰なヒロインだということになるのだが、さらに他方、そうした近現代の作品の主人公とちがって、モルはきわめて特異な救済感をもたらしたヒロインでもあった。それは、モルが「お母さん」とよぶ女によって救われているという点にあらわれる。物語のなかでは、「お母さん」は実の母親以上に母親的で、モルが子供を産むときや数々の苦難のときに現れて助ける役割になっている。しかし、彼女自身はモルや実母に勝る淫行と犯罪のかぎりを尽くした女であって、それなのにどこかに聖性をもっている。

つまり「お母さん」は「悪」に染まった女なのである。その悪女がモルという悪女を救っていく。ここに『モル・フランダーズ』の独特の仕掛けがあった。

なぜデフォーはこのような仕掛けが書けたのか。ぼくはデフォーについてはまだまだ素人なのだけれど（たとえば、ブラム・ダイクストラのような究明についていけないところがある）、それでもデフォーを新たな観点で擁護しておきたい向きがある。

ずっと以前から感じてきたことであるが、デフォーが書いたものには、『ロビンソン・クルーソー』であれ、ロンドンにおけるペストの蔓延《まんえん》を克明に描いた『疫病流行記』（現代思潮社）であれ（この作品は寺山修司がぞっこん傾倒していた）、ぼくにはジョーゼフ・コンラッドの傑作『闇の奥』（岩波文庫）の大胆な先行作品と思える『名高き海賊船長シングルトンの冒険一代記』（ユニオンプレス）であれ（アフリカ探検の物語だ）、それを物語の筋書きそのままに放置しておけないような奇妙な魅力が出入りする。

文章も筋立ても、決してうまいわけではない。アラ探しをすれば、陳腐なところはいくらでもある。だいたいデフォーは何であれまるで見てきたかのように書く〝誇張リアリズム〟と〝説教主義〟ともいうべきクセを押し通しているので、作品の随所に「嘘っぽさ」と「これみよがし」が目立っている。英文学の研究者であるにもかかわらずイギリスを嫌った漱石は、「そこにうんざりした」という感想を洩《も》らしている。

それにもかかわらず、デフォーの作品には脱帽せざるをえないものが見え隠れする。とくにロビンソン・クルーソーとモル・フランダーズという一対の男女を創出したということにおいて、同時代のジョナサン・スウィフトがどう逆立ちしても敵《かな》わないものがあった。むろん漱石や鷗外には思いもつかない構想だ。いやいや、構想ではない。そういう高尚なものじゃない。仕掛けなのである。デフォーの魂胆なのだ。なぜデフォーはこのような仕掛けが書けたのか。

これについては、デフォーその人の数奇な人生を見ることからしか窺《うかが》えないものがある。そのなかにデフォーの魂胆を見る必要がある。前半生は失敗ばかりした男で、後半生の半分は右顧左眄《うこさべん》ばかりした男だった。ところが最後の最後になって、デフォーをデフォーが裏切った。

ダニエル・デフォーは一応は一六六〇年のロンドン生まれということになっている。

一六六五年のペスト大流行の五年前のことだ。一応は、と言ったのは、生年がつきとめられないほど下層の出身だったということで、デフォー自身の説明で父親が肉屋か獣脂蠟燭《ろうそく》業だということがわかった程度の生い立ちだったからだ。が、デフォーの精神史にとって重要なところはわかっている。父親が非国教派《ディセンター》だったので、非国教派の私立学校で育ったということだ。イギリスの国是とされた国教派と対立していた社会に属していたということになる。

二十歳をすぎると靴下の仲買人として商売を始め、さまざまな事業に手を出しては失敗をした。三二歳のときの債務は一七〇〇〇ポンドに膨らんでいた。詐欺《さぎ》で何度も告訴された。そのあいだにロンドンではジェームズ二世が即位して、これに抗したチャールズ二世の庶子モンマス公が反乱をおこすのだが、デフォーはなぜかこの末席に連なって敗北を味わった。

これで落胆するか失望するか、道をまちがうか、そういうひどい退落がおこっていてもよさそうなのだが、デフォーはまったくへこたれない。示談を成立させて、まず債務をくぐり抜けた。続いてジェームズ二世がフランスに逃亡して、オレンジ公ウィリアムとメアリーが王位につくと信教自由令が出て、デフォーは自分の社会的信仰の保証にほっとする。

ついでウィリアム三世の統治が広がった時期には、エセックス州ティルベリーに煉瓦《れんが》タイル工場をつくったところ、これがけっこう繁盛した。金まわりがよくなっただけでなく、巧みにウィリアム三世にとりいって、スパイまがいの諜報員《ちょうほう》として政治活動に手を出した。日本でいえば元禄十年（一六九七）のことだ。ロンドンはコーヒーハウスで賑《にぎ》わう時節になっていた。デフォー三七歳である。

ここからのデフォーの活動は、もっと怪しいものになる。何が本気で、何がブラフやダミーなのか、わからない。デフォーこそ〝ロンドンのロビンソン・クルーソー〟で、〝男のモル・フランダーズ〟なのである。

まず『企画論』(An Essay upon Projects) というものを書いた。一種のアジテーション・パンフレットで、こののちデフォーが得意とする手法の開陳だった。アン女王が即位すると、『非国教徒最短処理法』などというパンフレットもぬけぬけと書いた。きっと女王が非国教派を弾圧するだろうことを予測してアン女王派になりすまし、非国教派を弾圧するアジテーションを書いたのだ。二枚舌である。匿名だったが物議をかもし、正体をつきとめられて逮捕に至った。有罪になった次には晒《さら》し台に陳列された。この騒動は数ヵ月続き、結局、煉瓦工場が破産した。

それでもやっぱりへこたれない。仮面としての御用ジャーナリストの職能をいっぱいに広げた。そこに目をつけたのがトーリー党のロバート・ハーリーである。デフォーもハーリーの要望に応《こた》えた。あるいは、そのフリをした。

一七〇四年には週刊紙「レヴュー」を創刊してハーリーのための論陣を張り、次から次へとアジテーションを書いた。ハーリーがいっとき失脚すると、今度はホイッグ党の政治家ゴドルフィンの肩をもち、ハーリーがふたたび勢いを盛り返すと、またまたハーリーの手先として諜報員になって、トーリー党寄りの文章を書いた。四八歳になっていた。筋金入りの二枚舌だ。まるで両棲類《りようせい》である。最悪低劣な右顧左眄ジャーナリストに見える。

当然、同業者からは非難を突き付けられた。ジョナサン・スウィフトからは「手前勝手なことしか言わない詐欺師で、とうてい我慢がならない」と批判され、かの「スペクテイター」紙のジョセフ・アディソンからは「嘘つき、ごまかし、言い逃ればかりするごろつき」とこっぴどく罵倒《ばとう》された。当然だ。デフォーはひたすら世の目先をくるくると渡り歩く文筆家にすぎないとみなされたのだ。

しかし、しかしである。ユトレヒト条約が締結され（スペイン継承戦争が終結し）、アン女王が亡くなり、ハーリーが失脚し、さらにハーリーがロンドン塔に幽閉される段になってからのことなのだが、五五歳をこえたデフォーがこれまで伏せてきた才能をしばらく陶《とう》冶《や》したのち、一挙に開示することになったのだ。それが一七一九年、日本でいえば還暦間近の五九歳のときに発表した『ロビンソン・クルーソー』だったのである。

晩年のデフォーの才能はひたすら一代記に向けられた。六十歳で『シングルトン船長』を、六二歳で『モル・フランダーズ』（これはときに『モル・フランダーズ一代記』と訳される）を、休むいとまなく『疫病流行記』と『ジャック大佐』を、さらに六四歳で『ロクサーナ』（美貌のロクサーナの淫靡《いんび》な遍歴物語）と『盗賊ジョン・シェパード』を書きまくり、六六歳ではやはり大盗賊の一代記を扱った『ジョナサン・ワイルド』をたてつづけに書いてみせたのだ。

念のため比較しておけば、スウィフトが『ガリヴァ旅行記』を書いたのは、やっとデフォー六六歳のとき、その後の七一歳で老衰死したデフォーの人生からすれば、その最後の最後になってからのことだった。

デフォーの物語は、一言でいえば度が過ぎた作り話であろう。さきほども書いたように、嘘っぽさも目立っている。政治パンフレットはアジばかりだ。

けれども、よくよく時代を見ると、ウィリアム三世時代やアン女王時代のイギリスそのものが右顧左眄していた。とくにコーヒーハウス時代というのは、第四九一夜に詳しく案内しておいたけれど、コーヒーハウスの店ごとに主義主張がちがっていた。イギリスは議会政治を発祥させたというものの、その実態は乱立するコーヒーハウスに依拠する党派を適当に糾合し（最近の日本の政党政治のように）、これをやっとトーリー党とホイッグ党に仕立てたという程度のもので、それに合わせて議会を用意したというだけだった。イギリス人はそうしたとってつけたような成果を後生大事に延命させた。イギリス人の悪がしこい能力だ。

こういう時代に、文章を専門に書くという職能が初めて登場した。それまでは文筆家なんていなかった。まして小説家もいない。それがコーヒーハウスのなかでジャーナリストとも小説家とも政治家ともレキシコグラファーともなったのだ。スウィフトもそうだった。もっとはっきりいえば、この時代に書かれたことはすべてがノヴェル（めずらしいもの）やノヴェリティ（新奇なもの）だったのである。

「レヴュー」にしてからが、正式タイトルは「新聞記者や諸派の小政治家どもの誤謬《ごびゅう》と偏見から脱却するための情勢についてのレヴュー」というものだった。どんな書き手もノヴェルをめざすしかなかったのだ。そのノヴェルがデフォーとともに小説《ノヴェル》になった。そうだとすれば、デフォーはそういう「小説という新たなジャンル」を開拓した男だったということになる。

いまでは日本でも、売れっ子の作家は実生活の日々とは別の専門職になっている。世の中や歴史の日々を適当に取材して、それを想像力を交えて書けばいい。それでもデビュー当時の作家の多くは、自身が体験した貧困や差別や苦悩や快楽を描いて文学賞をとったり、話題になったりするものだ。それがデフォーの時代では、実生活そのものが文章だった。

しかし、デフォーはそこに仕掛けを装置した。自身の日々を実験台にして、それがあらかたケリがついたところでノンフィクションをフィクションに切り替えた。いや、もともとルポルタージュやアジテーションそのものを虚実皮膜で実験しつづけていたわけで、それがアン女王の死によって時代の落着がおこったことを見届けると、デフォーはまったく新たな「物語作家」という職業の確立に向かったのである。

その物語は同時代に生きる極端な人間の一代記というものだ。そのためにデフォーは自身のすべての体験をフィクショナルに仕立て上げた。これはダニエル・デフォーだけが、デフォーの編集能力だけがなしとげたことだった（のちにはチャールズ・ディケンズがこれに再挑戦した）。

ところでぼくは思うのだが、一般に、いったい誰が二股《ふたまた》ではない日々をおくっていると言えるのだろうか。少年期から壮年期まで、少女期から熟女期まで、誰が一貫した志操や思想を、趣味や行動を貫けているといえるだろうか。

われわれの周辺は、仕事を変え、勤め先を変え、ときには交わる相手を変えて、つねに変身の日々をおくっているのがふつうだ。まして失敗や失意があれば、これは自分が向かう矛先《ほこさき》を変えるほうが尋常だ。そんなことは文章に残さなければ、おそらく誰もが黙ってやりつづけていることである。

こういうことは誰もがしていることであるけれど、ただ多くの連中は、それをあからさまになんか、しない。日記にすら、事実を克明に綴《つづ》りはしない。漠然とした自我や自己というものの継続のため、自分の日々の変節などできるだけ忘れたがっている。その実、みんな生活と仕事の二股工作にひたすら苦しんでいる。

ところがデフォーは、その変化のいちいちを書きつづけた。自身の向かう方向とテーマと相手を、いちいち書いた。パラメータそのものを書いたといっていいだろう。伝記者たちによれば、デフォーが書きあげた作品やパンフレットは二五〇作に及ぶという。これはほとんど実生活の変化ぶんすべてが文章になったといっていいだろう。いまなら、さしずめブログだと思えばよろしいのだが、そんなこと、サミュエル・ピープスのように日記を書きつづけた例外をのぞけば、デフォーの時代の誰一人としてなしえなかったことだった。

デフォーを擁護したくて、こういうことを書いたのではない。いまこそSNSブログ時代のなかで、諸君も自身の内なるデフォーをどんどん内発するとよろしいと言いたいのだ。そろそろ「いい人ぶる」のをやめなさいと言いたいのだ。

第一一七三夜　二〇〇七年二月七日

参照千夜

六六三夜：ルソー『孤独な散歩者の夢想』二九一夜：アリストテレス『形而上学』七八九夜：マルクス『経済学・哲学草稿』一四五夜：バタイユ『マダム・エドワルダ』三九七夜：親鸞・唯円『歎異抄』一七一〇夜：ヴァージニア・ウルフ『ダロウェイ夫人』一二六八夜：フォースター『インドへの道』九六二夜：ユゴー『レ・ミゼラブル』七〇七夜：エミール・ゾラ『居酒屋』三七三夜：モーリアック『テレーズ・デスケルウ』二六五夜：デュ・モーリア『レベッカ』五五八夜：モーパッサン『女の一生』一一三六夜：マルキ・ド・サド『悪徳の栄え』一三二三夜：メリメ『カルメン』三四六夜：ジャン・ジュネ『泥棒日記』四一三夜：『寺山修司全歌集』一〇七〇夜：コンラッド『闇の奥』五八三夜：夏目漱石『草枕』七五八夜：森鷗外『阿部一族』三二四夜：スウィフト『ガリヴァ旅行記』四九一夜：小林章夫『コーヒー・ハウス』四〇七夜：ディケンズ『デイヴィッド・コパフィールド』

なぜガリヴァ船長は、醜悪なフウイヌム国で「向上」できたのか。

ジョナサン・スウィフト

ガリヴァ旅行記

中野好夫訳　新潮文庫　一九五一／平井正穂訳　岩波文庫　一九八〇／山田蘭訳　角川文庫　二〇一一

Jonathan Swift: Gulliver's Travels 1726

政治に野心をもっていながら、その道から蹴落《けお》とされた者の人生には、ぼくのような政治の場面にまったく身をさらす気のない者では想像がつかない復讐《ふくしゅう》心があるようだ。蹴落とされた事情には、どういう政治状況にとりまかれたか、どんな人脈にひっぱられたかということがある。

スウィフトがダブリンに生まれてトリニティ・カレッジを出たころは、イギリスではスチュワート家のジェームズ二世が旧教を導入しようとして失敗をし、フランスに亡命するという事態、いわゆる名誉革命の渦中にあった。これでアイルランドも政治社会秩序の大半がガタガタになった。そういうときに、スウィフトは父親の縁故でウィリアム・テンプル卿《きょう》の秘書になる。アイルランドの一流政治家だ。スウィフトは勇んだのだが、過激な世の中でめきめき実績をあげるほどの才能がなかったのか、おまえは僧職にでもついたらどうかということになり、テンプル卿のもとを離れ、一六九五年の二八歳のころには司祭になっていた。ろくな司祭でないことはたしかだ。

そのかわり本をむさぼり読んでいる。一六九七年の記録が残っているのだが、ホメーロス、ウェルギリウス、ホラティウス、キケロ、ペトロニウス、アエリアヌス、ルキウス・フロルスなどともに、スライダンの『トリエント宗教会議』、キャムデンの『エリザベス』、バーネットの『宗教改革史』などを読んだか、あるいは蔵書していた。

司祭なんぞが務まるはずもないのに、政治家でなければいつも司祭の地位を望んだスウィフトは、やはり司祭が務まらず、このあとふたたびテンプル卿のところ（ムーア・パーク）に戻り、一六九九年に高齢のテンプルが死ぬときに残してくれた一〇〇ポンドと、きっと国王がスウィフトを引き立ててくれるだろうという遺言だけを身につけて、ここで社会に放り出されることになる。

本音かどうかは保証のかぎりではないが、テンプルの死に際しては「これで人間の中のあらゆる善なるものが滅んだのだ」とスウィフトは書いている。

本音かどうかわからないというのは、庇護《ひご》者であったテンプルが死ぬ前に、スウィフトはすでに『桶《おけ》物語』と『書物戦争』（ともに岩波文庫）という本を書いていて、これらは充分に誹謗・中傷・歪曲《わいきょく》に富んだ風刺の賜物《たまもの》のような文章だったからである。『桶物語』はこの時代にはめずらしく、カトリックもプロテスタントもピューリタン（英国国教会）も批判した。ぼくは『書物戦争』がシャルル・ペローとニコラ・ボアローの「古代人と近代人のどちらが優秀かをめぐる論争」（新旧論争）を継承したもので、かつ宗教界の分裂と学界の論争を揶揄《やゆ》したものなので、「遊」の第Ⅱ期にこれを読んで、そうか、こういう編集のしかたがあるものかと感心したものだった。

社会に放り出されたスウィフトがどうしたかというと、風見鶏になった。十八世紀にイギリスはアン女王の時代に入り、多様な分裂社会になっていた。

ロンドンやオックスフォードにコーヒーハウスが次々と登場し、その店に集まる連中がさかんに徒党を組んでいた時代である。男たちだけが集まるコーヒーハウスからは政党も生まれたし、保険屋も広告屋も生まれ、ジャーナリズム（新聞・雑誌・会誌）も生まれつつあった。コーヒーハウスの数だけ、思想も商売も趣味も異なってよかったのである。有名コーヒーハウスは当時のブランドになった。なかでトップブランドは政治党派が集まるコーヒーハウスに集中した。

この時期、政治こそがファッションだった。紳士たちはサンローランをアルマーニに変えるように、イッセイとヨージを比べるように、政治の衣替えに勤《いそ》しんだ。スウィフトもそれまではホイッグ党（民党）だったのだが、ここでトーリー党（王党）に鞍替えをする。

こうした政党《パーティ》もコーヒーハウスに屯《たむろ》するグループがそのまま発展していた。時期は政権闘争の激しいハーリー政権時代（オックスフォード卿）のことである。スウィフトは持ち前の文筆力をもって「エグザミナー」紙に依《よ》ると、激越なホイッグ批判と政治批評を次々に執筆しつづける。文筆とはいえ、その大半は毒舌だ。それでも、当時は毒舌こそが社会力だった。

このときトーリー党の勢力が頂点に達しつつあった。内閣の外にいて内閣の連中に文筆で影響力をもっているのはスウィフトだけという短くもはかない栄光もやってきた。かくてスウィフトはブラザーズ・クラブの名士となっていく。こんなところが政治人間スウィフトの絶頂期であった。

その後のスウィフトはこんがりした失望の日々だ。恋もしたし、アイルランドに戻って政治腐敗を批判もし、ドレイピア・クラブがスウィフトに敬意を表して創設されたりもしたが、「国に対する失望」はますます深まるばかりだった。おまけにどんどん人間嫌いにもなっていった。アレグザンダー・ポープへの手紙には「私は人間とよばれているあの動物が心底イヤでイヤでなりません」と書いている。

そのかわりといっては変だが、スウィフトは自在な想像力によって〝文学政治〟をすることにした。そして、それをイギリスに持ちこんで出版をする。これが『ガリヴァ旅行記』なのである。十年ほどをかけて書き継ぎ、余計な覆面作家工作などをしたうえで一七二六年に出版した。やけに当たった。

こんな話だ。

ガリヴァ船長は最初にリリパット国（小人国）を訪れる。首府ミレンドウや皇宮に招かれて国事を助けるガリヴァは、若きスウィフトがしてみたかったことだった。だから船長の体温が感じられる物語になっている。次にブロブディンナグ国（大人国）を訪れる。ここでもガリヴァ船長は巨人たちにかわいがられ、近世史の講義や地図の改変の提案などをして、まだおとなしい。

ここまでは、世界中の子供たちが童話や絵本で知るガリヴァ旅行記だ。古来さまざまな民族や部族が語り継いできた例の「あべこべ村物語」とそんなに変わらない。ここまでが、スウィフトが政治の未来に希望をもっていた時期の執筆なのだろう。ところが、その次からの旅行先でガリヴァが見せる態度や感情はしだいに皮肉に富み、過激なものになっていく。

ラピュタ島は空中に浮上する飛び島あるいは浮き島である。それだけならなにやらフアンタジックなのだが、そこの役人や住人がちょっとおかしい。ものごとをすぐに忘れるし、それをハッとさせるための叩き役がいる。みんなが贅沢《ぜいたく》をしているのにいっこうに満足がない（怠惰な資本主義ブルジョアみたいなものだ）。すぐれた天文学があるのに、この島はジム・キャリーの映画《トゥルーマン・ショー》のように下界から閉じられている。箱の中の世界なのである。

そこで、ここを出て近くの大陸バルニバービに行くことにしたのだが、今度はそこは建物が変ちくりんなだけでなく、かなりボロボロで荒れ放題になっている。住民はみんな急ぎ足だし、目が据《すわ》っている。笑いがない。ようするにこの国にはいっさいの改革の意志が欠けていた。

学士院に案内されてもっと驚いた。胡瓜《きゅうり》から日光を抽出する研究をしている髪と髭《ひげ》が伸びほうだいの男、汚物にまみれて排泄《はいせつ》物を摂取物に変換しようとしている男、触覚と嗅覚で使える絵の具の開発研究をしている盲人、蜘蛛《くも》の糸をつかった繊維をつくりだそうとして蜘蛛の巣だらけの研究室に住んでいる男、そんな学士院である。つまりはろくでもない研究ばかりが十年間も休まず続けられている。ガリヴァ船長は絶対に役に立たないことが目的になる国があることを知る。

こうしてスウィフトは、われわれをしだいに怪しい意識に運んでいく。それとともに得意のスカトロジー（糞尿嗜好《ふんにょうしこう》）を発揮しはじめて、読者を巧みに吐き気を催すほうへ引っぱっていく。しかし、そこからが『ガリヴァ旅行記』の本番なのである。その絶頂にヤフー人が登場するフウイヌム国訪問記がある。

フウイヌム国は馬の姿をした平和的で知的な生きものの国である。フウイヌムはヤフーと呼ばれるものたちに悩まされていて、彼らの話をよく聞いているとヤフーという言葉がしきりにくりかえされている。

ガリヴァがそのヤフーの正体に出会ったときの不快感は本書の頂点をつくっている。これは、地上で最も不愉快な形態をもっているものこそが、完全に人間に近いものであったという不快感なのだ。けれども見た目は醜悪きわまりない。「我輩の恐怖と驚きとは実に名状すべからざるものだった。顔は平たくて大きく、鼻は落ち込んだようで唇は厚く、口は広く割れている」。その後のSF映画やホラー映画が描くエイリアンのようなのである。

ガリヴァはこの国の言葉を学習し、フウイヌムたちと交じりあううちに、自分がなんだか向上していくのを感じる。ガリヴァ船長はとくとくとイングランドの政治史を語り、フウイヌムに尋ねられて法律とはどういうものかを説明していくのだが、そういうことをしているうちに、みにくいヤフーと完全なる人間というものの区別がだんだんつかなくなっていく。

ヤフーは生肉を貪《むさぼ》り、醜悪な外見をもっているのだが、一方の人間も肉を食べるし、醜悪な洋服で飾りたてることもある。そんな醜悪を数えあげていけばいくほど、人間を説明しているような気分になるのだ（こんなヤフーの名称を会社名にしてインターネットを席捲《せっけん》する趣味が二一世紀に跋扈《ばっこ》するとは、スウィフトもガリヴァ船長も予想だにしなかったことだろう）。

子供のころのこと、ぼくはガリヴァ船長の絵本を読んで夢中になった。海外絵本の翻訳だと思うが、いまでもその絵の大半をおぼえている。いっさいの毒を抜いたお話である。けれども小人の国に入ったガリヴァ船長に興奮した。

その後、『ガリヴァ旅行記』を大人として読む日がやってきた。文庫本である。十七世紀から十八世紀にかけてのメディアの研究をしていて、どうしてもスウィフトやデフォーのものを読む必要が出てきたためだ。

しかし、なんとなく億劫《おっくう》だった。もう子供の気分で読むわけじゃないんだと思うと、読むのをやめようかと思った。ぺらぺらとページを繰りながら躊躇《ちゅうちょ》した。ユゴーの『ああ無情』を『レ・ミゼラブル』として読むときに、デュマの『巌窟《がんくつ》王』を『モンテ・クリスト伯』として読むときに感じるあの躊躇だ。『レ・ミゼラブル』も『モンテ・クリスト伯』もすばらしい大作品であって、子供のころに抱いたものすら失わないですんだのだが、『ガリヴァ旅行記』にはどうも裏切られる気がした。

読んでみて、やはり失望しはじめた。ラピュタ国訪問記では、これならラブレーのほうがずっと上だと感じてしまい、そこでやめようかと思ったほどだった。それは第四部のフウイヌムに入ってもっと的中し、ただただ気分が悪いだけだった。ところが、そこからである。ぼくはガリヴァとともに向上していったのだ。麝香《じゃこう》は鹿の分泌物のかたまりを精製して作られ、もはやこれ以上の悪臭はないと思われたその直後、得もいわれぬ香気が芳埒されるというけれど、まあ、そんな感じに近いのだ。

やっぱりおかしな作品なのである。この作品がスウィフトというイギリス史上においても見逃せないほどの政治的な生涯をおくった者によって、おまけにメニエル症候群によってしばしば自分と外界がぐるぐる回って見えていた者によって、コーヒーハウスの片隅やダブリンの暗い川のほとりで人目を気にしながら執筆されたかと思うと、よけいに不思議な気分になる。

なぜわれわれは、スウィフトとともにガリヴァ船長に付き合わなければならないのか。なぜスウィフトを通してアイルランドやイングランドを見るのか。なぜ、イギリス文学はスウィフトの時代にダニエル・デフォーやアレグザンダー・ポープをもったのか。そういうことが、『ガリヴァ旅行記』でわかるのである。

これは文学というものが近代に向かう前にいったい何を準備していたかということを告示しているということだ。われわれは近代国家の情報化そのものがデフォーとスウィフトとコーヒーハウスによって始まったと見るべきだったのだ。

第三二四夜　二〇〇一年六月二八日

参照千夜

九九九夜：ホメーロス『オデュッセイアー』　七二三夜：ペロー『長靴をはいた猫』　四九一夜：小林章夫『コーヒー・ハウス』　一一七三夜：ダニエル・デフォー『モル・フランダーズ』　九六二夜：ユゴー『レ・ミゼラブル』　一二二〇夜：デュマ『モンテ・クリスト伯』　一五三三夜：ラブレー『ガルガンチュアとパンタグリュエル』

ヨーロッパが「分与の社会」になった背景には、どうしても「変な猫」が必要でした。

シャルル・ペロー

長靴をはいた猫

澁澤龍彦訳　大和書房　一九七三　河出文庫　一九八八

Charles Perrault: Contes de Perrault 1697

澁澤龍彦の訳である。それで読んだ。

みんながそうであるように、ペローの童話は『赤ずきん』も『眠れる森の美女』も『青ひげ』も『親指太郎』も、子供のころからなんとなく、いつとはなしに読んではいたけれど、こういうものをちゃんと読むことはしない。だいたい『赤ずきん』なんてペローのものを読んだのか、グリムのものなのか（両方が採取編集している）、それとも日本の絵本作家のリライトなのかなんてことは、ずっと知らなかった。そういうことがわかるのは誰しもずっとのちのちのことで、それはそれで文学としての童話の意味が見えてはくるだろうけれど、しかしナラトロジー（物語学）を鬠《かじ》るようになってからは、グリム童話の変遷やら言語学やらにつきあうようになって、今度は童話をたのしむ目がなくなるものだ。

だからペローをちょうど大人になったぴったんこの気分で過不足なく読んだというのは、この澁澤訳を読んだときだけだった。それもペローを読もうと決意したのではなく、澁澤を読んだという感覚だ。おかげで、初めてペローを考えるようになった。


この本、いまは懐かしい大和書房の「夢の王国」というシリーズの一冊である。たしか十五冊くらいが刊行されたと思うのだが、一冊ずつに装画がふんだんに入っていた。絵を描いた画家たちも多彩で、レイ・ブラッドベリの『十月の旅人』が上野紀子、加藤郁乎《いくや》の『膣内楽』が宇野亜喜良、唐十郎の『ズボン』が合田佐和子、稲垣足穂の『タルホフラグメント』がまりの・るうにい、草森紳一の『鳩を食う少女』が大橋歩、矢川澄子の『架空の庭』が中西夏之、そして『長靴をはいた猫』が片山健《けん》というふうに。片山は長靴猫にちょっとブラックな意匠をつけてみせていた。片目の眼帯だ。澁澤はこのアイディアがダヤン将軍のようで気にいったと「あとがき」に書いている。

童話のキャラクターをどう描くかは子供にとっても大人にとっても決定的なことで、たとえばアリスや赤ずきんは、もはやあの子たちが昔々あるところにあの髪形、あのスカートの恰好《かっこう》でいたとしか思えないほどになっている。だから長靴猫が片目の眼帯をした親分だか船長だかのようなキャラクターになるのは、文学史や文化史に属する問題になるはずのことなのである。

童話の歴史は古い。昔話や民話や説話の歴史とも重なっている。口誦《こうしよう》文芸というふうに広くとると、ほとんどのフォークロアに採集されている話が入る。当然、これらが文学に与えたものは少なくない。

しかし、いわゆる童話集となると、イソップ童話集、アラビアン・ナイト（千一夜物語集）、今昔物語集などの、収集編集著作されたエディションものになる。なかでそのエディションを個人編集した童話集となると、シャルル・ペローのものが画期する。『赤ずきん』『シンデレラ』『長靴をはいた猫』『眠れる森の美女』『親指小僧』などが編集著作された。『完訳ペロー童話集』（岩波文庫）でまとめて読める。

ペローがどんな人物で、どうして十七世紀に童話集をまとめる気になったのかはあとでのべるが、童話エディションの下敷きに何がつかわれたかといえば、ぼくはボッカチオの『デカメロン』がものを言ったと思う。

さて、『長靴をはいた猫』であるが、これはそうとうに変な話だ。猫が主人公であるのはホフマンの『牡猫《おすねこ》ムルの人生観』（これが漱石の吾輩《わがはい》猫の原型）からレオノール・フィニの『夢先案内猫』まで、それこそ童話や絵本にはゴマンとあるけれど、そもそも猫が長靴をはくのが変である。むしろペローがこの昔話を童話にしたから、世の中の物語という物語に出入りする猫がいっせいに変な恰好と変な行動をしはじめたと考えたくなるほどに、変なのだ。

長靴をはいているというのだから、おそらく湿地帯や雨が多い地方に伝承された昔話が原型なのだろうけれど、そのわりにはこの猫が長靴を自慢していないのが変だ。自慢しないのは、長靴がごくごく当たり前の習慣だったということで、そうなるとこの昔話の背景には「猫がみんな長靴をはいていた国」があったということになる。

そこでいささか分け入ってみると、長靴猫は猫の親方だと書いてある。つまりこの猫はボス猫で、子分がたくさんいたか、周囲で恐れられていた。片山健はそこをとらえて、片目の船長のように仕立てたわけである。しかしそれにしては、この話には子分がまったく出てこない。おそらく長靴猫は単独行動犯で、しかも人間どもを手なずけた猫なのだ。これも変である。

この長靴猫はそもそもが財産の分け前だった。粉挽《こなひ》き屋のお父さんが死んで、長男は粉挽き小屋を、次男はロバを、そして三男が猫を財産分与された。犬は人につき、猫は家につくという。そうだとすれば、猫なんて放っておいても家にいてくれるのだから、これはさしずめ不動産のようなもの、わざわざ分与するほどのものではない。では、なぜにまた猫が財産分与の対象になったのか。おそらく、この話が生まれてきたころに所有権というものが庶民のあいだにも浮上してきたのだろう。そう考えたほうがいい。こんなことから中世ヨーロッパにおける「猫の財産」議論などという、けっこう凝ったタイトルの社会経済学の研究もあったものだった。

が、ぼくには猫が二代にわたって仕えたということが印象的なのだ。きっとこれは「執事のいる社会」のお話だったのだ。長靴猫はきっと執事猫なのだ。それが証拠に、この長靴猫は自分の主人(三男)を〃カラバ侯爵〃と称《よ》んで敬った。貧乏な青年を侯爵よばわりできるなんて、これはどう見ても執事猫である。

一方また、長靴猫は名うての策略家である。主人が落胆しているのを見て森に罠《わな》を仕掛けてウサギを生け捕りにすると、これを王様に献上して、カラバ侯爵からの贈り物でございますと言う。これを何度もくりかえす。鳥やら獣やらキノコやら。

長靴猫が策略家だというのは変じゃない。そういうものだろう。むしろ長靴をはいた猫が何もしないほうが気味が悪く、ランボオが喝破したように、「人は何もしていないときに陰謀家になっている」わけなのだ。だから、これはこれでいい。

話のほうは、この献上物に王様はよろこんで、カラバ侯爵というのはなんて立派な人だろうと思いこむ。ある日、長靴猫は王様が森の川辺を馬車で散策するという情報を聞きつけ、これが最大のチャンスだと一計を練る。カラバ侯爵を説得し、川で溺《おぼ》れるフリをさせたのだ。これも変ではない。何もそこまで危険なことをさせなくともと考えるのだとしたら、この昔話をみくびっている。馬車が川に通りかかり青年を助け、衣裳が着替えられて、お姫様の横に乗り、その馬車が進むにしたがって意外な事態が展開することは計算済みなのだ。

意外な事態というのは、長靴猫がつねに馬車を先まわりして通りかがりの農民たちを脅して、「この土地はカラバ侯爵さまのものでございます」と言わしめ、王様をびっくりさせることで決定的になる。こんなふうに主人のために策略をたて、お話は結局は王様の娘の姫をカラバ侯爵に惚《ほ》れさせるという結末になって、めでたしめでたしなのだけれど、では長靴猫はどうしてこんな策略を思いついたのかということだ。そこが変である。あまりにもアタマがよすぎる猫なのだ。

どう考えればいいのだろうか。おそらくは長靴猫はマルセル・モースがのちに気がついた「贈与の意味」を知っていた。おそらく長靴猫は〝命と引き換えに〟というほどのことをすれば何かがおこるにちがいないという「交換の意味」を知っていた。そう考えてみるべきなのだろう。いささか文化人類学っぽいが、これはひとつの妥協案だ。だが、これでも十分ではない。

長靴猫が変なのは、いろいろ自分がしでかした計画によって、主人がお姫さまと結婚できることよりも、「国が栄える」ということを知っていたことだった。もしそうだとすると、どうも長靴猫はむしろアダム・スミスのようなのだ。長靴猫は『国富論』の結果を知っているらしいのだ。考えてみれば『赤ずきん』もオオカミとおばあさんによる贈与と交換の物語になっているし、『白雪姫』は「見えざる手」によって最後に国が栄えるようになっていた。

童話は経済学だったのか。ぼくはそんな疑問と発見に身をよじらせて、澁澤ペローの『長靴をはいた猫』を読んだのである。

シャルル・ペロー（一六二八～一七〇三）については何もふれなかったが、ペローこそは十七世紀後半のフランスの注目すべき論争の立役者であった。

これは「新旧論争」という有名な論争で、近代の最も早期に確立した論争というべきものである。「古代人が優秀なのか、近代人が優秀なのか」という論点で、時代文化社会の総力の比較を引っさげて挑んだ論争だった。古代派はホメーロスから古代ギリシアにおよぶ作品に樹立された美の絶対性に依拠し、近代派はガリレオ以降の科学哲学と文学成果を持ち出して美の相対性に依拠して対抗した。ペローは近代人を代表してこの論戦に挑み、『ルイ大王の世紀』などを発表して全力を傾注したのだが、その場の決着としては古代派の頭目ニコラ・ボアローに一敗地にまみれたということになっている。ボアローはラシーヌとも親交のあるフランス最初の批評家かつ詩法家で、いささかペローには分が悪かった。

だが、どうしてどうして、ペローの近代人論こそは次の時代の予告に満ちていた。実際にも「新旧論争」はイギリスに波及してテンプルやスウィフトを巻きこみ、ついに近代派に軍配が上がるに至った。そもそもペローは神学者や建築家を兄弟にもつペロー一家のエースであった。長きにわたって宰相コルベールに仕えてルイ王政を支え、そのうえで古代・近代論争に臨んだのである。

ペローは昔話の採集と再話においても近代派ぶりを発揮した。ジャック・ザイプスの『赤頭巾ちゃんは森を抜けて』（阿吽社）があきらかにしているように、一六九七年ころにペローが『赤ずきん』をまとめたときは、かなり多くの民話や昔話をもとにして、それを新たな時代にふさわしいストーリーとモラルと好奇心に集約してみせた。

おそらくテンプレートになったのはトゥレーヌ地方に伝承されていた人狼の口承民話だったろう。ペローはそれを洗練したわけではない。道徳化したのでもない。それも試みつつ、近代人（十八世紀を迎えようとしているアッパーミドル）の親と子が好奇心をもってこの物語を新たな社会モデルの譬《たと》え話にできるように組み立てたのだ。

長靴猫は実はルイ王朝のなかにいて、かつ前方に走り抜けていたシャルル・ペローその人でもあったのである。走り抜けたぶん、新たな時代のための交換の童話が残ったのだ。こうしてペローの童話集をもって、われわれはホメーロスからダンテをへてシェイクスピアに及んだ古典文学と別れを告げるのである。

第七二三夜　二〇〇三年二月二八日

参照千夜

九六八夜：澁澤龍彦『うつろ舟』　一一七四夜：グリム兄弟『ヘンゼルとグレーテル』　一一〇夜：レイ・ブラッドベリ『華氏451度』　三五夜：加藤郁乎『日本は俳句の国か』　八七九夜：稲垣足穂『一千一秒物語』　一四八六夜：草森紳一『本が崩れる』　五九一夜：矢川澄子『反少女の灰皿』　一五九八夜：ルイス・キャロル『不思議の国のアリス／鏡の国のアリス』　一四〇〇夜：『アラビアン・ナイト』　一五〇七夜：マルセル・モース『贈与論』　一一八九夜：ボッカチオ『デカメロン』　一七二九夜：ホフマン『牡猫ムルの人生観』　五八三夜：夏目漱石『草枕』　六九〇夜：ランボオ『イリュミナシオン』　九九九夜：ホメーロス『オデュッセイアー』　三二四夜：スウィフト『ガリヴァ旅行記』　六七三夜：ジャック・ザイプス『おとぎ話が神話になるとき』　九一三夜：ダンテ『神曲』　六〇〇夜：シェイクスピア『リア王』

第三章

女という作品

アベ・プレヴォー『マノン・レスコー』
メアリー・シェリー『フランケンシュタイン』
エミリー・ブロンテ『嵐が丘』
プロスペル・メリメ『カルメン』
ギュスターヴ・フローベール『ボヴァリー夫人』
エミール・ゾラ『居酒屋』
ギイ・ド・モーパッサン『女の一生』

このマリアのような娼婦の物語こそが、
その後のすべての「妖しい文学」の扉を開いた。

アベ・プレヴォー
マノン・レスコー
青柳瑞穂訳　新潮文庫　一九五六／河盛好蔵訳　岩波文庫　一九二九／
野崎歓訳　光文社古典新訳文庫　二〇一七　ほか
Antoine François (L'Abbé) Prévost: L'Histoire du Chevalier Des Grieux et de Manon Lescaut 1731

女性の美と生活と心理について人後に落ちないと自負しているモーパッサンでさえ、『マノン・レスコー』だけには根っから脱帽していた。手放しの絶賛だ。「どんな女もかつてマノンほどに詳明に、完全に描かれたことはなかった。こんなに甘美で、同時に不実な、恐るべき女性性の精髄をマノン以上にそなえている女性は、かつて存在しなかった」と。

アベ・プレヴォーは、かつて文芸史上に一度も登場してこなかった女性像を描いた。シェイクスピアもゲーテもスタンダールも、ダニエル・デフォーの『モル・フランダーズ』を除いてはプレヴォー以前のどんな作家も、こんな女性を文学作品のなかで描くことを思いもつかなかった。プレヴォーは「娼婦《しょうふ》」を主人公にし、そこに男が希《ねが》ってやまない女性の魅力のすべてを体現させたのである。

こんな絶賛にはすぐに、したり顔の反論があがる。娼婦が男の理想像のひとつだって？　そんなことはずっと昔からの当たり前の相場だったろう、男が娼婦にぞっこん参るのはマグダラのマリア以来、ずっと変わりのないことなんだよというふうに。

そう思う連中が世間にゴマンといるのはぼくも承知しているし、あとで述べるように、娼婦を描いた文芸の歴史については実はかなりの前史があったと思うのだが、一般的な文学史では、そういう見方は実は『マノン・レスコー』を踏襲したにすぎず、娼婦マノンがあらわれる以前は、文芸家たちはそのように娼婦を理想化するすべなどもっていなかったというふうになっている。

マグダラのマリアが「襤褸《ぼろ》をまとった罪深いヴィーナス」だとすれば、マノン・レスコーはさしずめ「虚飾をまとった犯罪的なマリア」なのである。文学史的にはそこが強調されるところなのだが、男にとっては、両者ともにアガペーの象徴であって、またエロスそのものの化身だったのである。

ということは、こういうことだ。サドもモーパッサンもゾラも、田村泰次郎も吉行淳之介も、ブコウスキーも水上勉も、アベ・プレヴォーをまるごと見習ったということになるわけだ。のみならず、マノン・レスコーはフランス文学で初めて登場した貴族出身以外のヒロインだった。これは立証されている。アベ・プレヴォーはフランス文学を一変し、そして可燃性の女性像を変えた。

どのようにしてか。語り手をつくった。語り手はグリュー（デ・グリュー）という騎士（シュヴァリエ）である。作中ではしばしばシュヴァリエ・デ・グリューと呼ばれている。グリューは自身の日々を回想して、娼婦マノンとのいきさつを語るのだが、それを作者がじっと聞いている。そのため、グリューを翻弄《ほんろう》しきったマノンのキャラクターが、語りがすすむうちに如実に、またいくぶんこれみよがしに、読者の眼前にあらわれる。いささかストリップティーズな手法なのである。

ぼくがこれを読んだのは下駄《げた》をはいてジグザグ・デモをしていた大学生のころだったのだが、マノンその人がその柔らかい手で直截《ちょくせつ》にぼくの拙い青春を翻弄しているように感じ、それがマノンに対する羨望《せんぼう》や欲望にまじって変化していくのがよくわかった。なんとも女性に対する深い関心を焦《じ》らしていく小説なのだ。

それは、グリューの語り口がすでにマノンを存分に理想化しているからである。「マノン、おまえは神さまの造った人間としてはあまりにもすばらしい」「死ぬのが当然かもしれない。しかし千回死ぬよりか、あの恩知らずのマノンを忘れるほうがつらいのだ」。こんなふうに言われれば、どんなふうにも想像をたくましくせざるをえない。このトリックに読者はまんまとひっかかる。モーパッサンもひっかかった。

十八歳そこそこのマノンは修道院に入る予定だったのだが、偶然にグリューに出会って恋愛に生きることを選んだ（と、グリューには思えたわけだ）。これは男にとって願ってもない邂逅《かいこう》だ。当然、グリューは有頂天になる。

どんなに美しい聖女と見えたかと思うけれど、ところがそれほどグリューを魅了したマノンの容姿については、ほとんど描かれない。「マノンの魅力は描きうる限界をはるかに超えていた」というばかりで、これは言葉足らずなのではなく、おそらくはプレヴォーの作戦なのである。

これで読者はまたまた想像をたくましくする以外になくなっていく。その想像できるかぎりに魅惑に富んだマノンの前で、語り手はマノンに身も心も尽くそうとして、かえってマノンを掌中から逃がしていったいきさつを語る。それがまた焦《じ》れったい。マノンは生まれついての男を翻弄する女でありながら、グリューにはそこがどうしても得心できていない。まったく青年を惑わすための小説だとしか思えなかった。

こうしてグリューは、マノンの華やかさを好む気性、周囲をたえずはしゃがせるような姿態、どんな場合にも飾り立てずにはいられない贅沢三昧《ぜいたくざんまい》、そして快楽に対する無法ともいうほどに浪費的である肉体性を前に、完全に混乱していく。たとえば、こんなふうに。「マノンは私の髪の毛を放し、ソファにふんぞりかえると、部屋じゅうひびきわたるほどのげらげら笑いを爆発させた。こんな他愛《たあい》ないまねも、恋のしわざだと思えば、私はその心意気に心底から感動したことをかくす気にはなれなかった」。こんなことでは、とうていダメだろう。

案の定、贅沢に溺《おぼ》れるマノンを近くに引き寄せるための資金が尽きてきた。娼婦は高くつく。そうするとマノンは、それなら私が男たちと交わってお金を稼いであげるわというふうになっていく（と、グリューには思われる）。父親や親友のティベルジュはその行きすぎを心配するのだが、もはや聞く耳はない。娼婦がネイチャー（本性）であるマノンに、グリューはひたすら聖女しか見えなくなってしまっている。それは読み手のこちらも、そうなのだ。

かくてグリューと娼婦マノンはお定まりのように、二人して身も心もとことん堕《お》ちていく。マノンは売春のかどでルイジアナ州の流刑地に送られる（ここは当時はフランス領だった）。そこでは司令官が待っていた。グリューはもちろんじっとしていられるわけがない。同じくルイジアナに追いかけていく。そこにこそきっと新生活があると思えてしまうのだ。そこは新大陸なのである。

マノンはアメリカでも虚飾の快楽の本領を発揮する。司令官の甥《おい》と交わり、多くの男たちの歓心を買った。新生活とはいえ、あいかわらずマノンの奔放は騎士の純情な胸に打ちこまれるばかりなのだ。グリューは呻《うめ》くしかない。「浮気なマノン、きみはなんて恩知らずの不貞な女なんだ。あの約束と誓いはどこへいったんだ。とてもとても浮気で、残酷な恋人だよ。きみは愛というやつを今ももっているとは誓っているけれど、そいつをどうしてしまったのか。ああ、神さま!」。

そして最後がやってくる。マノンはグリューとともに荒涼たる土地に逃げ、そこで勝手に野垂《のた》れ死ぬ。茫然《ぼうぜん》としたグリューは自分も死ぬしかないと決意するのだが、それも叶《かな》わない。結局、ティベルジュがグリューをフランスに連れて帰ったのである。語り手は「もとの生活にやっと戻りました」と、聞き手の作者に語りおえる。さあこんなことで、めでたし、めでたし、なのか。

アベ・プレヴォーというのは半分筆名、半分実名である。アントワーヌ・フランソワ・プレヴォーが本名で、北フランスのアルトワ地方はエダンの旧家に生まれた。アベというのは〝お坊さん〟といった程度の意味で、したがってアベ・プレヴォーは〝法師プレヴォー〟といったニックネームふうになる。

実際にもその法師としての高位聖職者になろうとしてイエズス会エスイタ派の学校に行くのだが、十五歳で軍隊に入ってからはすぐに放浪癖が出てきて、落ち着かない青年になっていった。厳格な教育をさせたいと思っていた父親が、それならパリのダルクール学院に送りこんでしまおうとした。一説では、このパリに行く途中でプレヴォーは〝マノン〟に出会ったという。〝マノン〟は尼僧になるためにアミアンに向かって一人で旅をしていたのだという。

プレヴォーは二三歳でベネディクト教団の修道院に入るのだけれど、どうにも〝マノン〟が忘れられない。パリに行っては逢瀬《おうせ》を愉《たの》しむのだが、彼女のほうはそのときすでに娼婦化していたらしい。

実生活ではプレヴォーは〝マノン〟をあきらめたようだ。いくつかの修道院に出入りして、サンジェルマン・デ・プレでは「キリスト教フランス」という冊子の編集に携わったりした。やがて執筆癖が高じて『隠遁したある貴人の回想と冒険』を書き始めて四巻目までになると、そのあとイギリスに遁走《とんそう》し、そこで二年を遊んでオランダに渡り、レンキという女性と恋に落ちたのだが、ありがちなこと、ここで経済的に破綻《はたん》してしまった（このあたりのことも、小説に生かされている）。

その間にロンドンで書いたのが『隠遁したある貴人の回想と冒険』の七巻目にあたる

『マノン・レスコー』(一七三一)である。正式なタイトルは『騎士デ・グリューとマノン・レスコーの物語』という。

が、食えなくなったプレヴォーはまたまたイギリスに戻り、そこで世界の広がりを実感すると、一七三四年にやっとフランスに帰ってきて啓蒙《けいもう》思想に内部で加担するようになっていった。「賛否両論」という新聞を発行してイギリスの社会文化の動向を紹介したりもした。

ところがヴォルテールらとの交流が災いして、またまた亡命せざるをえなくなる。騎士デ・グリューではないが、そんなことをくりかえしてばかりいたようだ。それでも晩年の二十年ほどは教団にも復帰でき、それなりの安穏な日々が訪れたらしい。

ぼくはまったく読んでいないけれど、プレヴォーの作品は六〇巻とも一〇〇冊ともいわれていて、その途方もない執筆力はフランス文学史上の奇跡とすらなっている。ついでにいえば、そうした六〇も一〇〇も綴《つづ》った物語のなかで、プレヴォー自身は『マノン・レスコー』にそれほどの力を注いではいなかった。僅《わず》か一～二週間の執筆だったらしい。しかし物語というもの、そういう執筆時間などでは値打ちは決まらない。速《はや》書きがいいときも少なくない。プレヴォーが『マノン・レスコー』で娼婦文学の母型を創出したことこそ奇瑞《きずい》なのである。

『マノン・レスコー』は、当初こそ発禁扱いを受けたものの、その後はどんどん名作扱いされるようになった。一八三九年版にはサント＝ブーヴの序文を、一八七五年版では小デュマの序文を、一八七八年版ではついに硬派の頭目アナトール・フランスの序文をえて、圧倒的な話題を集めた。一八八四年にはマスネが作曲してオペラとなり、それが一八九三年にはプッチーニの悲歌劇《マノン・レスコー》に昇華した。

かくしていまやプレヴォーはフランスでは大谷崎の扱いである。しかも谷崎とはちがってプレヴォーが『マノン・レスコー』を発表したのは一七三一年なのだから、これは享保十六年にあたっている。ほぼ吉宗や白石の時代なのだ。鈴木春信の浮世絵や恋川春町の黄表紙や柄井川柳《からいせんりゅう》の『柳多留《やなぎだる》』が出回る三〜四十年前になる。まさに早々の娼婦文学の出現だったのである。

そういうこともあって、アベ・プレヴォーが本当に初めて娼婦を描いたのかどうか、ぼくは多少疑っていた。先行していた作品がけっこうあるんではないか。

それというのも、バーナード・マンデヴィルの『蜂の寓話』（一七一四・法政大学出版局）を読んだとき、あまりに詳しく娼婦や売春婦のことが議論されていた。マンデヴィルは「売春宿を公営にすべきだ」と書いていた男だ。自由恋愛は性病の蔓延《まんえん》をもたらし、社会をめちゃくちゃにする。それよりは娼婦制度を確立して売春宿を公営にしたほうがいいというのである。そのマンデヴィルがアダム・スミスに影響を与えたことはよく知られているが、そこには「売春の市場化」も含まれていたわけである。それならそのころに、娼婦文学があったっていいはずだった。

あらためて思い出してみると、猥褻《わいせつ》文学あるいはポルノグラフィ文学の傑作として名高いジョン・クレランドの『ファニー・ヒル』も、十八世紀前半の当時の娼婦の日々を詳細に描いていたはずである。ぼくが『ファニー・ヒル』をどきどきしながら読んだのは、長い発禁期間をへて（美和書院とか紫書房から抄訳が出ていたように思う）、河出書房や浪速書房から全巻翻訳された一九六〇年代おわりのことだったが、そのあからさまな描写は春情を唆《そそのか》すようでいて、実はきわめて上品で、そのためどうにも奇妙な気持ちになったものだった。

だいたい娼婦ファニーの身の上はあまりに悲しく、高級娼婦の館《やかた》（ドゥミモンド）の女主人ミセス・ブラウンの使用人になったというのも、両親を天然痘で失い、生活もおぼつかなくなったためで、娼婦としての訓練をうけるいきさつもレズビアンから始まって、好色商人のもとに売られてこれを拒否し、そこから先は自身で快楽をコントロールするかのように高級娼婦としての技能を磨いていくというふうになっている。そのくせファニーはやがて若い青年と結婚し、上流社会の夫人の仲間入りをはたすのだ。

だからマノン・レスコーとはだいぶん異なる行動履歴ではあるが、娼婦の文芸化としてはプレヴォーより早いのではないかと思っていた。が、ぼくがまちがっていた。『ファニー・ヒル』第一巻は一七四八年の出版だった。同様にイギリス娼婦文学の嚆矢《こうし》として名高いサミュエル・リチャードソンの『パミラ』(研究社・筑摩世界文学大系)も一七四〇年の出版だった。お屋敷の老婦人に仕えていた貧しい少女が、老婦人亡きあと若主人に誘惑され監禁されるにもかかわらず、貞操を守り通しついに夫人の位置につき、数々の苦難を美徳をもってのりこえていくという話だ。しかもプレヴォーはこのイギリスの娼婦小説をフランス語に翻訳した張本人でもあった。

このように見ていくと、なるほどアベ・プレヴォーが処女なのである。かつまた作品が果たした役割は正真正銘、かなり大きなものだったということである。ルソーの『新エロイーズ』(岩波文庫)もヴォルテールの『カンディード』(光文社古典新訳文庫・岩波文庫)も、その年々の時代にプレヴォーを読んでから綴られた「ロマン・リベルタン」(好色小説 roman libertin)だったのである。

それならプレヴォーの『マノン・レスコー』より前に娼婦文学がなかったのかというと、ダニエル・デフォーの『モル・フランダーズ』(岩波文庫)があったではないか。これは一七二二年の出版だ。

この作品は正式タイトルにあるように、とんでもない内容だ。ニューゲートの刑務所で生まれ、売春婦として十二年を過ごし、五度夫を迎え（そのうち一度は自分の弟と）、盗賊稼業を十二年したのちヴァージニアで八年の流刑をへて、ついに財をなし、正しい人間となって悔悛者《かいしゅん》として死んだ、かの有名なモル・フランダーズの六十年の歳月の幸運と非運の、その回顧録というものだ。

デフォーこそ先駆者だった。ぼくは一一七三夜でダニエル・デフォー自身が遍歴の激しい〝男のモル・フランダーズ〟だと書いておいたけれど、デフォーには『ロクサーナ』（槐書房）という〝幸運な愛人〟を主人公にした作品もある。とすれば、最初にモル・フランダーズやロクサーナがいて、その次にマノン・レスコーが颯爽《さっそう》と登場し、そしてファニー・ヒルやパミラが生まれていったのだということになる。

もっともこれらは〝娼婦の文芸化〟ということであって、娼婦そのものはマンデヴィルの証言ではないが、当時はかなり街に溢《あふ》れていたのだし、それ以前から、フランスでいえば十七世紀のルイ十四世のころから有名だった。十五世時代には高級娼婦《クルチザンヌ》もあらわれた。彼女らはイギリスならロバート・バートンの『憂鬱の解剖』（一六二一）のころから、ロンドンの悪くて甘い有名景物になっていた。

こうしたこと、アラン・コルバンの大著『娼婦』（藤原書店）にはがっかりしたが、バーン・ブーローとボニー・ブーローが著した大著『売春の社会史』（筑摩書房）は詳しい。いずれ千夜千冊してみたい。

ちなみにマノン・レスコーのキャラクターは何度も意匠を変えて社会に再登場してくるのだが、最もその輝きが知られたのは多くの挿画家たちがマノン・レスコーを描き、ロートレックがパリの娼婦たちをマノン・レスコー風に描いた世紀末デカダンスの時代だった。いま、日本のイラストレーターたちは、そうした女たちを描くことがない。

第一二八一夜　二〇〇九年一月十九日

参照千夜

五五八夜：モーパッサン『女の一生』　一一七三夜：ダニエル・デフォー『モル・フランダーズ』　六〇〇夜：シェイクスピア『リア王』　九七〇夜：ゲーテ『ヴィルヘルム・マイスター』　三三七夜：スタンダール『赤と黒』　一一三六夜：サド『悪徳の栄え』　七〇七夜：ゾラ『居酒屋』　五五一夜：吉行淳之介『原色の街・驟雨』　九五夜：ブコウスキー『町でいちばんの美女』　六七四夜：水上勉『五番町夕霧楼』　二五一夜：ヴォルテール『歴史哲学』　六〇夜：谷崎潤一郎『陰翳礼讃』　一六二夜：新井白石『折りたく柴の記』　六六三夜：ルソー『孤独な散歩者の夢想』

一人の女性作家によって、人造怪物が初めて人間とくらべられた。
ここにSFファンタジーの慄然たる原点が生まれた。

フランケンシュタイン

メアリー・シェリー

臼田昭訳 国書刊行会 一九七九／森下弓子訳 創元推理文庫 一九八四／山本政喜訳 角川文庫 一九九四

Mary Shelley: Frankenstein; or The Modern Prometheus 1818

リドリー・スコットの《ブレードランナー》はフランケンシュタイン・テーゼの新発展だった。原作のひとつ、ディックの『アンドロイドは電気羊の夢を見るか？』（ハヤカワ文庫）がフランケンシュタイン・テーゼをめぐる重要な成果だったからだ。その十年前、ティム・カリーの《ロッキー・ホラー・ショー》を観たときも、そこにフランケンシュタイン・テーゼが化けもののように生きているのを知った。全篇に電気魔法がいっぱいに効いて、嬉《うれ》しくなるほどのロックな傑作だった。

この手のものは、もっとある。ヴィクトル・エリセの《ミツバチのささやき》にも、アンディ・ウォーホルとポール・モリセイの記念碑的ホラー《悪魔のはらわた》にも、フランケンシュタイン流儀がつかわれていた。きっと数多くの映画作品がこの伝統を守り、そこに新たなクリーチャーの誕生と二重意識の課題を描こうとして、この普遍のテーゼにとりくんだことだろう。

　映画ばかりではない。当然ながら文学が先行していた。古代中世神話では怪物はお手のものである。スフィンクスもケンタウロスもキマイラも、龍も迦楼羅《カルラ》も鵺《ぬえ》も怪物だ。しかし、人間の姿をした怪物となると少し限定されていくる。キュクロプス、アトラス、阿修羅、熾天使《セラフィイム》、タイタン、コボルトなどとなってくる。

　これらはいずれもどこかに棲息《せいそく》しているクリーチャーやモンスターであって、人の手によって造化されたものではない。まして都会の実験室から出現してきたものではない。メアリー・シェリーの『フランケンシュタイン』は、そこが違っていた。怪物はフランケンシュタイン博士の手がつくったのだ。人間がつくりそこねた怪物だった。メアリーは従来の怪物伝説を、鮮やかに、かつ深刻に、そしていくばくかの浪漫をもって覆《くつがえ》してみせたのである。

　おそらく母型があったのだろうと思う。ぼくはジョン・ミルトンの『失楽園』(岩波文庫)だったと憶測する。ヤハウェに反逆して敗走した堕天使《だてんし》ルシファーが人間に嫉妬《しっと》し、謀略を練り、アダムとイヴに代表される人間を楽園追放《パラダイス・ロスト》させるという大叙事詩だが、そのルシファーこそフランケンシュタインの「元のもと」だったろう。

ルシファー（Lucifer）は大天使でありながら、その罪業によって堕天使となった者である。キリスト教の教父たち（たとえばヒエロニムス）が、この者をラテン語の「金星」をあらわすルシフェルをもってあてがったのは、金星が「明けの明星」として天空の輝きの中で光を失うからだった。以来、神に謀反《むほん》をおこした者はルシファーとしての堕天使であり、必ずや楽園喪失《パラダイス・ロスト》を余儀なくされる人間の影がつきまとうことになった。

ミルトンは『失楽園』を一六五〇年代に書いた。ピューリタン革命やクロムウェルの改革の嵐が吹きすさぶ中でのこと、毀誉褒貶《きよほうへん》に揺れる世情ではあったけれど、ダンテの『神曲』やアリオストの『狂えるオルランド』に並ぶものをめざして書いた。こうしてルシファーの悪魔的側面と人間の弱い意志の側面とが、さながらシュタインの怪物にしたのではない。ある。しかし、シェリーはルシファーをフランケンシュタインの怪物にしたのではない。われわれの内には必ずやルシファー＝フランケンシュタイン的なるものが宿りうることを告げたのだ。

実はこのようにフランケンシュタイン・テーゼがさまざまな場面に活用可能なことを普及させたのは、第五三八夜でとりあげた『地球の長い午後』のブライアン・オールディスだった。

オールディスは『十億年の宴』(東京創元社) という超SF史をエドマンド・バークの「サブライム」(崇高) をコンセプトにして綴《つづ》り、その後のSFファンタジーが進むべき道を傲然《ごうぜん》と照らしてみせた。その劈頭《へきとう》の栄光を飾ったのがメアリー・シェリーの『フランケンシュタイン』だったのである。

すべてのSFはここに始まったというよりも、ここに始まるべきだとオールディスは結論づけた。SFは空想のかぎりを勝手気儘《きまま》に尽くすものではなく、その空想がもたらすファンタジーが人間の本質を予告するものでなければならないとみなしたからだ。オールディスはウェルズの『モロー博士の島』(創元SF文庫) も絶賛し、そこにもフランケンシュタインが生きていることを示した。人が神にかかわって生命をつくってしまうこと。これがフランケンシュタイン博士にもモロー博士にも共通する罪なのである。すべてのSFの本質にはこのように、神と人をめぐるキマイラの論理が生きてくるとみなしたわけだ。

科学や技術というもの、どんな良心的な成果でも、なんらかのかたちで人間を改造しているはずである。このことをやめた科学技術というものは、いまのところごく少ない。ほぼ大半が環境改造と人間改造にかかわっている。おかげでわれわれは、服を着て化粧をし、メガネをかけて車を乗りまわし、のべつクスリを服用する人間になった。

そうであるならば、空想科学小説としてのSFは、このような問題から目をそらすべきではない。オールディスはそこに新たな文学の課題をおいたのだ。ちなみに『十億年の宴』の二番目に出てくるSFはエドガア・アラン・ポオの『ウィリアム・ウィルソン』だった。二重意識《ドッペルゲンガー》を文学史上初めて物語に昇華した傑作である。

しかしオールディスは、『フランケンシュタイン』に科学と文学の逢着《ほうちゃく》と合体を見るにあたって、ついつい進化論との逢着を見すぎたようだ。実際には〝フランケンシュタインの科学〟は進化論というよりも電磁気学の予見に満ちている。

フランクリンの電気凧《だこ》の実験が一七五二年、クーロンの法則の提唱が一七八五年、ヴォルタの電池の発明が一八〇〇年ちょうど、水の電気分解で初めて通信を試みたのが一八〇九年、メアリー・シェリーの『フランケンシュタイン』の初版は一八一八年だ。彼女の想像力は未知の電気がもたらす世界でいっぱいだったはずである。

では、メアリー・シェリーは電気の夢だけでこんな傑作を書けたのかというと、むしろそうではない。フランケンシュタインの物語が誕生した背景には、三人の図抜けた才能が控えていた。それらの才能がメアリーに乗り移ったのである。

一人はイギリスに百科全書思想をもちこんだウィリアム・ゴドウィンだ。ぼくがいっとき関心をもった人物で、急進的で純理的なアナーキー政治思想を表明した。一七九三年の『政治的正義』(陽樹社)やゴシックロマンの先駆にあたる一七九四年の小説『ケイレブ・ウィリアムズ』(白水社)などを書いて、フランス革命以降の政治思想を刮目《かつもく》させている。ゴドウィンは近代フェミニズム思想の幕を開けたメアリー・ウルストンクラフトと結婚したのだが、そのときに生まれた娘がメアリー・シェリーなのだ。超一級の両親に育てられたのだ。母のウルストンクラフトは世界初の男女同権、機会均等を説いたと言っていい。『女性の権利の擁護』(未来社)がある。

二人目は、そのゴドウィンに惹《ひ》かれて『鎖を解かれたプロメテウス』(岩波文庫)や『詩のために』(東京堂)を書いた若きロマン派の詩人パーシー・シェリーだ。パーシーは早くから古典にもフランス啓蒙《けいもう》思想にも惹かれ、オックスフォード大学では学僕《ファギング》となることを嫌って、本と詩に熱中した。とりわけゴドウィンの『政治的正義』にぞっこんとなり、以来、ロンドンのゴドウィン邸に出入りするようになると、そこでメアリーに一目惚《ぼ》れして、妻を捨ててメアリーとともに旅に出た。

三人目は、そのシェリーとメアリーが駆け落ちまがいに出掛けた先にいたジョージ・ゴードン・バイロン卿《きょう》である。一八一二年に発表した『チャイルド・ハロルドの巡礼』(土井晩翠訳・二松堂書店ほか)で名声を博していたバイロンは、しばらくロンドン社交界のダンディな花形紳士となるのだが、女性の噂は絶えず、離婚問題をきっかけにイギリスを遁走《とんそう》すると、ヨーロッパ各地をまわってジュネーヴ近郊に入り、そこに多くの友人を招くようになっていた。

一八一六年の夏、ジュネーヴ湖畔のバイロンの別荘に、シェリー、メアリー、バイロンの主治医ポリドーリ、メアリーの異母妹クレアが滞在した。

メアリーはバイロン卿とは『チャイルド・ハロルドの巡礼』の前半を清書していた仲で、クレアはバイロンの妖《あや》しい遊び相手である。みんながみんなバイロンにぞっこん参っていた仲だった。そこへゴシック小説『マンク』（国書刊行会）のマシュー・グレゴリー・ルイスが訪ねてきた。これで一行はずいぶんゴシックロマンな気分になってきた。

それまでは毎夜、エラズマス・ダーウィンの生物思想などの話をしていたバイロン卿が、ある夜、怪奇譚集《かいきたん》（ファンタスマゴリア）をたっぷり読んで聞かせたのち（『ファンタスマゴリア』については高山宏の卓抜な一冊があるので、それを読まれたい）、ひとつみんなで怪談を書いてみようという趣向を提案した。こうしてポリドーリが『吸血鬼』を、メアリーが『フランケンシュタイン』を書いた。

ジュネーヴ郊外のディオダティ荘が世界文学史を変えてしまったのだ。われわれはこの別荘からドラキュラ幻想とフランケンシュタイン・テーゼという、二つのとびきりの幻想をめぐる「種の起源」を得たことになる。ついでながら、このディオダティ荘をめぐる男女のめくるめく関係をのちのち映画の中で描いたのが、ケン・ラッセルの《ゴシック》である。駄作だった。

作品『フランケンシュタイン』はいくつかの「語り」によって構成されている。姉に前代未聞の物語についての手紙を書いているロバート・ウォルトンの驚愕《きょうがく》を隠せない語り、そのウォルトンに自身がおこした異常な科学実験の経緯を物語る若き天才科学者のヴィクター・フランケンシュタインの自負と苦悩と復讐《ふくしゅう》の語り、そのフランケンシュタインによって造物されてしまった「怪物」自身が孤独を訴えながらせつせつと告白する殺人と悲哀の語り。

そこには驚愕と異常と苦悩と孤独と復讐と悲哀が交差する。そのあいだにいくつかの手紙も入る。そういう構成だ。

一筋のストーリー・テリングがされているのではない。そうではなくて、いくつもの出来事を語るプロットの束がさまざまな乗り物にのっかって、一冊の幻想怪奇の集大成に向かってフロッタージュされたのだ。それらの語りの群れは、事件の真相がだんだんあきらかになっていくなどというのではなく、しだいに人間というものの奥に逆巻く「存在の耐えられない重さ」を炙《あぶ》り出していく。その「存在の耐えられない重さ」のルーツが、そもそもはミルトンの『失楽園』にあることはすでにのべたけれど、そんな深々とした問題を痩身《そうしん》の〝夢見る女〟であるメアリーが綴りきったということ、それを物語というシステムにあてはめえたことに驚かされる。

いったい文学史上、メアリー・シェリー以外の誰が造物主と人間の関係を、人間と怪物の関係に移調できただろうか。おそらくはアイザック・アシモフがロボットの法則をつくるまでは、あるいはアーサー・C・クラークが『地球幼年期の終わり』（創元SF文庫）を、またスタニスワフ・レムが『ソラリスの陽のもとに』（ハヤカワ文庫）を書くまでは、この主題はメアリーだけの禁断の木の実であったのだ。

死体の断片を集めてそこに電気ショックを与え、それで死者の蘇《よみがえ》りをおこそうという発想そのものは、ヨーロッパ中世の死の舞踏《ダンス・マカブル》や奇跡劇の伝統や近世の降霊術や電気ショックパーティの流行からすれば、それほど突飛ではない。

メアリーの卓抜な発想はそこにあるのではなく、ヴィクター・フランケンシュタインが試みた実験があえなく失敗に終わり、それにもかかわらず、そこに「できそこないの人間」すなわち「怪物」が出現してしまったということ（原作には、「怪物」としか出てこない。名前はついてはいない）、しかもその怪物が、人間のような、あるいは人間が忘れていたような孤独と悲哀を感じたということを綴ろうとしたのが、画期的だったのだ。

この怪物は身を震わせて言う、「呪われた創造者よ、私が生命を受けた日は憎むべき日になったのである。神は慈悲をもって人間を自らの姿に似せて美しく造ったのに、私の姿は人間に似ているがゆえにかえって不快で醜いものになったおまえ自身なのではないか」というふうに。

造物主が醜い人間をつくったのはなぜか。こんな問いに答えられる者なんて、まずいないだろう。あまりに未来的であり、あまりに古代的だ。哲学的にもそんなことを考えた者はほとんど登場していない。

しかしメアリーは、こうした「存在の耐えられない重さ」にさらに難題を重ねて、これをヴィクター・フランケンシュタインと怪物との関係の闇に突き付けていった。ひとつはヴィクターに心ならずも燃え上がった復讐の思いとして、もうひとつは怪物がみずから死を選んでいったという思いとして。

ぼくは、作品の最後の最後になって、怪物が創造主に愛とも呪いともつかない言葉をのべながら死んでいく場面に、『ヨブ記』を読んだとき以上の衝撃をおぼえ、本を閉じてもしばらく立ち上がれなかったものだ。そうなのか、こんな幕の下ろし方があったのかという「置いてけぼり」な気持ちに陥った。『失楽園』にも『ファウスト』にも腰は抜かさなかったのに。

ところで『フランケンシュタイン』は文学史上でも最もよく知られた作品でありながら、ほとんど読まれていないということでも有名だ。これはもったいない。メアリー・

シェリーの「知の搾《しぼ》り方」に接してみるべきだ。

読まないかわりに、大半が映画《フランケンシュタイン》を観て、フランケンシュタイン・テーゼが何であるかをうすうす知ってきた。とくにジェームズ・ホエールが一九三一年に監督した《フランケンシュタイン》が決定的だった。ホエールはこのとき無名の俳優ボリス・カーロフを怪物役に起用したのだが、世界中の観客はこのカーロフの怪物がフランケンシュタインの正体なのだと思いこんでしまった。

その後、何十本、何百本というフランケンシュタイン映画が製作されたのだろうけれど、カーロフのイメージを破るものはいまだに出ていない。あの抒情の極みを知っているヴィクトル・エリセの《ミツバチのささやき》さえカーロフのイメージの踏襲を払拭《ふっしょく》しなかった。

もっとも、ホエールの映画には決定的な問題があった。思い出してもらえばいいのだが、あの映画は奇妙なハッピーエンドで終わっている。そうではない。メアリー・シェリーの原作はそうではない。メアリーはフランケンシュタイン博士にも、怪物にも、ともに「死」を与えたのである。この「死」はリドリー・スコットの《エイリアン》まで引きずられていった「怪物と人間の邂逅がもらたす宿命」というものだった。

なお、今後、「千夜千冊」でフランケンシュタインをめぐる話を書くときは、フランケンシュタイン博士のことではなくて、その博士の分身である怪物フランケンシュタインをさすことにする。あらかじめ御承知おかれたい。

第五六三夜　二〇〇二年六月二十日

参照千夜

八八三夜：フィリップ・K・ディック『ヴァリス』　一一二二夜：アンディ・ウォーホル『ぼくの哲学』
九一三夜：ダンテ『神曲』　五三八夜：ブライアン・オールディス『地球の長い午後』　一二五〇夜：エドマンド・バーク『崇高と美の観念の起源』　九七二夜：『ポオ全集』　三八〇夜：ブラム・ストーカー『吸血鬼ドラキュラ』　四四二夜：高山宏『綺想の饗宴』　四二八夜：アーサー・C・クラーク『地球幼年期の終わり』　三六〇夜：ミラン・クンデラ『存在の耐えられない軽さ』　四八七夜：旧約聖書『ヨブ記』

キャサリンとヒースクリフの異様な恋情が、
ヨークシャーの一族に恐ろしい宿命を刻んでいく。

エミリー・ブロンテ

嵐が丘

大和資雄訳 角川文庫 一九六六／工藤昭雄訳 講談社文庫 一九七一／田中西二郎訳 新潮文庫 一九八八

Emily Brontë: Wuthering Heights 1847

斎藤勇《たけし》は"Wuthering Heights"をよくぞ「嵐が丘」と訳したものだ。こういう翻訳力は近頃はとんとない。念のため言うのだが、「嵐が丘」は物語が進行するあいだ、たえず凄《すさ》まじい悲劇に見舞われるアーンショウ一族の大きな館《やかた》の呼び名であって、土地の名前ではない。「二百十日《にひゃくとおか》荘」とか「野分《のわき》ハイツ」とか、近江に移せば「比良《ひら》八荒《はっこう》屋敷」といったところだ。

ワザリング（wuthering）は、物語の中でも「嵐のときにこの丘のようなところに吹きすさぶ風の怒り騒ぐさまを形容した、たくみなこのへんの方言である」と説明されているように、風の様態のことをさす。ケイト・ブッシュの《嵐が丘》はその風の吹くさまをよく唄っていた。日本でいえば宮澤賢治が採用した越後地方の「風の三郎様」だ。この嵐吹く屋敷を舞台に、エミリー・ブロンテが想像を絶するものすごい物語を展開する。これ一作しか書かなかった痩《や》せた女性の手になるものとは、とうてい思えない。姉のシャーロットがカラー・ベルという男性名で書いた『ジェーン・エア』（岩波文庫・新潮文庫ほか）に触発されて、妹のアンの『アグネス・グレイ』（みすず書房）と競って書いたということになっているが、どうして、信じがたいほどに深い構築力と想像力である。サマセット・モームは世界の十大小説に入れたし、エドマンド・ブランデンは『リア王』『白鯨』と並ぶ英語文学屈指の三大悲劇とさえ絶賛した。まだ『嵐が丘』が発表されてまもないころのラフカディオ・ハーンも「凄《すご》みのある想像力」とほめた。

　この物語は壮絶な想像力が生んだ傑作である。すでにおびただしい数の研究書が出ているが、そのいずれにもエミリー・ブロンテがほとんどモデルをつかわなかったこと、参考資料が極端に少なかったこと、誰のヒントももらっていないこと、エミリーにはこの物語のどんなエピソードにあたる体験もなかったろうことがあげられている。つまりこれは「経験の産物」や「調査の勝利」なのではなく、ひたすらに「想像力の飛翔」だけで生まれた物語なのである。

　ちなみにモームが選んだ世界十大小説とは次のものをいう。フィールディング『トム・ジョーンズ』、オースティン『高慢と偏見』、スタンダール『赤と黒』、バルザック『ゴリオ爺さん』、ディケンズ『デイヴィッド・コパフィールド』、フローベール『ボヴァリー夫人』、メルヴィル『白鯨』、ブロンテ『嵐が丘』、ドストエフスキー『カラマーゾフの兄弟』、トルストイ『戦争と平和』。

ぼくが『嵐が丘』を読んだのは高校時代で、二週間くらいかかってぶっつづけに夜をつぶした。ほとんど息が詰まる思いがしたのは、狂乱の気質がキャサリンにあるのかヒースクリフにあるのか、そのいずれもがぼくの胸に間借りするかのように棲《す》みついたまま読んだからだった。しかし物語がすすむにつれ、そんな気分はどこかへ吹き飛んだ。あまりに構成とプロットが入りくんでいて、人間の不吉な宿命と苛烈《かれつ》な意志のようなものが鋼線のごとく錯綜《さくそう》していたからだ。

それにしてもその後、『嵐が丘』のことを友人に話してもほとんど関心をもってくれないので訝《いぶか》っていた。あれは女が書いた女の小説だろうという程度の反応なのだ。男が読む小説ではないのだろうか。いったいみんなはどう読んだのか。それが唐十郎に会って愁眉《しゅうび》がひらいた。唐十郎は『嵐が丘』の熱烈な愛読者だったばかりか、彼の芝居の根底にはいつもヒースクリフとキャサリンが配してあった。

そういうところへ、モームやブランデンのお墨付きがあることを知るようになって、加えてウィリアム・ワイラーがローレンス・オリヴィエにヒースクリフを演《や》らせて撮った《嵐が丘》を見て、唸《うな》った。見終わってしばらく立ち上がれなかった。ではとにもかくにも、話の大筋だけを年代記ふうに書いておく。あまりに輻輳《ふくそう》しているので、さすがに先だってざっと読みかえしてみたのだが、またまたブロンテの仕掛けの凄まじさに圧倒された。さあ、どう要約できるか。とうてい自信はないけれど、物語を知らない読者なら以下の粗筋《あらすじ》だけでも打ちのめされることだろう。

この話はぼくがこの地方を訪れたときに、ネリー・ディーン夫人が語ってくれた驚異の物語である。ネリーはこの物語に登場する最初の主人公たちと同じ年頃のころから、一緒に〝嵐が丘荘〟で育った仲の家政婦だ。

一七六五年のこと、ヨークシャーのヒースの生い茂る一角の建物の奥で、キャサリン・アーンショウが生まれた。明るくて、よく笑いよく喋《しゃべ》る。ちっともじっとしていない元気のいい女の子だった。キャサリンが六つになるかならないころ、老父アーンショウがリバプールで出会った孤児を〝嵐が丘荘〟に連れて帰った。髪が黒く、顔には血の気がなくて、屋敷の壁の色のような少年だった。言葉数が少なく、気難しくて辛抱強く見えるのは、たぶん虐待されても耐えてきたせいだろう。キャサリンより三、四つ上らしい。ヒースクリフという名がついた。しかし、この家にはすでにキャサリンの兄ヒンドリーがいた。

これだけでこの一族は恐ろしい葛藤《かっとう》に巻きこまれるのだろうかという気がする。案の定、老母アーンショウ夫人が死ぬと、ヒンドリーは父親の愛情と自分の特権をヒースクリフが盗むのではないかという危惧《きぐ》にさいなまれた。老父は何かというとヒースクリフをかばい、キャサリンもヒースクリフとばかり遊びたがるのである。

ヒンドリーが大学に進学してまもない嵐の夜、老父アーンショウが炉端《ろばた》の椅子に坐《すわ》ったまま死んだ。みんなハツカネズミのように押し黙っていたが、葬式の日、ヒンドリーは大学で知りあった花嫁フランセスを連れてきた。フランセスは、屋敷に来ると最初こそ誰かれなく愛想をふりまいたものの、病弱も手伝ってやがてふさぎがちになり、とくにヒースクリフを恐れて嫌うようになった。

いまや嵐が丘の主人となったヒンドリーは、ヒースクリフに敵意をもち侮辱の態度をはっきりさせていく。その逆に、妹キャサリンはヒースクリフの野性の魅力に惹《ひ》かれていく。けれども捨てられた孤児にすぎなかった青年などというものは、十八世紀のこの時代にはあいかわらず差別の対象でもあったのである。キャサリンの恋はしだいに現実を遊体離脱して幻想の中の牙城《がじょう》に入っていく。

一七七八年、フランセスはヘアトンを生み、急死してしまう。それからというものヒンドリーは神をも人間をも呪う者となって放蕩《ほうとう》にあけくれ、息子ヘアトンを激しくかわいがる一方、ますますヒースクリフと敵対する。ヒースクリフは心に誓った。「ヒンドリーに復讐《ふくしゅう》をするなら何年でも待とう。その前に奴が死なないことだけを神に祈りたい」。

そんなおりもおり、キャサリンはスラッシュクロスの上流貴族エドガー・リントンから結婚を申し込まれ、その話をネリーに打ち明ける。

キャサリンは自分の聡明な額とふくよかな胸の両方を指さして、「魂がこのどちらにあるかは神様しか知らないことだけど、私が愛しているのはヒースクリフだけです。でも私がヒースクリフと一緒になれば、二人は乞食になるしかないのです」と言う。そして「私のエドガーへの愛は森の茂り葉のようにうつろうものだが、ヒースクリフへの愛は地底の巌《いわお》のように永遠なんです」と語り、「私はヒースクリフです！」と叫ぶ。この話をヒースクリフが立ち聞きしていた。

その夜、雷鳴が轟《とどろ》き稲妻が走り、北欧伝説の暴風神のような嵐がやってきた。東側の煙突に大きな枝がバキバキと倒れたころ、ヒースクリフはひそかに嵐が丘を出奔する。失踪《しっそう》を知ったキャサリンは正気を失ったようにヒースクリフを捜しまわるのだが、見つからない。疲労困憊《こんぱい》したキャサリンは家政婦とともにリントン家に運ばれもてなしをうけるものの、地獄の処女のように陰気になってしまう。これでは蠟《ろう》人形だ。

やがてキャサリンは熱病に罹《かか》り、手厚い治療をうけて回復するのだが、かえってリントン夫妻が感染し、二人はあいついで死ぬ。

一七八三年、キャサリンは十八歳でエドガー・リントンと結婚した。その年の秋、ヒースクリフが突如として嵐が丘に帰ってきた。三年の失踪中にどこか理知的になり、逞《たくま》しくなっている。

再会したキャサリンはヒースクリフをじっと凝視した。ほんの少しでも視線を動かそうものなら、そのまま消えていってしまいそうだったからだ。それをかいま見たエドガーは、この世で最も不快なものを見たような気がした。

キャサリンはあきらかに永遠のアイオーンという幻想世界にふたたび入ってしまったのである。熱病の後遺症のせいか、しばしば錯乱状態にもなった。しかしヒースクリフはキャサリンと密会を重ね、生きた心地がしないほど激しく抱きしめ、そのうえでキャサリンを責めた。「なぜ、おまえは俺を捨てたのか」。キャサリンはきっぱりと言う、「私がまちがっていたとしても、私はそのため死んでいくのです」。

ここから物語は、ヒースクリフの蛇蝎《だかつ》のような復讐計画の実行に移っていく。

一七八四年、ヒースクリフはエドガーの妹イザベラを誘惑し、強引に連れだって逃亡を企て、ついに結婚する。キャサリンはほとんど気が動顛《どうてん》したまま娘のキャサリンを産む（同じキャサリンという名前なのである）。そして失意のままに死ぬ。埋葬されたキャサリンの墓をあばくヒースクリフの形相には悪鬼と見神が棲んでいた。

ヒースクリフ夫妻は嵐が丘に住み、ヒースクリフとヒンドリーは互いに殺意を剝《む》き出しにした険悪な日々を続けた。嵐が丘はいよいよ地獄と化した。

イザベラもヒースクリフから逃げ出したいと決意して、馬車に乗ってロンドンへ身を隠した。数ヵ月後、男の子が生まれ、リントン・ヒースクリフと名付けられた。一方、ヒンドリーはますます荒《すさ》んだ生活に堕して博打《ばくち》に凝り、その賭金《かけきん》や借金がふくれあがると、ついに所有の土地のすべてを抵当に入れた。その抵当の預かり主はヒースクリフの名になっていた。悪魔がほくそ笑んだのだ。ヒンドリーは悶絶《もんぜつ》し、嵐が丘はヒースクリフのものとなった。

けれどもこんなことではヒースクリフの復讐はまだ終わらない。ヒンドリーの息子ヘアトンを召し使い同然にこきつかい、無知と野蛮の奈落《ならく》を味わわせるようにした。

一七九七年、イザベラが死ぬと、リントンは最初は伯父《おじ》エドガーに引きとられる。すでに病気がちになっていたエドガーは娘のキャサリンと東洋の隠者のように暮らしていたのだが、それがヒースクリフには気にいらない。息子リントンを我欲の計画にしか利用する気がないヒースクリフは、まもなく息子を嵐が丘に移し、キャサリンとの交際を強制しはじめた。エドガーは娘がリントンと交わることを堅く禁じていたが、ヒースクリフは二人を〝嵐が丘荘〟に閉じこめ、強引に結婚させる。

一八〇一年、エドガー・リントンも衰弱したまま死んだ。この作品ではこのように全員が次々に死んでいく。恐ろしい悲劇がずっと続くのだ。遺言状はすでにキャサリンの相続人ヒースクリフによってコントロールされ、ヒースクリフはアーンショウとリントンの両家のいっさいの財産を掌握した。キャサリンもヘアトン同様の召し使いとなり、労働の日々に落とされる。

その十一月、ぼくがリントンの屋敷を一年契約で借りることになり、家政婦にはネリー・ディーン夫人を雇うことになった。ぼくはネリーから嵐が丘の恐ろしい物語を聞き、屋敷を訪ねて一夜をあかすことにした。その夜、キャサリン・アーンショウの幽霊が出た。ぼくは恐怖にかられて帰宅し、そのまま病床についた。

一八〇二年、ぼくはロンドンに戻り、ネリーも嵐が丘に戻っていった。しばらく見ないうちにヒースクリフは猫のように歩きまわる男になっていて、なぜか四日にわたる断食をはじめると、ついに不眠のまま死んだ。その前夜は嵐で、ヒースクリフの死体の全身がぐしょぐしょに濡《ぬ》れていた。

ヒースクリフは死んだ。それなら物語はすべて空しい大団円を迎えたはずなのである。しかしなんとも不気味なことに、ヘアトンとキャサリンは愛しあうようになり、しかも二人はキャサリンとヒースクリフそっくりになっていったのである！

以上がワザリング・ハイツでおこったことの一部始終の要約だ。さあ、どうだったろうか。上田秋成から唐十郎におよぶ血しぶきは見えただろうか。ゴシックロマンからモダンホラーにいたる変貌は襲ってきただろうか。そして『嵐が丘』を耽読《たんどく》したラフカディオ・ハーンが、小泉八雲と変じて『怪談』を書いた動機が覗《のぞ》けただろうか。

いろいろの感想がもてるだろうと思う。とくにヒースクリフの復讐の執念には声が出ない。キャサリンは何かを加害したわけではなかったのである。それどころか「私がヒースクリフよ」と叫んだのだ。けれども許されなかったのだ。

ヒースクリフだけではない。『嵐が丘』では十二人の登場人物が次々に絶命している。その十二人すべてが、なんらかの「ペア」として紐《ひも》付けられている。エミリー・ブロンテはその紐のすべてを結び忘れなかった。

物語の多くのプロットを家政婦のネリー・ディーンが語っていながら、ネリー自身がいくつもの重大なプロットにかかわっていることも、気になるだろう。キャサリンがエドガーからの求婚を受け入れたことをネリーに話しているとき、それをヒースクリフが聞いていてそのため彼が家を去ったのであるが、ネリーはそのことをキャサリンには言わなかったのだし、キャサリンがエドガーから自分とヒースクリフのどちらを選ぶのかを迫られ、キャサリンは錯乱していくのだが、それをネリーは「お芝居ではないか」と言ってキャサリンの衰弱を放置したのである。

ヒースクリフとイザベラの駆け落ちのことも、ネリーは知っていた。けれども二人を追うのが不可能になるまで、そのことをエドガーには知らせなかった。ヒースクリフの息子のリントンを、ヒースクリフの計画通りにキャサリン・リントンと結婚させる手助けをしたのもネリーだった。

なぜブロンテはこのようにネリーを描いたのか。キャサリンの「未萌《みほう》の魅力」とヒースクリフの「狂暴な失意」を、この二人の言葉によっても、誰の言葉によっても語らせられないからだ。語らせたくはなかったのだ。そこにはどうしてもネリーの「不足の思慮」もしくは「家政婦は見た」が必要だった。

ヨークシャーの一族におこったことは以上のようなおぞましいほどの次第だが、この驚くべき物語をどう批評するか、どう議論するかということについては、ぼくはそういう評釈をしたくないという非文学論的なところにいるので、申し訳ないけれど、世の議論を云々する気がない。

とくにスーザン・マイヤーに代表されるポストコロニアルな解釈には与《くみ》せない。そのぶんポストコロニアル批評に文句をつけた川口喬一の『「嵐が丘」を読む』（みすず書房）には少しホッとした。が、そういうことよりも、ぼくには『嵐が丘』がその後のさまざまな表現者や制作者にどのように憑依《ひょうい》したのか、換骨奪胎されたのか、翻案されたのか、どんなメロディをインスパイアされたのかといったことのほうが、興味深かった。

たとえば、美内すずえの『ガラスの仮面』で北島マヤがキャサリンに抜擢《ばってき》されてどんな役づくりに悩んだかとか、水村美苗が『本格小説』（新潮文庫）でどのように『嵐が丘』を同工異曲にしてみせたのかとか、ケイト・ブッシュがリンゼイ・ケンプのもとで最初に作った曲が《嵐が丘》だったとか。

唐十郎の影響もあったかもしれない。キャサリンとヒースクリフは必ずや転写可能のものとして演出されてよいと思えた。そういう気分からいうと、吉田喜重《よししげ》が一九八八年に舞台を日本の中世に移して撮った《嵐が丘》がたいそう興味深かった。山部一族の物語という設定で、田中裕子の「絹」（キャサリン）と松田優作の「鬼丸」（ヒースクリフ）がなんともぴったりだった。林淳一郎のカメラと武満徹の音楽もよく、吉田はこの構想を二八年にわたって温めていたらしい。

『嵐が丘』とは表現者や制作者にこういうことをさせるのである。文学論してしまってはつまらない。

[追記] その後もいろいろの『嵐が丘』の〝転写〟を愉《たの》しませてもらった。川井郁子のヴ

アイオリンによる《嵐が丘》、布袋《ほてい》寅泰《ともやす》がグルーヴする《嵐が丘》、アンドレア・アーノルドがヒースクリフを黒人の青年に演じさせた斬新演出の映画（二〇一一）などなど。小野寺健《たけし》（光文社古典新訳文庫）と鴻巣《こうのす》友季子（新潮文庫）の新訳も嬉《うれ》しい転写であった。

第一二五夜　二〇〇〇年九月七日

参照千夜

九〇〇夜：宮澤賢治『銀河鉄道の夜』　三三二夜：モーム『月と六ペンス』　七夜：ベンチョン・ユー『神々の猿』　三三七夜：スタンダール『赤と黒』　一五六八夜：バルザック『セラフィタ』　四〇七夜：ディケンズ『デイヴィッド・コパフィールド』　二八七夜：フローベール『ボヴァリー夫人』　三〇〇夜：メルヴィル『白鯨』　九五〇夜：ドストエフスキー『カラマーゾフの兄弟』　五八〇夜：トルストイ『アンナ・カレーニナ』　四四七夜：上田秋成『雨月物語』　一六九九夜：水村美苗『日本語が亡びるとき』　一〇三三夜：武満徹『音、沈黙と測りあえるほどに』

ジプシー・カルメンのそぶりとたちが、
そっくりかえっていたヨーロッパの知識人を抉《えぐ》っていった。

プロスペル・メリメ

カルメン

堀口大學訳　新潮文庫　一九七二／杉捷夫訳　岩波文庫　一九六〇　ほか
Prosper Mérimée: Carmen 1845

日本人は誰でも〝カルメンらしきもの〟をよく知っている〔と、思っている〕。黒か赤のドレスを着て一輪の花を口にくわえ、握った手を腰にあて、もう一方の手で激しくスカートをからげて脚を踏み鳴らして踊っている姿と、ビゼーが作曲したタンターカ・タンタン・タカタカタン、タンターカタン・タンターカタン……の熱情的な曲は、誰でもアタマに浮かぶ。

日本ほどカルメンの衣裳と曲〔冒頭部分だけ？〕が、コミカルにショーアップされてきた国はめずらしい。そういうときは、その偽カルメンに扮《ふん》した芸人は〔ダンサーであれ加藤茶であれ、昔のエノケンの喜劇映画であれ〕、たいてい薔薇《ばら》を口にくわえているようだが、原作でもオペラでもそんなふうにはなっていない。カルメンがくわえているのはアカシアの枝花だ。

〝カルメンらしきもの〟をよく知っていそうなわりに、日本人の多くが小説もオペラもちゃんと知らないのは、そういうことはよくあることなので、べつだんそれでいいけれども、とはいえこの作品がいったい何を訴えようとしたのかということ、そして、この物語がどうしてこんなに人口に膾炙《かいしゃ》したのかという背景は、ちょっと気にしたほうがいい。

『カルメン』は一八四五年（弘化二）に刊行された。ナポレオンがヨーロッパを高速に席巻して挫折《ざせつ》し、そしてヨーロッパ各国に民族主義の狼煙《のろし》が上がってきたときの、そういうナポレオン三世時代のフランス人であったプロスペル・メリメが、あえてスペインに取材して書いた物語である。

物語はよく出来ている。よく出来ているというのは、早くにジャン＝ジャック・ルソーが、「語り手の視点」と「登場人物の視点」の違いが読者がうける物語世界を膨らますというふうに言った、その出来ぐあいに沿っているということだ。

出来ぐあいを感じさせるにあたっては、カルメンというエジプシャンで、スパニッシュなキャラクターがいささか突飛であることが効いている（「エジプトから来た人」という誤解から「ジプシー」という呼称が生まれ、当時のヨーロッパ社会では偏見を持たれていた。今日では「ロマ」とすべきだが本稿では時代性をふまえ「ジプシー」を使う〕。かなり象徴的なので、そのため解釈はそうとう可変的になりうる。このことは、その後の『カルメン』のオペラ再演の演出解釈や、映画化にあたっての描写の変遷を見るだけでも伝わってくる。

『カルメン』は映画化されただけでも、セシル・B・デミルを筆頭におそらく二十本をこえているはずで、ぼくはそのうちの数本を観たにすぎないのだが、それでもひとつとして同じものがない。たとえばゴダールが監督をした《カルメンという名の女》なんて、いったい何を訴えているのかさっぱりわからないという評判だった。それは、『カルメン』をひとつの解釈にしてしまうのはとても危険なんだと、そのことにゴダールが示しを付けたかったからである。あれはあれでゴダールのカルメンだった。

ことほどさように、みんながカルメンを好きにしたいのである。七〇年代の半ばくらいだったと思うが、寺山修司がぼくはやっぱり『カルメン』をやってみたいんだよ、あれを架空の町に移してねと言っていたことがあったけれど、その気分、とてもよくわかる〔寺山はそのあと劇団員の一人をカルメン・マキと名付け、《時には母のない子のように》を歌わせた〕。

そもそもオペラの《カルメン》にして、原作とはだいぶんちがっていた。ジョルジュ・ビゼーが『カルメン』を本格的オペラにしたのは一八七五年（明治八）で、台本はリュドヴィク・アレヴィとアンリ・メイヤックが共同編集したのだが、まずもって登場人物の名前が違っていて、それもあって筋書きにからむ配分も違ってきた。

カルメンに惚《ほ》れぬいてカルメンを殺した男は原作ではホセ・ナヴァロ（スペイン語ではナバロと発音するが、堀口大學の翻訳に合わせて以下もナヴァロとする）で、通称のドン・ホセは数回しか出てこないのだが、オペラではずっとドン・ホセで通していて、いまやこちらの名前のほうがずっと有名になっているし、カルメンがホセを裏切って体を許す闘牛士リュカス（ルカス）は、オペラではこれまたこちらのほうがずっと有名なエスカミーリョという名になっている。

それでもそこまではたいしたことではないが、原作ではホセ・ナヴァロの許婚《いいなずけ》であるにもかかわらず名前も与えられていない娘は、オペラではミカエラとなって、けっこう大事な役割を振り当てられた。逆にカルメンのかつての情夫であったガルシアなんぞは、オペラではまったく出てこない。舞台も微妙に変わる。とくにカルメンが殺されるラストシーンは〔あとで説明する〕、オペラでは闘牛場の近くになる。

なぜこういうふうに変わったのかといえば、ビゼーのオペラが登場人物たちに「歌い切ること」を求めたので、その「歌い切り」のため、台本ではそれぞれの役回りが立ち上がってくるよう配分されたからだった。それゆえカルメンが歌う「ハバネラ」「セギディーリャ」「ジプシーの歌」、ドン・ホセの「花の歌」、エスカミーリョの「闘牛士の歌」などが、原作にない歌詞によっておおいに盛り上がる。

オペラ《カルメン》が早々に原作を変更したので、その後の映画や舞台は変容を遂げやすくなった。しかしぼくが見るには、原作とオペラや映画との最も決定的なちがいは、ホセ・ナヴァロからカルメンとの顛末《てんまつ》の話を聞く「私」（一人称）がすっかり省かれたことにある。作品の中にメリメがいるにもかかわらず、オペラや映画ではほとんど抹消されてきたということだ。


プロスペル・メリメは考古学者だった。美術史家でもあった。一八三四年に歴史記念物監督官になっている。デッサンもうまい。歴史研究に熱中し、歴史アカデミーやアカデミー・フランセーズの会員にもなっている。意外かもしれないが、メリメはまた政治家でもあった。一八五三年（嘉永六）にナポレオン三世期の上院議員になった。

メリメはフランス語はむろん、英語にもギリシア語にもスペイン語にもロシア語にも通暁していた。これも意外に思うかもしれないが、フランスにロシア文学を紹介したのはメリメだったのである。プーシキン、ゴーゴリ、ツルゲーネフをフランス語に翻訳したのはメリメなのだ。帝政ロシアを舞台にした『にせ者ディミトリウス』『昔のコザック』という作品もある。

これらはメリメが『カルメン』の作家であることについての、見逃しがたい才能を暗示するとともに、『カルメン』が描かれた理由を暗示する。

メリメにはたくさんのガールフレンドがいた。ドレセール夫人との有名な不倫や、オペラ座の踊り子セリーヌ・カイヨとの放蕩三昧《ほうとうざんまい》もあったのに、あまりスキャンダルにはなっていない。多くの女性と昵懇《じっこん》になりながら、どこをどう工面したのか知らないが、妖《あや》しい友情を保ちつづけた。『アルセーヌ・ギヨ』という小説があるのだが（本書に収録されている）、これはメリメがドレセール夫人の怒り（メリメに女関係がありすぎることに対する怒り）を鎮《しず》めるために書いたようなものだった。

だからガールフレンドたちと交わした手紙も多く、その『書簡集』は全三巻におよんでいる。よくぞ燃やしてしまわなかったと思うけれど（ぼくもカノジョの手紙を燃やしがたいほうだが）、いまとなっては第二帝政時代のフランスの社交界を知る貴重な記録にもなっている。もっともそれらを覗《のぞ》いてみると、ガールフレンドに対する手紙もコマメに文学していいたことがよくわかる。

メリメは植物学にも生涯にわたって関心を示したのだが、たとえば「未知の女への手紙」には、「植物学の書物が教えることがらはきわめて興味深いものがありますが、それにしても途方もなく不道徳なのです」などと慇懃《いんぎん》に書いている。

なるほど、ラブレターはこういうふうに書くのかと感心する。誤謬《ごびゅう》なき科学たらんことをめざす植物学にさえ「不道徳」があるのですというような言い分をちらりと挟むあたり〔植物学をそのように神聖にしたのはゲーテだった〕、この絶妙な配慮がメリメをメリメたらしめていた。そして、こういうところにこそ『カルメン』の作者としての独自の才能が見え隠れするのだ。

そういうメリメがスペインに三度にわたって、旅行したと思ってほしい。二七歳のときの一八三〇年（天保一）に半年ほどと、三一歳の一八三四年（天保五）、三七歳になった一八四〇年（天保十二）である。

一回目の旅で知り合ったモンティホ伯爵夫人とその後もながく交際をしたのは、その娘がナポレオン三世の花嫁になり、かのウージェニー皇后（ウージェニー・ド・モンティジョ）となったからでもある。オルセー美術館やヒルウッド美術館にあるヴィンターハルターが描いたウージェニーはやけに美しい〔窪田般彌《はんや》の『皇妃ウージェニー』（白水社）がこの皇后の格別ぶりをうまく書いている〕。夫人がヴェルサイユに入ったときは、スタンダールと一緒に会いにも行っている。スタンダールとは何度もこういうふうに行動をともにしたようだ。

メリメがスペインに関心をもったのは、ひとつは歴史遺産への興味、もうひとつはジプシー文化への興味だった。とくにジプシーについては、かれらがボヘミアン、ヒタノス、チゴイネルなどと呼ばれてヨーロッパ中を放浪しながらも、なぜスペインに定住するようになったのかということ、かれらはなぜロマニ語を使っているのかということを、いっぱしの歴史学者らしくも調べたかったからだ。

メリメが「両世界評論」に『カルメン』を発表したのは四二歳のときの一八四五年（弘化二）である。三回目のスペイン旅行の五年後にあたる。あきらかにジプシー文化に対する好奇心にもとづいていた。『カルメン』の原作は今夜とりあげた新潮文庫でいえば一〇〇ページほどの、短篇に近い中篇作品なのだが、そのうちの最後の一〇ページをびっしりジプシー文化論の蘊蓄《うんちく》にさいていることでも、このことは察しがつく。物語の最後にこういう蘊蓄を披露するのはめずらしい（いまから見るとかなり不完全なジプシー論だが）。

では、メリメはジプシー女を描きたくてカルメンというキャラクターを作り上げたのかというと、どうもそうではない。むしろ恋愛ナラティヴにひそむ激情と悲哀についての思いを、カルメンとその背景に託した。

ぼくはずっとジプシーに憧《あこが》れていた。リストの《ハンガリアン・ラプソディ》、シューマンの《流浪の民》、サラサーテの《ツィゴイネルワイゼン》に誘われ、なんともノーマッドな哀愁を抱えたジプシーへの憧れを長らくもっていた（鈴木清順さんも、そうだったらしい）。

そこであるとき集中して、ジュール・ブロックの『ジプシー』（文庫クセジュ）を皮切りに、ジュディス・オークリーの『旅するジプシーの人類学』（晶文社）、小川悟『ジプシー：抑圧と迫害の轍』（明石書店）、チャールズ・リーランド『ジプシーの魔術と占い』（国文社）、相沢久『ジプシー』（講談社現代新書）などを読みまくった。だから、ジプシーという名称が英語圏の「エジプシャン」が訛《なま》ったものであることも、サッカー・ワールドカップで頭突きを食らわしたジダンの姓がジプシーの意味であることも、いまではちっとも驚かない。馬術団の「ジンガロ」もレストランの「ツィンガロ」もジプシーなのである。

ところがところが、どうしてだかわからないのだが、以前から『カルメン』からはジプシーの憧れがやってこなかった。読めばわかるが、カルメンはジプシー女のプロトタイプではなく、むしろ逸脱なのである。ステレオタイプですらない。

ということは、どういうことか。カルメンとはジプシー女を借りたメリメの用意周到なキャラクター装置だったということになる。それゆえ、カルメンとドン・ホセ（ホセ・ナヴァロ）が愛し、歪《ゆが》み、罵倒《ばとう》しあい、塗《まみ》れ、諦《あきら》め、その顛末を悔恨すらしないのは、そして、そのような物語に多くのファンがついたのは、さらにその物語の解釈が多様になりえたのは、恋愛ナラティヴの装置が隠されているからだったのだ。

メリメが仕掛けた『カルメン』は「語りもの」である。フランス製のスペイン浄瑠璃《じょうるり》なのだ。

語っているのはスペインのナヴァーラの男ホセ・ナヴァロで、あるときの勝負事が咎《とが》められ、いまはセビリアの煙草《たばこ》工場の衛兵勤務についている。ホセ・ナヴァロがあれこれ縷々《るる》切々と語る話を、「私」が聞き役になって、それが物語になっていく〔つまり一人称語りなのである〕。「私」はホセと初めて出会ってからいったん別れ、小説の途中でまた出会う。そのときはすでにカルメンを殺してしまったあとになる。一方、「私」は、ホセとは別にカルメンとコルドバの橋の上でも会っている。

だから最初は「私」がナヴァロと出会う場面に、やがてカルメンを殺害することになる男の輪郭と印象を知るうえで重要な伏線が張られているわけだ。また、二度目に出会ったときは、「私」も読者も、ホセがその後どのようなカルメンとの葛藤《かっとう》をもったかは知ってはいない。男の「語り」が進むうちに、その異常な物語の顚末が見えてくるというふうになる。

このため、物語はカルメンという男の誰もが御せない女性のイメージを、読者もまた御せないままに進むようになる。その不如意《ふにょい》の気分を巧みに作っているのは、「私」と、その「私」に向かってホセが一部始終を話そうとする「語り」の意志である。

そこがオペラでは、カルメンを登場させるための演出の準備から入って、一気にアリア「ハバネラ」へ持っていく。ちっとも不如意はおこらない。もっぱらのカルメン劇場なのだ。

話は、こう始まっている。「私」はスペインに歴史調査のための旅行にきた者で〔つまりはこれこそメリメがやりたい仕事にあたるわけだが〕、コルドバで案内人を雇い、二頭の馬を買って、カエサル（シーザー）の『ガリア戦記』と着替えのシャツ数枚で、カチェナ平野の山沿いを旅をしていた。

それで馬の水飲み場を見つけたところ、そこに屈強そうで、獰猛《どうもう》な風体で、追剝《おいはぎ》めいた男がいた。片手に馬の轡《くつわ》をとり、片手で短銃を握っている。「私」はたいした所持品がないのだからびくつくこともないだろうと、火口《ほぐち》を持っていないかと言葉をかけ、葉巻も勧めることにした。「やりますぜ、セニョール」と、この男が言った〔スペインでは葉巻一本のやりとりが、中近東でパンと食塩を分け合うほどに重要なのである〕。

こうして「私」はホセ・ナヴァロと知り合った。二人ともこのあとは「鳥亭」という宿屋に泊まる。それなら一緒に行こうということになったのだが、案内人がいっこうに落ち着かない。理由をただすと「あいつは名うてのお尋ね者なんでねえ」という。二〇〇ジュカスの賞金もかかっている。それで適当に付き合ったまま、二人なんとなく別々の道に進む。

これがプロローグだ。ここまでで、獰猛《どうもう》で短銃を持っている男がお尋ね者でありながら、「私」にはそれほど度《ど》し難《がた》い人物とは思えない何かを秘めているらしいことが感じられてくる。

その後、「私」は数日をコルドバですごした。ドミニク派の僧院の文庫に、古代ムンダに関する興味ある写本が見つかりそうだと聞いたからだ。コルドバでは日没近くにグァダルキヴィール川の右岸に大勢の者たちが集まる。女たちが水浴びをするのを見物するためだ。

ある宵、「私」が橋の欄干《らんかん》にもたれて葉巻を吸っていたところ、水際の階段からジャスミンの花束を髪にさした小柄な女が上がってきた〔カルメンは小柄なのである〕。黒一色の衣裳を貧しげにまとい、「私」に近づくとマンティーヤ（スペイン女性のかぶりもの）をすらりと肩にすべらせた。いい匂いねとフランス製の葉巻の煙をかいでいる。とても大きな黒い目をしていた。「私」がふとこの女と氷菓子を食べたくなって誘ってみたら、いいけど、でも何時頃かしらと言う。

懐中時計を鳴らしてみたら、女はたちまち「あら、イギリスの旦那《だんな》ね」と顔を向けた〔当時、懐中時計は紳士の印であって、他人の気をひくための強力な小道具だった〕。「私」が、「いやフランス人だと告げ、「君はアンダルシアの人だね」と当ててみた。女は笑いながら「いやだわ、ジプシーだとわかってらっしゃるくせに」と言う。

とんでもない美人だ。だいたいジプシーは汚れているのが相場だし、化粧にも関心がないとされていた。一方、スペインでは美人は三つの黒が秀でていなければならない。目と睫《まつげ》毛と眉《まゆ》だ。その点からいってもジプシーでこんな美人はめったにいない。唇はやや厚く、髪は黒くて艶《つや》やかだ。そして全貌《ぜんぼう》が異様に野性的なのである。それがカルメンだった。

われわれは氷菓子のあとは夜の散歩をし、カルメンが導く家に入った。水差しとオレンジ一山とタマネギ一束が置いてある。彼女は古いトランプと磁石とカメレオンの干物で「私」を占い、われわれは他愛なく笑いあった。と、そのとき、その怪しげな家にホセ・ナヴァロが入ってきた。「おや、これはこれは旦那でしたか」。

物語は、ここでやっと糸がちょっとだけ結びあう。「私」はカルメンが男を前にするとしだいに活気づき、挑発的になっていくのを感じるのだが、それもつかのま、男は「私」を夜の町に連れ出すと「ここをまっすぐ行けば橋の袂《たもと》に出ますぜ」と放り出した〔これでわかるように、そのころジプシー女を美しいと思う感覚など、ヨーロッパには皆無だったのである。ジプシー女に関心が集まるのはメリメが『カルメン』を書いてから、ビゼーがそれをオペラにしてからのことなのだ」。

かくてお膳立《ぜんだ》てが揃った。「私」はいったんコルドバを離れてアンダルシア各地の調査に入り、マドリードに向かう途中に、ドミニク派の僧院に寄ることにした。

ところがそこで神父から意外な話を聞かされる。悪行をはたらいていたホセ・ナヴァロがやっと捕まって、明後日に特赦なしの絞首刑にかけられるというのだ。そのため神父は懺悔《ざんげ》の儀式をさせる担当になっているという。「私」は頼みこんで男に会うことにした。男が縷々《るる》語りはじめたのは……〔ということで、ここからがいわゆるカルメンとの恋と葛藤の物語になっていく〕。

ここから物語はすべてホセ・ナヴァロ（ドン・ホセ）の「語り」に切り替わる。これがメリメのナラティヴィティだった。一方、オペラのほうはここからの出来事だけで構成される。バスクの男ドン・ホセがセビリアの煙草工場で衛兵になっていたとき、カルメンに出会うのだ。

ちなみにこのときのカルメンの衣裳が鮮烈で、メリメはそんなつもりではなかったろうが、この場面からすべてのカルメン幻想が立ち上がる。黒いワンピースに真っ赤なペチコート。白い絹の靴下とモロッコ皮の靴には火色のリボン。そして唇の端にはアカシアの花。そんな恰好《かっこう》で牝馬《めすうま》のように腰をブリブリふって歩いていたのだ。ホセは言う、「旦那、こんな女を見たら、誰だって魔除《まよ》けの十字を切るはずでさあ」。魔除けの十字を切ったのはホセだけではない。世界中のカルメン・ファンがどぎまぎ・ぞくぞくしはじめた。

このあとの話はよく知られている。カルメンが煙草工場の女たちと喧嘩《けんか》をはじめ、衛兵ホセがしょっぴくことになったのだが、カルメンに頼まれてこれを見逃し、ここから「男の躓《つまず》き」と「恋慕の逆上」と「人生の転落」が始まっていく。

古びた一軒の家でカルメンは二人が買い物したばかりのものを床にぶちまける。このあと壊した皿のかけらをカスタネットにして踊り狂う場面は、ホセをおかしくさせた。営倉入りを覚悟でその家に朝までいることにしたホセに、しかしカルメンは、さあ、これで貸し借りはなしよ、さようならと言ってのける。

男の火が燃え上がらないわけがない。邪険にされたままならなんとか火焔《かえん》もおさまるが、ホセが城門で歩哨《ほしょう》の任務についていたとき、貸し借りなしのはずのカルメンが近寄ってきて、「仲間の密売人たちを城門から通させてね」と言ってくる。不覚にもホセはこの願いを叶えるのだが、こうしてカルメンは何かを頼むために擦り寄っては、そのつど去ってしまうようになる。

その後は、カルメンの「そぶり」のすべてが嫉妬《しっと》をかきたてる。連隊の仲間にカルメンが見せた「そぶり」は挑発としか思えない。ついついホセはその男を殺してしまう。それならそれで見捨てるのかというと、そこがおかしい。カルメンは負傷したホセの傷口を手当し、逃げようと言う。ホセもこれで捕まれば銃殺刑だから、出たとこ勝負にカルメンとともに密売人のアジトに入る。つまりは、ホセは体も心もめちゃくちゃ、ずたずたなのである。悪漢というものは、たいていこういうときは純情だ。

かくてカルメンが闘牛士のリュカス（これがオペラのエスカミーリョ）に色気をふりまいていると知ると、ホセは「二人でアメリカに行こう」と迫る。むろんそんなことを受けるカルメンじゃない。〔このあたり、ダニエル・デフォーの『モル・フランダーズ』やアベ・プレヴォーの『マノン・レスコー』を思い出されたい。〕

闘牛場から帰ってくるカルメンを馴染《なじ》みの家で深夜まで待ちつづけたホセは、ついに堪忍袋《かんにんぶくろ》の緒が切れた。明け方、馬に乗せて修道僧のあばら家にカルメンを押し込むと、「もう一度だけ言う。おれと一緒に暮らしていく気はないんだな」とすごむ。カルメンは「いや、いやっ」と言うだけだ。オペラでは、このあたりプリマドンナの演技が難しい。

ホセは決意した。「おまえを殺してやる」。カルメンは平気の平左《へいざ》で言ってのける、「そうなると思っていたわ」。ホセは短刀で一突き、胸を刺す。カルメンは声も立てずに黒い目を閉じた。そしてホセは「私」に向きなおって、こう、しみじみと言う。「いまでもあの女の大きな黒い目がじっと私を見つめているような気がします」……。

これで長い「語り」が終わる。ホセは墓穴を掘り、十字架と一緒にカルメンを埋めると、コルドバまで一気に馬で走り続ける。そして「私」は話の結末に、ジプシーというものがどういう者たちなのかを、カルメンの素性や個性とはまったく関係なく学術的に書き綴《つづ》る。

メリメの『カルメン』とはこういう物語なのである。カルメンの「そぶり」と「たち」を書いた小説なのだ。そこにアンダルシアとセビリアの風土を加え、そこにほんの一摘みのジプシーの風味をはらはらとふりかけたのだ。

そうなのである。この恋愛ナラティヴの逸品は、カルメンの「そぶり」と「たち」に「風土と宿命」を込めてみせたのだ。メリメの狙いはまんまと当たった。そしてカルメン幻想ばかりが肥大した。かくして、これを読む者にもこれを演出する者にもオペラを見た者にも、必ず次のセリフが飛んでくることになったのだ。「気をつけたほうがいいわよ。わたしという女は、人に何かをしてはいけないと言われると、さっさとそれをしてしまうたちなんだから」。

男は溜息《ためいき》、女は鼻息。斎藤茂太さんがおっしゃるまでもありません。男は純情、女は度胸。高倉健と藤純子《ふじじゅんこ》もそうでした。つまりは、男が炭で、女が火。いえ、男は本心、女は本気。いや、そもそも浄瑠璃のいっさいのコンセプトがそういうものでした。フランス製のスペイン浄瑠璃、かくして一巻のおわりです。♪タンターカ・タンタン、タカタターン。

第一三二三夜　二〇〇九年十月十二日

参照千夜

六六三夜：ルソー『孤独な散歩者の夢想』　四一三夜：『寺山修司全歌集』　三五三夜：プーシキン『スペードの女王』　一一三夜：ゴーゴリ『外套』　九七〇夜：ゲーテ『ヴィルヘルム・マイスター』　三三七夜：スタンダール『赤と黒』　二二四夜：ジュール・ブロック『ジプシー』　三六五夜：カエサル『ガリア戦記』　一一七三夜：ダニエル・デフォー『モル・フランダーズ』　一二八一夜：アベ・プレヴォー『マノン・レスコー』　八〇三夜：斎藤茂太『女のはないき・男のためいき』

エマは前びらきになった部屋着を着ていた。
死にたくもあり、パリへ行って住みたくもあった。

ギュスターヴ・フローベール

ボヴァリー夫人

生島遼一訳　新潮文庫　一九六五／伊吹武彦訳　岩波文庫　一九六〇／
山田𣝣訳　河出文庫　二〇〇九　ほか
Gustave Flaubert: Madame Bovary 1856

事実は小説よりも奇なりと言うけれど、実際にはどっちもどっちだ。どっちもどっちだが、作家が「奇」を衒《てら》う小説をつくるのはそれほど難しくない。状況の設定やプロットの配分によって、その気になればどんな「奇」も扱える。

ただ小説は読んでもらうものだから、読み手を誘導しつづけられないかぎり、破綻《はたん》する。「奇」の反対は「偶」である。人の世は「奇」の連続ではなくて「偶」にたゆたっている。この「偶」を文章にするのは、やや技がいる。「偶」は「遇」でもあったから、だらだらは書けない。とりわけ登場人物の「偶」を描写しつづけるには技がいる。

フローベールは十五歳のときに、トルーヴィルのホテルで会ったシュレザンジェ夫人に惚《ほ》れて魂を奪われた。この夫人は『感情教育』(光文社古典新訳文庫・岩波文庫)のヒロインのモデルになり、フローベールの自伝小説ともいうべき『狂人の手記』(角川文庫)にも出てくる。フローベールはこのときのシュレザンジェ夫人に接した感情を冷静に観察する。『感情教育』の作中人物ジュールの言葉を借りて、自分が夫人に抱いたイメージの限界を反省するのである。描写が抒情《じょじょう》に流れすぎたと反省するのだ。『感情教育』には初稿と完成版があって、ぼくには読みくらべてもそうとも思えないが、初稿での夫人に対する書き方は失敗だったというのだ。

抒情に流れて何が悪いのか。ぼくなどいまもずっと抒情に流れっぱなしだが、近代文学をつくる気でいたフローベールはそこがまるっきりちがっていた。自分のそのような「奇」の感情を抑制できなかったことが、シュレザンジェ夫人の描写を甘くしたと考えた。このシュレザンジェ夫人を抒情的に描きすぎた初稿への反省が、フローベールをして「偶」としての『ボヴァリー夫人』を書かせたのである。

フローベールの父親は北フランスのルーアンで市立病院の外科部長をしていた。エマ・ボヴァリーの最期にかけつけるラリヴィエール医師はこの父親をモデルに借りて写した。

読んでいると、作品全体に漲《みなぎ》る正確を期しているかのような分析描写は、どこか外科医のメスを思わせる。そういうフローベールの文章が執刀的だと言ったのは、口も悪いが目も利いた批評家のサント＝ブーヴだった。芥川龍之介は銀のピンセットだったが、フローベールは外科用のメスで文章を書いたのだ。

案の定、世評では『ボヴァリー夫人』は、文学史の常識では近代小説にリアリズムを初めてもたらした作品だということになった。フローベール自身も「没主観」であろうとしたことをどこかで洩《も》らした。「奇」を排して「偶」に徹したのだ。

たしかにそうなのだが、この作品を「近代写実小説の出現」ですますのは、あまりにもつまらない。「偶」の写実力は抜群ではあるが、だからといってフローベールが「没主観」にいたとは思えない。しばしばその逆のものが渦巻いている。たとえば、異常への憧《あこが》れや、空想の肯定がある。また、東洋的なるものにむかって避難してみたいという気持ちや、時間の堆積《たいせき》を確信しようとする意志が描かれている。フローベールには人格の奥にひそむ心の乱れを覗《のぞ》く好奇心も富んでいたはずだ。

フローベールがエマ・ボヴァリーをとりまく日々に次々に埋めこんだものは、写実主義とも没主観主義ともまったく異なるものだったと、ぼくは踏んでいる。

フローベールは死ぬまで臭化カリウムを服用していたような作家だった。これは二三歳のときに馬車の中で発作をおこして以来のことで、批評家によっては癲癇《てんかん》だったというが、ドストエフスキーやネルヴァルやニーチェをはじめとする文豪や哲人を、なにがなんでもすぐに癲癇だと決めつけるのはどうか。

癲癇ではなかったにせよ、フローベールが青年期このかたずっと極度の神経症に悩んでいたことは事実らしい。しばらくは硫酸キニーネを溶かしてのみ、その後は臭化カリウムを常用したことがわかっている。ともかくも、フローベールはこのような心身の激しい動揺を抱えた作家だった。

それでも、この文豪を合理精神の持ち主だとしたがる批評家が跡を絶たない。そうなるのは、フローベールが執筆のために引っこんだクロワッセの日々を朝は十時に起き出し、手紙と新聞を読み、十一時に軽い食事をとって一時から執筆にとりかかり、七時きっかりには夕食、それがすむと今度は庭を散歩するというような、そんなカントまがいの規則正しい生活をしていたことも手伝ってのことで、その律義に合理的な生活態度と『ボヴァリー夫人』におけるすこぶる正則的な描写とが、ついつい重なるところがあるためだった。

が、それはどう見ても裏返しなのである。エドモン・ド・ゴンクールがどこかでバラしていたと思うが（実は本書を読んだのも、本書に関する批評を読んだのも遠い日々のことで、どこにどんな批評が書いてあったか、いまはそういうことを調べないですませているのだが）、ゴンクールはフローベールにはそうとうの誇張癖があったと言っていた。

たしかフローベール自身がゴンクールに狂おしいほど惚れている女流詩人のことを誇張して告白したのだと思う。フローベール研究者のあいだでは有名な、当時〝ミューズ〟とよばれていたルイーズ・コレという女であった。

こういうことにもあらわれているように、フローベールは合理なんかに生きてなどいなかった。それどころか、結婚合理の仮面の下に隠れている欲望の好奇心をたぎらせていた。だからこそ、エマ・ボヴァリーがどんなに退屈な結婚生活をしていても、そのエマの視線に見えてくる衣裳や部屋や、村や町やら、俗悪で平凡な人物たちの細部を書きつくすことができた。

フローベールはエマ・ボヴァリーの素材をごくありふれた三面記事に発見した。そこから事件を拾い上げて、一人の女の日々を精緻《せいち》な筆致で拡張していった。ただし、彼女に魂を入れることだけは避けていた。そのかわり次のように描写することにした。

　エマは前びらきになった部屋着を着ていた。胸のところのショール型の折返しから三つ金ぼたんのついた襞《ひだ》のある肌着《はだぎ》がのぞいていた。帯は大きな総《ふさ》のついた縒紐《よりひも》で、えんじ色の小さなスリッパには幅広のリボンがたくさん結ばれてそれが足首までひろがっていた。手紙を書くあてもないのに、彼女は吸取紙や書簡箋《せん》やペン軸や封筒を買いこんだ。棚のほこりをはらい、鏡に姿をうつし、本を一冊手にとり、それから読みながら空想を追い、本を膝《ひざ》の上に落とした。旅行がしたくなったり、むかしの修道院に帰りたくなったりした。死にたくもあり、パリへ行って住みたくもあった。

舞台はノルマンディ地方の田舎町のトストである。そこへ自分では教養もあり感情のおもむくままに生きられると思いこんでいるエマが嫁いでくる。

夫のシャルル・ボヴァリーは六十近くの凡庸な医者で、「歩道のように平板な会話」しかできない。夫だけでなく、町もまた、まったく息のつまるような社会しか提供してない。それでエマはせめて「逞《たくま》しい褐色の髪をもつ子」を産むことで、「彼女の過去のあらゆる無力を希望でうめあわせようとする」のだが、生まれてきたのは女の子であった。失望したエマは、なんなく近在の地主と姦通《かんつう》してしまう。

あまりにあっけなくエマを籠絡《ろうらく》できた地主は、かえってエマへの関心を失う。エマがイタリアへの駆け落ちを望んでも、巧みに逃げた。これは自尊心の権化のようなエマを途方にくれさせた。エマが自殺を考えるようになるのは、このときからだ。

捨てる神あれば拾う神ありで、エマは観劇に訪れた劇場で若い書記官レオン・デュピュイと出会って恋をする。大金を払ってルーアンに住まわせ、ピアノの練習を口実に毎週会いに行く。やっと「書物のなかであれほど美しく思えた幸福・情熱・陶酔」がこういうものかと合点したエマは、ひたすら流行に凝り、「侯爵夫人のようにふるまうこと」を決意する。

けれども、この金髪の青年は〝侯爵夫人〟に見合うだけの「英雄的な行動」をとってくれない。それはそうだろう。この田舎にはそんな男は一人としているわけがない。青年はエマの空想を打ち砕いてしまう。エマは砒素《ひそ》をあおって自殺する。

十九世紀のフランスには、いずれ劣らぬ小説の名人が次から次へと列をなした。みんな「奇」と「偶」のはからいがうまく、目をさましたまま悪夢を見させる表現力をもっていた。最初はロマン・ノワールだ。

やがてノディエの「サロン・ド・ラルスナル」やスタンダールの「セナークル」などの文学サロンで、研鑽《けんさん》が始まった。主題も構成も文体も、本気で議論した。これはナポレオンがもたらした未曾有《みぞう》の社会変動が、作家や詩人たちを目覚めさせた影響である。まとめて「フランス・ロマン主義」と括《くく》ることもあるが、ユゴー、スタンダール、デュマ、ネルヴァル、ヴィニー、ミュッセイ、ゴーティエらを一括りにはしにくい。

そこへバルザックの「人間喜劇」構想が代表する実験文芸装置のようなものが登場し

てくると、それを文学史では「フランスのリアリズムの擡頭《たいとう》」というのだけれど、ナポレオン以降の社会と人間を内科医や外科医や歴史学者や社会心理学者のように書こうとする作家たちが出てきた。フローベールもゴンクール兄弟もゾラもモーパッサンも、その隊列にいた。

こんな変遷が十九世紀フランスに集中的におこったのだけれど、そこには変遷をこえて著しく共通した奇遇の競作的キャラクタリゼーションもおこっていた。それは「女という作品」をどう描ききるのかということに、集中的にあらわれた。こうしてフローベールのエマ・ボヴァリー、ゾラの『居酒屋』のジェルヴェーズや女優ナナ、モーパッサンの『女の一生』のジャンヌ、デュマ・フィスの椿姫、リラダンの未来のイヴらが作中に生まれていった。

作品は女ではない。女は作品ではない。けれども十九世紀半ばのフランスに読みごたえのある「女という作品」が目白押しになったことは、その後の作家たちに大きな指針をもたらすことになった。なかでもフローベールが先頭を切り、自身を律し、描写の彫琢《ちょうたく》をもってエマを描き、エマを描くには周囲の登場人物に細部の写実描写を与えることに気がついた。

実は『ボヴァリー夫人』には、エマ以外はろくな人物が出てこない。フローベールが、世の中とはそういうものだと決めたのだ。そうだからこそ、克明な描写が生きた。ぼくが気にいったのは、オメーという薬剤師の書き方である。この薬剤師の家に下宿していたのがレオンで、エマはそのレオンと不倫した。

オメーはたった一つの学会にしか所属していないのに、多数の学会の会員であることを言いふらし、何も研究していないのに薬局のうしろに「研究室」というプレートをかけ、「一流作家の作品を集めた図書室」を誇っているような、俗物である。けれども誰もそれを褒めないので、世間が感心するであろう『リンゴ酒の製造方法について』とか『ワタムシの観察報告書』などを自費出版する。

フローベールの面目躍如というところで、このようなオメーを描いて、そのスノビズムにエマが感嘆するように仕向けることが、エマをしてレオンによろけさせる文章展開を成立させた。このあたりが、フローベールが世界文学史に近代資本社会を代表して投げつけた「ボヴァリスム」というものなのである。

ところで、よくよく類推をめぐらしてみると、このような「ボヴァリスム」は、最近の日本のおばさんと、おばさんよりもおばさん化しつつある男たちの、ジョーシキのようなものになっている。ボヴァリスムのパイを顔面に投げつけられるのは、昨今の男おばさんと女おやじなのである。これだから名作はいつまでも現代にもはたらきかけて、ドキッとするようなことを言えるのだ。しかし、それをフローベールが書いたのは日本の安政三年（一八五六）だったということには、もっとドキッとしたほうがいいだろう。

第二八七夜　二〇〇一年五月八日

参照千夜

九三一夜：芥川龍之介『侏儒の言葉』　九五〇夜：ドストエフスキー『カラマーゾフの兄弟』　一一二二夜：ネルヴァル『オーレリア』　一〇二三夜：ニーチェ『ツァラトストラかく語りき』　三三七夜：スタンダール『赤と黒』　九六二夜：ユゴー『レ・ミゼラブル』　一二二〇夜：デュマ『モンテ・クリスト伯』　一五六八夜：バルザック『セラフィタ』　七〇七夜：エミール・ゾラ『居酒屋』　五五八夜：モーパッサン『女の一生』　九五三夜：ヴィリエ・ド・リラダン『未来のイヴ』

「ルーゴン＝マッカール叢書」という快挙。「メダンの夕べ」という文学史の事件。

居酒屋

エミール・ゾラ

古賀照一訳　新潮文庫　一九七〇／田辺貞之助・河内清訳　岩波文庫　一九五五

Emile Zola: L'Assommoir 1877

ミシェル・セールには『火、そして霧の中の信号―ゾラ』（法政大学出版局）というエッセイがあって、エミール・ゾラが同時代の知の構図を「ルーゴン＝マッカール叢書《そうしょ》」に埋めこんだ驚異を語っている。

アンドレ・ジッドは毎年夏になると、その「ルーゴン＝マッカール叢書」を一作ずつ読み継いでいたという。毎年夏になるというところが、いかにもゾラの叢書を読む気候にふさわしい。ジュリア・クリステヴァは、ゾラには悪と不幸を極限まで語る可能性が試されていると見た。ジル・ドゥルーズの『意味の論理学』（法政大学出版局・河出文庫）には「ゾラと亀裂」があるのだが、そこではゾラが作中人物の感情によらない文学的構築を試みた理由をさぐっていた。

みんな、それなりの読み方でゾラを読んできた。日本でゾラが爆発したことがないのが不思議なくらいである。むろん翻訳の質や量や版元の事情によるのであって、ここから日本の読書界の特質を云々するわけにはいかないのだろうが、ちょっと気になる。作家にとってのゾラの方法は見逃せないはずなのに、これについても小杉天外や永井荷風や島崎藤村らをのぞいて、日本の作家はどうにも淡泊だった。ということは、この三人もまたゾラ的には理解されていないということなのだろうが、ただし、これにはいささか事情がある。

小林秀雄や中村光夫が日本における自然主義文学の未成熟、ひいては「私小説の空虚」を徹底して批判したことがあった。「西洋的な自我」を借りてきてその歪《ゆが》みや停滞や崩壊を日本の作家が描いたところで仕方がないじゃないかというものだ。

この批判は当たっていた。それとともに、この鋭敏な二人に強烈な先手を食らって、作家たちが恐れをなした。だから、日本の私小説はその後、ゾラとは異なるところでタクアンの切り口などに人生の味を見いだして、ぬくぬくと羽を伸ばした。

ゾラの方法はぬくぬくとした風土や日常などというものとはまったく異なっている。峻厳《しゅんげん》だ。そこにはドレフュス事件で「作家は告発する」と言い放って行動をおこしたゾラの生真面目で徹底した社会派としての体質も関与していたが、さらにはジャーナリスティックな科学者風の分析癖も関与した。

そういうゾラを、ルイ＝フェルディナン・セリーヌは「ゾラの仕事はパストゥールの仕事に匹敵する」と書いていた。科学技術に関心をもっていたアプトン・シンクレアは「われわれはゾラみたいな作品を書きたいんだ」と本音を言った。アンチロマンの旗手となったミシェル・ビュトールさえも、「小説の実験はゾラが試みたように、小説そのものの中にある体液によらなければならない」と指摘した。

これらは、シンクレアを除いてみんな「フランスの知」によるゾラ賛歌ばかりだ。それならおフランスが大好きなはずの日本の作家や文芸者がゾラに傾倒してもよかったのだが、そうなっていない。結局、日本ではまだゾラは明らかにされてはいないと言うしかない。

エミール・ゾラは遺伝理論を文学のシンタックスにつかった。セマンティクスにさえつかった。いわば遺伝子配列を作品に流れる血の系譜につかったのだ。それがバルザックの『人間喜劇』に並称される「ルーゴン＝マッカール叢書」である。二十巻、実に二五年にわたる執筆に及んだ。

文芸的な構想の大半が計画倒れになるか、途中で挫折《ざせつ》することが多いなかで（たとえば野間宏や小田実の全体小説構想）、「ルーゴン＝マッカール叢書」ばかりは一八七一年の第一巻『ルーゴン家の誕生』から一八九三年の第二十巻の『パスカル博士』まで、たった一つの家系が生み出した人間の宿命を次々に描いて、その相貌《そうぼう》のすべてを刻んだのだ。そこには遺伝的宿命が時をまたいで演ずる苛酷《かこく》な出来事が書き尽くされた。「第二帝政下における一家族の自然的社会的歴史」という副題がつくのは、そのせいだ。ナポレオン三世時代である。

なぜゾラが遺伝理論に夢中になり、その完璧《かんぺき》な文芸化を計画したかという理由の謎は十全には解かれていない。

恵まれた気候のプロヴァンスに育ちながら六歳で父を失ったこと、急激に一家が貧窮し、同年輩のセザンヌと景色の見方を語りあったこと、十八歳で理科にめざめたにもかかわらず受験に失敗したこと、やむなく港湾局に書記として勤めるうちに、またそのあと出版社のアシェット書店で発送・宣伝・編集にかかわるうちに、人間の印象が強い類型を発していると感じたことなど、いくつものトリガーが想定されるのだが、それらが遺伝文芸大系になるトリガーなのかどうかはわからない。

ともかくもゾラは時代の宿命と社会環境の宿命と遺伝的宿命を三《み》つ巴《どもえ》にして描きたかったのである。

ルーゴン＝マッカール家の出来事をめぐる作品は、連作とはいえ、それぞれ完全に独立した作品になっている。そのように自立した物語として読まれ、かつ、それらが見えない絆でつながっているようにすることがゾラの望んだ狙いであり、周到な決意だったのである。それらの作品はいくつもが話題になったが、とりわけ第七巻の『居酒屋』、第九巻の『ナナ』、第十三巻の『ジェルミナール』、第十七巻の『獣人』がセンセーショナルな賛否の嵐をおこした。

ルーゴン＝マッカールの家系は、十八歳で孤児となったアデライード・フークの血（遺伝子）が発端になる。父親が錯乱死し、アデライードも異常な気質を受け継いだまま比較的健康なルーゴンと結婚して一男をもうけ、ルーゴンの死後はアルコール中毒者マッカールと通じて一男一女を産む。こうしてルーゴンとマッカールにより三人の子が残されるのであるが、ここからおびただしい血脈の物語が派生する。

登場人物は合計一二〇〇人にのぼる。けれども二十巻のなかの主要な人物はすべて、アデライードが交わったルーゴンかマッカールかの血をひいている。たとえば『ナナ』の主人公の女優であって高級娼婦《しょうふ》のナナは、『居酒屋』の主人公ジェルヴェーズの娘であった。

ぼくは最初、ゾラを文学作品として読んだのではなかった。ジェルヴェーズに対する憧《あこが》れの印画紙を追いたくて読みはじめた。

鬼才ルネ・クレマンの映画《居酒屋》（一九五六）でジェルヴェールに扮《ふん》したマリア・シェルが、当時のぼくの理想の女性の顔だったのだ。中学三年くらいのときだ。しかし映画のなかのマリア・シェルは理想的な優しい表情をもっていたが、ゾラの原作のなかのジェルヴェーズは、学生のぼくにはあまりにも不幸で痛ましかった。最初はどう読んでよいやらわからない。

ジェルヴェーズは遺伝的にはアントワーヌ・マッカールとジョセフィーヌ・カヴォーダンの血を引き、酒乱の父親は第四巻『プラッサンの征服』にも登場する。第三巻『パリの胃袋』の豚肉屋クヌーと、第十五巻『大地』および第十九巻『壊滅』に登場するジャンの妹にもあたる。

こういうことも最初はまったく見えてはいなかった。ゾラを読むとは「ルーゴン＝マッカール叢書」を読むことだとは、ずっとあとになって知ったことなのだ。

ジェルヴェーズは生まれながらに足が悪く、酒びたりで粗野な父親の暴力を浴びて育った。十四歳で町の革職人オーギュスト・ランティエに誘われ惑わされて、二人の子を産む。一人がクロードでのちにセザンヌ風の才能を発揮する画家になり、もう一人のエチエンヌがゾラの後半の名作『ジェルミナール』の主人公になっていく。

ジェルヴェーズは浮気な夫ランティエのことなどおかまいなく小さな洗濯屋を開き、

かいがいしく働く。映画のマリア・シェルはここではドガの洗濯女さながらに美しく、そこには慎ましく生き生きと働いて町の片隅に生涯をおえることを理想とする庶民の姿が象徴されていた（意外に思われるかもしれないが、そのころのぼくは《二十四の瞳》の女先生や《蟻の町のマリア》などの、ようするに庶民の貧しさのなかで生き抜く女性にひどく憧れていた。その傾向は倍賞千恵子のさくらにまで続いている）。

やがてジェルヴェーズはトタン職人のクーポーと再婚した。束《つか》の間の幸福がおとずれた。ところがクーポーは不慮の転落事故がきっかけで仕事を失い酒びたりとなる。そこへ娼婦遊びからも排斥された前夫ランティエが舞い戻り、ここに奇妙な三人による生活が始まる。ジェルヴェーズはしだいに生きがいを失い、極貧に耐えられず身を売り、アルコールに浸る。娘のナナはこのような環境で育てられ、のちに娼婦となっていったのである。

一八七七年に『居酒屋』を書いたゾラは、三年後に『ナナ』を仕上げる。叢書では九巻目にあたる。

ジェルヴェーズの娘アンナは家出をしたのち、身をもちくずして娼婦となり、さらに淫《みだ》らな姿態の女優ナナとして売り出し、さらには高級娼婦《クルチザンヌ》ともなって上流階級の男たちを翻弄《ほんろう》する。男たちはナナを遊んだつもりだが、ナナは男を弄《もてあそ》び、その身も心も砕いて

ルネ・クレマン監督がゾラの原作を忠実に映画化した《居酒屋》。マリア・シェルが演じる洗濯屋の“聖女”のようなジェルヴェーズが、しだいに落ちぶれ壊れていく姿に、中学生のぼくは胸かきむしられた。

映画『居酒屋』のマリア・シェル
(Photo by ullstein bild via Getty Images)

いく。そして普仏戦争の直前に天然痘に罹《かか》って、誰とも知られず死んでいった。日本語訳に最初にとりくんだのは永井荷風だった。

ジェルヴェーズの血は息子のランティエの物語として、『ジェルナミール』（一八八五）にも噴き出る。叢書の十三巻目で、ゾラの最高傑作として激賞されてきた。移住労働者のランティエが北フランスの炭坑街モンスーに入って、社会主義の熱情に駆られてストライキを決行するという話で、ゾラが亡くなったときの葬儀では、労働者たちから「ジェルミナール！　ジェルミナール！」のシュプレヒコールがおこったというほど、生前から愛読された。

ゾラは何度か炭坑街の取材や炭坑労働者のインタヴューをしたようで、そのせいか読んでいると、社会の底辺の一隅の息詰まるほどの緊張が、マッカール家の内なる血とともに伝わってくる。野間宏の『真空地帯』（新潮文庫）にはこれがない。

ゾラは社会主義の中に「逆上」を見つめ、その正体をさらに描くために、ついでは一八九〇年にジェルヴェーズの次男ジャック・ランティエを主人公とした『獣人』を書いた。マッカール家で最も危険な男となった機関士の物語だ。十七巻目にあたる。

ゾラはクロード・ベルナールの『実験医学序説』などの熱烈な信奉者であって、当時の曖昧《あいまい》きわまりない遺伝学の傾倒者だった。この作家を貶《おとし》めることにはならないだろうけれど、ゾラは「アルコール中毒は遺伝する」という俗説を信じていた。そのため作中人物の不幸はつねに過剰に血の系譜に重なっていく。

しかし、ゾラにはこの実験が必要だったのである。実験を通して時代・環境・遺伝の枠組を設定し、激震をつづける社会の中で浮沈をくりかえす「人間の鎖」を観察しきろうとした。鎖では言いすぎというなら、「人間の絆《きずな》」といえばいい。登場人物はほぼ第二帝政期のフランスの人物だが、そこには古代神話よりも濃く、中世魔術よりリアルに、近世の悲劇を城から町や店にもちこんだ「強引」が生きていた。

よくぞこんなことを仕上げたものだ。「ルーゴン＝マッカール叢書」は二五年にわたって、ほぼ毎日のように書き続けられたのである。

これだけのことをなしとげるに、ゾラはそうとうに禁欲的な日々をおくり、執筆課題に向かうための意識をたえず鍛練し、資料と動向の調査に向かえる態勢をととのえ、そして筋書きと事態と人物の描写のための「単語の目録」「イメージの辞書」「ルールの群」をつねに研ぎ澄ましたはずなのだ。文芸の仲間もふやす必要があった。有名なメダンの別荘もそのために用意した。

第五五八夜にも書いたけれど、一八七〇年代、ゾラはパリ郊外メダンの地にお気にいりの別荘を入手し、そこにユイスマンスやモーパッサンを招いて文学指導をした。「メダンの夕べ」だ。セザンヌらも出入りした。ゾラにはそのように文学を「生 - 社会」に向けての印画紙にするという猛然たる意志のようなものがあった。
ときに想うことがある。日本でゾラを本気で理解していたのは大佛《おさらぎ》次郎だったろうということを。いいかえれば大佛が『パリ燃ゆ』や『ドレフェス事件』（ともに朝日選書）にあれほどの情熱を注いだ理由を、われわれがいつしか理解できなくなっているのではないかということを。杞憂《きゆう》や危惧《きぐ》でなければいいのだが……。

第七〇七夜　二〇〇三年二月五日

参照千夜

八六五夜：ジッド『狭き門』　一〇二八夜：ジュリア・クリステヴァ『恐怖の権力』　一〇八二夜：ドゥルーズ&ガタリ『アンチ・オイディプス』　四五〇夜：永井荷風『断腸亭日乗』　一九六夜：島崎藤村『夜明け前』　九九二夜：小林秀雄『本居宣長』　一五六八夜：バルザック『セラフィタ』　一七五夜：クロード・ベルナール『実験医学序説』　九九〇夜：ユイスマンス『さかしま』　五五八夜：モーパッサン『女の一生』　四五八夜：大佛次郎『冬の紳士』

ジャンヌの結婚幻想が潰《つい》えて、
短編作家たちはみんなモーパッサンを追う。

ギイ・ド・モーパッサン

女の一生

新庄嘉章訳　新潮文庫　一九五一／木村庄三郎訳　角川文庫　一九七三／
永田千奈訳　光文社古典新訳文庫　二〇一一　ほか
Guy de Maupassant: Une Vie 1883

聖人カレンダーには「一八一九」と金文字が記されていた。ジャンヌは鉛筆でカレンダーのうちの最初の四段を消し、五月二日のところまで黒々と線を引っぱった。五月二日は昨日のこと、ジャンヌが五年間をすごした修道院の寄宿舎を出た日にあたる。
ジャンヌは背が高く、ブロンドの髪、薔薇《ばら》色の肌、陶器オランダ人形のような青い目、左の小鼻と顎《あご》の右側に小さなホクロをつけて、笑えばまわりが陽気になるほどの声をもっていた。以前は三一もの農場をもっていた父親の男爵シモン＝ジャックは、一人娘のジャンヌに屋敷のひとつをあげるつもりで、ノルマンディ特有の白い石造りの、二階には廊下をはさんで十室も部屋のある家にジャンヌを連れてきた。この宏壮な建物の一階右奥がジャンヌの部屋だった。

ジャンヌは四隅に蠟《ろう》光りのする大きな鳥がいるベッドを見て狂喜した。その夜は窓の外の月光が照らす庭さえ夢か神話のようで、いよいよ自分に幸福の予兆があることを思うと、ほとんど寝付かれなかった。あとは、いい人に出会いさえすればいい。

ジャンヌはその夜のことほどおぞましく感じたことはなかった。子爵ジュリアンは男に嫌われるほどの美男子ではあったが、その毛深い脚がベッドの脇からさしこまれたとき、思わず飛び上がり、ついでその毛むくじゃらの手が乳房を揉《も》みしだくのを耐えているうちに、それまでのすべての陶酔の夢があたふたと形をなくした幻影となって消えていくのを知った。

そして、鼾《いびき》をかいて傍らで眠っている夫の顔を見て、これが侮辱というものであることがはっきり了解できた。おぞましさの発動《アブジエクシオン》だった。

束《つか》の間の歓喜がないわけではなかった。コルシカ島への新婚旅行で、紅い花崗《かこう》岩《がん》の絶壁に囲まれた入江に着いたときのことである。ジャンヌはなんだか溢《あふ》れるような感動をおぼえ、涙をこらえることができなかった。夫はといえばこういうときの女の涙の意味がまったくわからず、ただ胴に手をまわし唇を求めてくるだけだった。それを押しのけているうちに、ジャンヌは霊感のようなものをおぼえ、清水を口に含んで夫の口に移していた。

その夜、ジャンヌの予想に反して歓喜がやってきた。それは夫によるものではないらしい。自分の体のなかの反応なのだ。二ヵ月にわたった旅行から帰ってみると、もうジャンヌにはすることがなくなっていた。夫のジュリアンも役柄を終えた役者のごとく、ただの素顔の男になっていた。

雪が降り積もる夜のこと、ジャンヌは凍え死ぬのではないかというほど震えていた。暖炉に薪《まき》をくべ、何枚も着物を重ねてみたものの、とても生きた心地がしない。

小間使いのロザリーを呼ぼうと呼鈴を押しても、いつまでも応答がない。きっとこのまま死んでしまうのではないかという恐怖にかられたジャンヌは、仕方なく夫の部屋に行くことにした。そこで、消えかけた暖炉の明かりに仄暗《ほのぐら》く見えたのは、夫の頭と並んでいるロザリーの頭であった。気が動顚《どうてん》したジャンヌは家を飛び出し、裸足《はだし》のまま雪の上を走り続ける。

熱病に罹《かか》ったらしいジャンヌを母親と医者は慰めた。ジャンヌは熱病の原因を知るべきではなかった。医者はジャンヌが妊娠していることを静かに告げた。一方、司祭の立ち会いのもとに訊問《じんもん》された小間使いのロザリーは、旦那《だんな》さまのジュリアンがずっと以前から自分を求め続けていたことを白状した。やっとの思いでジャンヌは訊《き》いた。「わたしたちが旅行から帰ってからも、おまえは夫と関係したの?」。ロザリーは俯《うつむ》いたまま答えた、「お帰りになった晩にいらっしゃいました」。ロザリーの産んだ子の父親がジュリアンであることも明かされた。

やがてフールヴィル伯爵夫妻がしばしば遊びにくるようになり、ジャンヌも気を紛らわすことができるようになった。それとともに、青白く美しい夫人とジュリアンがしばしば馬の遠乗りを愉《たの》しむようにした。ある日、伯爵がやってきて「家内はここにいますでしょうな」とジャンヌに言った。「いいえ、今日はずっとお見かけしておりません」と答えると、伯爵が唸《うな》った、「何ということを。あなたのご主人だ」。

熊のように大きな体軀《たいく》の持ち主の伯爵は丘の上の羊飼いの車輪付き移動小屋をめざして駆け上がり、そこに二頭の馬がつながれているのを発見した。伯爵は馬の手綱を抜き身の短刀で切ると、そっと中を覗《のぞ》き、しばしののち閂《かんぬき》をしっかり閉めたうえで移動小屋を一気に動かし、急斜面の谷底に突き落とした。付近の農家の連中が駆けつけてみると、大破した小屋の中には血まみれの男と女の死体があった。

それでもジャンヌはわが子が生まれると、人が変わった。息子ポールを熱狂的に愛したのである。どんな危険もポールに近づけようとせず、どんなささいなことでもポールを庇《かば》った。

ポールはほとんど勉学をしなかった。何度も落第し、なんとか最上級のクラスに進めたときは、すでに二十歳にもなっていた。金髪でみかけは立派なポールには口髭《くちひげ》が似合っていて、それがジャンヌの自慢であった。そんなときみすぼらしい老人がやってきて、一枚の紙切れを見せた。ポールがお金を工面してほしがっているらしい。ジャンヌと男爵はさっそく学校へ行ってみたが、もうずっと学校には来ていないという。

ポールは情婦の家で発見された。屋敷に連れ戻されたポールは、それでも何かというと行方をくらまし、今度はロンドンから一万五〇〇〇フランを送ってほしいと手紙をよこしてきた。ジャンヌは息子の言うとおりのことをする。気がつくと、ジャンヌの美しい髪は真っ白になっていた。

そのうちジュリアンの財産相続が決まり、ポールは十二万フランの遺産を得た。息子は増長し、金を湯水のごとく浪費して、またまたジャンヌに八万五〇〇〇フランの無心をしてきた。男爵は土地を抵当にして金を工面し、ポールはそれを元手に汽船会社をつくった。三ヵ月後、会社は二三万フランの負債をかかえて破産した。

ジャンヌと男爵は残る屋敷と農園を抵当に入れ、ポールの前進を妨げないようにした。なぜ自分はこんなことばかりしつづけているのか、ジャンヌはもはや人並みの判断力を失っていた。その事務手続きをしている最中、男爵は脳溢血《のういっけつ》で倒れ、ジャンヌが駆けつける前に息を引き取った。

その日、ジャンヌは屋敷を片付け、荷物を積み込み、街道に面した小さな家に引っ越した。陰鬱《いんうつ》な物思いにふけるばかりのジャンヌは、あるとき屋根裏部屋で昔のカレンダーを見つけた。「一八一九」としるされている。あの年のことだ。そこには、ジャンヌが寄宿舎を出た日まで線を引いた聖人カレンダーがそのままにあった。ジャンヌの目には涙がいっぱい溢れてきた。

ふいにジャンヌは自分がこれまで生きてきた日々を、もう一度見たいと思った。それしかあるまいと感じた。そして恐ろしいことを始めた。カレンダーを一日ごとに壁にピンで留め、このとき何があったかをひとつずつ思い出しはじめたのである。


ギイ・ド・モーパッサンは一八五〇年にノルマンディ地方で生まれた。父との仲に破《は》綻《たん》がおとずれた母はギイと弟を連れて別荘に入り、ここで文学教育を施した。

実際のモーパッサンの文学の師は母の友人で名付け親でもあったフローベールだ。パリに出てからの七年間、モーパッサンが書いた作品のすべてがフローベールの目を通っている。紅葉と鏡花の関係に近い。

フローベールが教えたことは、たとえば次のようなことだった。「もしも一つの独創性をもっているなら、なによりもまずそれを引き出さなければならない。もしももっていないなら、なんとかしてその一つを手に入れなければならない」「燃えている火や野原の一本の木を描写するには、その火や木がほかのどんな火や木にも似ていないものになるまで、じっとその前に立っていなければならない」。

一八七四年、フローベールからエミール・ゾラを紹介された。すでに名声も収入も得ていたゾラは、パリ郊外のメダンに別荘を買い求めてユイスマンス、セアール、エニック、モーパッサンたちを呼び、「メダンの夕べ」という文学サロンを開いた。このときのモーパッサンの最初の傑作が『脂肪の塊』（岩波文庫）である。一八七〇年の晋仏戦争に一兵卒として参加して、惨《みじ》めな体験をしているのだが、その厭戦《えんせん》体験を描いた。

それから十年間にわたってモーパッサンは男と女をめぐる小説を書きつづけ、フローベールとゾラが教えたことをさらに徹して没個性的な文体作法を完成させた。想像されているよりも文学理論で脇をかためてもいる。このことは『ピエールとジャン』（新潮文庫）の序文の小説論によくあらわれている。

やがてモーパッサンに「心の病い」が忍び寄るようになっていた。怪奇小説『オルラ』を書いているうちに気がおかしくなると、やがてネルヴァルと同じ病気で、同じ病院で死んだ。なんと四二歳だった。

二、三、感じてきたところを綴《つづ》っておく。

モーパッサンのデビューは偶然に乗りあわせた娼婦《しようふ》を描いた『脂肪の塊』だが、これは普仏戦争のあとに書かれたもので、日本でいえば幕末維新の時期にあたっている。ヨーロッパにおいて、フランスがフランスの、ドイツがドイツの「自決の感覚」をもつのは、普仏戦争のあとからで、ゾラやモーパッサンの作品群はこの戦争の「むなしさ」と表裏一体になっている。

この時代はまた、空想社会主義の残響とアナルコサンジカリズムの労働者の動向とマルクスの共産主義とバクーニンのアナキズムが社会のそこかしこを「明日をも知らぬ思想戦線」に巻きこみ、小さな凱歌《がいか》と挫折《ざせつ》をくりかえしていた時期でもあって、これはナポレオン時代と第二帝政時代が生んだバルザックやスタンダールやユゴーとは、おのずと切迫するものが異なっていたということである。それにもかかわらず「女という作品」が十九世紀フランスの文芸にみごとに結実していったことは、ぼくが早稲田のフランス文学科でまっさきに実感したことだった。

モーパッサンは短編が珠玉のようにすばらしい。その珠玉は傷がついていて、フラジャイルなのである。そこがいい。たとえば『初雪』（高山鉄男編訳『モーパッサン短編選』岩波文庫）という作品は、肺を患う若い妻がカンヌの海辺に療養に来ながらもさらに青ざめ、白い指を透かせているという描写のなかで、夫への復讐《ふくしゆう》をしそこねたことを美しく悔やむという、なんとも切ないものになっていて、なるほど芥川は一部始終を倣《なら》ってみたくなっただろうなと思わせるのである。

一八七四年に第一回印象派展が開かれ、モネの《印象・日の出》などが出品された。このときモーパッサンは二三歳で、その後は印象派とともに執筆が続いた。このことはユゴーの『ノートルダム・ド・パリ』や『レ・ミゼラブル』が写真家ナダールがパリを撮り始めた時期と一緒だったということとともに、何かを同期させている。印象派の「湿潤」はモーパッサンの「湿感」に、どこかで共鳴しあっていた。

第五五八夜　二〇〇二年六月十三日

参照千夜

二八七夜：フローベール『ボヴァリー夫人』　八九一夜：尾崎紅葉『金色夜叉』　九一七夜：泉鏡花『日本橋』　七〇七夜：エミール・ゾラ『居酒屋』　九九〇夜：ユイスマンス『さかしま』　一二一二夜：ネルヴァル『オーレリア』　一五六八夜：バルザック『セラフィタ』　三三七夜：スタンダール『赤と黒』　九六二夜：ユゴー『レ・ミゼラブル』　九三一夜：芥川龍之介『侏儒の言葉』

第四章

力と愛と罪

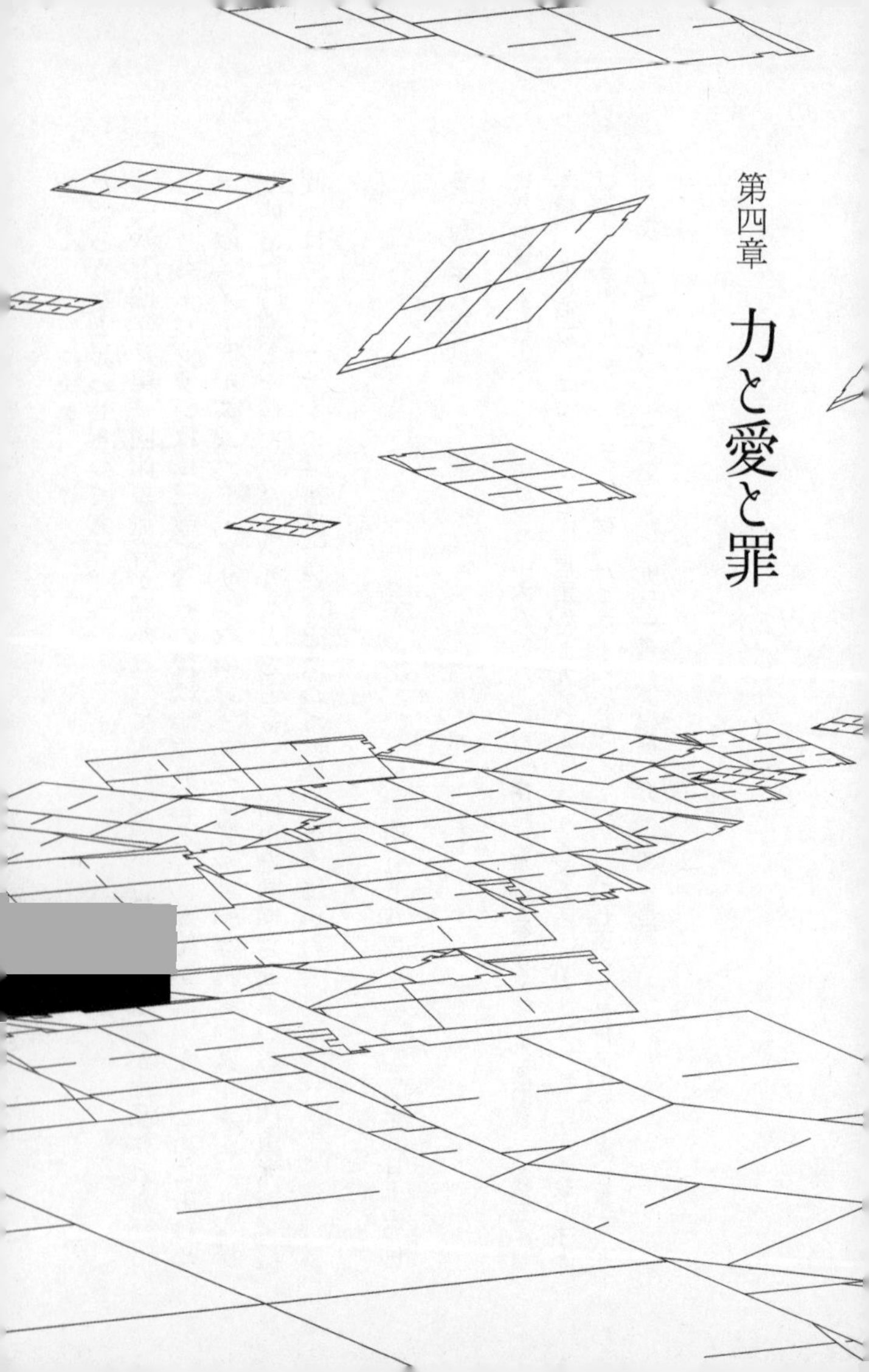

スタンダール『赤と黒』
ヴィクトル・ユゴー『レ・ミゼラブル』
アレクサンドル・プーシキン『スペードの女王』
ニコライ・ゴーゴリ『外套』
フョードル・ドストエフスキー『カラマーゾフの兄弟』
レフ・トルストイ『アンナ・カレーニナ』

ぼくの覚束《おぼつか》ない青春を染め抜いた
ジュリアン・ソレルの野望と不埒《ふらち》と挫折《ざせつ》について。

スタンダール

赤と黒

桑原武夫・生島遼一訳　岩波文庫　全二巻　一九五八　／　小林正訳　新潮文庫　一九五七　／
野崎歓訳　光文社古典新訳文庫　二〇〇七　ほか
Stendhal: Le Rouge et le Noir 1830

六〇年代、西銀座みゆき通りの角に「ジュリアン・ソレル」という店があった。ちょっと洒落《しゃれ》た店で、一階はエドワーズを売るブティックで伊坂芳太良《よしたろう》のポスターが飾ってあって、瀟洒《しょうしゃ》な鉄製のちょっとだけアールデコな螺旋《らせん》階段を上がると、濃い目の珈琲が飲め、パンケーキが頼めた。

みゆき族、エドワーズ、コットンパンツは三つ揃いだった。ぼくはそのころのガールフレンドのIFに連れられて、ドキドキしながら珈琲をがぶ飲みしたものだ。それからは一人でもよく行ったし、彼女に丁重に振られてからはあまり親しくない女の子を連れってもいった。とくに日生劇場でソポクレスやラシーヌやらを見たあとは、劇場の地下の「アクトレス」に行くか、それとも「ジュリアン・ソレル」に行くかで、その日の気分の行方が決まった。

日生劇場から泰明《たいめい》小学校と月光荘をへて「ジュリアン・ソレル」に行くにはみゆき通りが一番だったのである。

ジュリアン・ソレルとは、スタンダールが『赤と黒』で描いた野心的な青年主人公のことである。一八三〇年の作品で、フランスは七月革命に突入する直前にあった。物語の舞台はそれより少し前になる。

ジュリアンはフランス東部、スイス国境沿いのヴェリエールの貧しい材木屋の倅《せがれ》である。持ち前の才気と美貌をいかして立身出世を希《ね》い、富裕層、政治家、軍人、僧侶にとりいって、最初はナポレオンのような軍人をめざし、王政復古がおこってからは聖職者をめざした。「赤」（軍人）と「黒」（聖職者）を天秤にかけたのだ。

立身のきっかけは、製釘《せいてい》業を営む町長のレナール家（新潮文庫ではレーナルと記述されている）の家庭教師を引き受けたことだ。たちまちレナール夫人と懇《ねんご》ろになり、最初はこの不倫を今後の社交力のための手立てにしようというつもりだったのだが、夫人に篤《あつ》く接せられるうちに、その愛の深さと優しさに引き込まれてしまう。けれども小さな町の一つ家でのコソコソした気配が伏せられるはずがない。二人の噂は町中に知られ、町長の立場も悪くなる。

やむなくブザンソンの神学校に入ることになるのだが、校長のピラール神父はジュリアンが聖職者の日々には向いていないものの、その才能が惜しいと見て、パリの大貴族ラ・モール侯爵の秘書に推薦する。秘書の仕事といっても、俗物たちのあいだに控えて気の利いたことをする程度のこと、うんざりだ。なかでも仕事の合い間ごとに侯爵の令嬢マチルドが自分を見下す態度をとるのが、気にいらない。「黒」がダメなら「赤」でいく。その高慢な鼻をへし折ってやろうと征服を誓ってみるのだが、かえってマチルドが靡《なび》いてきた。二人は触れあい、マチルドは妊娠する。

二人の関係はもちろんラ・モール侯爵にバレる。烈火のごとく怒る侯爵に対してジュリアンは潔く身を引くそぶりを見せるが、一歩も引かず愛を貫くマチルドにしだいに翻弄されていく。根負けした侯爵はジュリアンを憎みながらも、出世の道と財産を与えてやるため、レナール夫人に身元照会を乞《こ》うた。レナール夫人の書状は、良家の婦人を誘惑しては、その財産を思うままにしようとするジュリアンの行状を告発するものだった。

これですべてはおジャンである。すべてを失ったジュリアンは放心状態で故郷に戻り、ピストルを購《あがな》ってレナール夫人めがけて引き金をひくが、失敗し、捕縛される。マチルドの一途な奔走もむなしく、また一命をとりとめたレナール夫人の嘆願書の甲斐もなく、裁判では満場一致で殺人罪が決定し、死刑が宣告された。死刑囚の監房で、レナール夫人の本心と変わらぬ愛情に触れたジュリアンは、刑の執行に静かに臨んでいく……。

急いで梗概《こうがい》を書けばこういう筋立てだが、中身はかなり委曲を尽くしたものになっている。もともとスタンダールはこの話の素材を当時のニュース記事から採った。

ひとつはグルノーブル近くの寒村でおこった事件で、元神学生がかつて家庭教師をしていたミシュー家の夫人を狙撃《そげき》して重傷を負わせた。青年は貧しいけれど才能を買われて神学校に入り、ミシュー家の家庭教師になって恋愛事件をおこし、あらためてグルノーブルの大神学校に行くがすぐに放校になり、ミシュー家に紹介されたコルドン家の家庭教師となるもその令嬢と恋に落ちて追放され、すべてを逆恨みしてミシュー夫人を襲ったのである。死刑になった。

もうひとつは、浮気をした情婦を射殺して自殺を企てた青年の事件で、これら当時の青年の「忿懣《ふんまん》やるかたなし」の心情をスタンダールが『赤と黒』として拡張させたわけである。当初は「一八三〇年年代記」という副題を付けていた。

読めばわかるが、かなり細部が書きこんである。冒頭ではジュリアンが病弱で読書好き、「聖書」を暗誦《あんしょう》するほどの記憶力があって、そのころのブルジョア的貴族社会を憎んでいたこと、レナール家の家庭教師となっておずおずとしている心境、それが可愛く思えるレナール夫人が「姦通《かんつう》」という言葉を必死に払いのけようとしている様子などが、いきいきと綴《つづ》られている。

パリのラ・モール邸での進捗《しんちょく》も、よくよく物語の「機微」が尽くされている。そこはナポレオン三世期のブルジョア・サロンの典型なのである。それがジュリアン・ソレルの目とマチルドの肌で鼻もちならないものとして描写されていく。そこに、サロン社会に倦《あ》きているマチルドが感じるジュリアンの魅力と、高慢なマチルドごと世間を凌駕《りょうが》したいと思っている青年の魂胆とのずれが生じ、二人とも何かを「獲《か》ちとりたい」という気概がしだいに反転して、妖《あや》しく焦げつく恋情に変化《へんげ》する。こういうところもじれったく描かれていて、『赤と黒』を名作にさせた。

畢竟《ひっきょう》、『赤と黒』を読むことはジュリアン・ソレルの野望と不埒と挫折をどう読むかということに尽きる。みんな、そう読んだ。

その読み方で一番おもしろいのはタカラヅカ的に読むことだろう。「ジュリアン！」「マチルド！」というファルセットな声が聴えてくる。それを右の端におくとすると、左の端には大岡昇平のような読み方がある。そういう読み方をすると、スタンダールの書きっぷりが税務署の調査のごとく克明に見えてくる。中間にはきっとイポリット・テーヌのような読み方があるのだろう。テーヌは『文学史の方法』（岩波文庫）、『近代フランスの起源』（角川文庫）、『芸術哲学』（大村書店・東京堂）などの著書があるフランスの社会哲学者だが、近代人は自由や革命を求めるのではなく、力と愛をめぐって互いに「必要なもの」を求めるものだと説明して、バルザックやスタンダールを論じた。

ぼくは高校時代にタカラヅカ読みをして、大いに楽しんだ。親友の安田毅彦から「おまえ、ジュリアン・ソレルを気取るんじゃないだろな」と揶揄《やゆ》されたほどだ。それからぬか、それから十年もたってレナール夫人ならぬS未亡人と昵懇《じっこん》になったときは、ふと安田の言葉を思い出した。S未亡人はふだんは静かな淑女だが、事にいたると信じがたいほどに激しい女性で、ぼくは這々《ほうほう》の体で逃げ出して、遅れてきたジュリアン・ソレルにすらなれなかった。

四四歳のころ『パルムの僧院』（新潮文庫）に続いて、ふたたび『赤と黒』を読んだときは、タカラヅカ読みでも大岡昇平読みでもなくなっていた。細部の文章に付きあえた。バルザックやフローベールにも感心したが、スタンダールの人物相互間の「心の綾」を織りこむ文章がおもしろかった。再読する気になったのは、スタンダールが『赤と黒』を着想したのがちょうど四四歳だったからである。そういう符牒《ふちょう》はときどき読書を愉快にしてくれるものなのだ。スタンダールがこんな遅くに作家デビューしたことも、読んでいるとその理由が見えてくる。

晩成作家になる前のスタンダールが何をしていたかは、けっこうわかっている。愛する母親を早くに失い、イエズス会の司祭が家庭教師になったためカトリック・パワーへの反発が生涯にわたる教権不信を募らせた。

陸軍の軍人になりたかったのに連隊生活があまりに低調しごくなので退官してしまったのも、父親からの送金が大金だったのでパリに出て劇場通いをしたのも、メラニーという蓮《はす》っ葉《ぱ》な女優を愛人にしてマルセイユに遊んだのも、しょせんは虚栄心を満たすためであったことを本人が申告している。それからのスタンダールも、陸軍経理補佐官に就くとカブリオレ（軽装馬車）を仕立ててコーラスガールと同棲《どうせい》を始めたこと、手当たりしだいに既婚の夫人を物色したもののたいていは首尾が悪かったこと、そして何といってもナポレオンに憧《あこが》れて戦地に赴き、ナポレオンとともに失意に落ち込んだことなど、のちの作品の諸場面に生きていることばかりだ。

一八三〇年の革命でルイ・フィリップが王位についたころからは奇妙な焦燥に駆られたようだ。一八二二年に有名な『恋愛論』（新潮文庫・岩波文庫）を発表するのだが、いまでは恋愛論の古典となったこの名文も、十一年間に売れたのはたった十七部なのである。本人は焦ったことだろう。

それもそのはずで、これは自殺した一人のイタリア青年の手記という体裁で、しかもスタンダールがミラノで惚《ほ》れた人妻マチルデ・デンボウスキに向けて自己弁明している意図が出すぎていた。最初の小説『アルマンス』（人文書院・全集5）もまったく無視された（この作品はたしかアンドレ・ジッドが絶賛しているはずだが、それは不能者が主人公になっているというだけの理由ではないかと思われるほどで、どうみても傑作ではない）。

この焦燥と矛盾だらけの性格がスタンダールにはどうにも抑えられない。情に動かされやすいがひどく内気で、仕事に熱中できるくせにそこに目的がなく、友人にするには楽しいが友人たちへの敬愛はとんとなく、偏見に満ちているのにその偏見とは逆の見解が披露でき、自惚《うぬぼ》れ屋だがその自惚れによる成功率は極端に低い。ようするにまったくセルフコントロールができない男……それがスタンダールだった。こんな男に誰が付きあうか。書いてみせるしかなかった。

スタンダールの性格は、五十代になって一気に書いた五〇〇ページにのぼる自叙伝のなかによく露出している。けれどもセルフコントロールができないからこそ、小説ではセルフコントロールもミューチュアル・コントロールも徹底されたともいえる。ただ奇妙なのは、日記も書き、自叙伝も書いたスタンダールが、物語については自分でプロットをどうしても創り出せなかったということだ。

これはおおむね定着した世評だが、バルザック、ディケンズ、スタンダール、ユゴー、メリメらはまさに並び称されていい同時代作家だったのに、なかでは一人スタンダールがまったく創作能力が欠けていたという評判なのである。理由はわかっている。頭のなかにプロットが創れない。『パルムの僧院』も『赤と黒』も『リュシアン・ルーヴェン』も。みんな、そう批評した。にもかかわらずスタンダールこそはこの五人のうちで最も独創的だったのである。

なぜなのか。スタンダールは物語についてではなく、自分自身の欠陥というものについて、他の作家よりずっと独創的だったのだ。そこはジェラール・ド・ネルヴァルにこそ近い。ただしその独創はネルヴァル同様に同時代にはほとんど理解されなかった。スタンダール自身も理解が得られるとは思わなかった。けれどもひそかな自信はあったのである。「ぼくの作品は一八八〇年か一九三五年に読まれることになるだろう」と言っていた。その通りになった。

同時代人からスタンダールが軽視されたり無視されたりしていたということは、ジュリアン・ソレルもまったく理解されなかったということである。スタンダールと親しかったメリメすら、あんな青年がいるはずがないと書いた。レナール夫人やマチルドも当時の世相のどこからも憶測のつかない人物だった。

それにもかかわらずスタンダールがジュリアン・ソレルをあのように描きえたのは、

いまではそれが「心理」のレベルで描かれたからだということになっている。当時は「心理」で物語を読むという下地が読者になかったから、スタンダールの作品は無視されたというのだ。

そうでもあろうが、この批評はまったくつまらない。スタンダールは「心理」というよりも、さしずめ「情理」とでもいうべきを書いた。そして、その「情理」にぴったりの、いわば「景理」を配した。そうでなければあんなふうに文章を陶冶《とうや》できなかったはずである。スタンダールの文体は自身の欠陥を補う登場人物の描写のために磨かれたのだ。ジュリアン・ソレルはその「情理」の徹底であり、『赤と黒』はそのための「景理」なのである。

そういえば、いまはうっすらとしか憶えていないのだが、ジュリアン・ソレルをジェラール・フィリップが演じた映画があった。レナール夫人はダニエル・ダリューだったと憶《おも》う。

そのなかに、岩波文庫でいえば一〇〇ページをこえたあたりになるのだが、ジュリアン・ソレルが森に入って巨岩の上に立つ場面がある。タカラヅカ読みをしたころに一番印象にのこった場面で、ここでやっとお目当てのジュリアン・ソレルの野望が象徴されるところなのだが、そのときジェラール・フィリップの胸が大きく膨らんだ。蟬時雨《せみしぐれ》がぴたりと止《や》んで、眼下をハヤブサがゆっくりと旋回をする。ジュリアン・ソレルはそこでナポレオンになる決断をする。いまふりかえると、ぼくがジュリアン・ソレルから甘受したものは、この胸の膨らみだったのかもしれない、そんな気もしてくる。膨らみは無惨に失敗して萎《しぼ》む。二三歳で処刑されるのである。最後の最後まで、ジュリアンの野望には革命も政治も理想もつきまとわなかった。つきまとったのは女たちだけである。

ちなみに比較するわけではないが、青年期のぼくにはいっさいの野望がなかった。中学時代に〝哲学者〟とか〝天文学者〟という将来がちらりと過《よぎ》ったことはあるが、ただそれだけ。青年期、多少とも胸に描いたのは「できるかぎり表現にむかって自由でありたい」という程度のことだった。また、家族や親戚の「柵《しがらみ》」からはできるだけ遠のこうとしたことだ。

そこでまた余談として思い出すのだが、ぼくにはかつて密《ひそ》かに決意したことがある。もし自分が学問をするのならば、三つの領域だけに限定しようという方針があった。ひとつは「鉄学」である。これはひたすら「鉄」を相手にする。少しは書いた。もうひとつは「尾学《びがく》」というもので、人間が喪失した「尾」を追いかける。尾っぽをトーテムとした故郷喪失論にあたる。そして三つ目の最後が「恋学《れんがく》」あるいは「夢学《むがく》」なのである。恋あるいは夢なら研究所をつくってもいいと思えたのだ。

恋学はその後まったく手をつけていない。鉄学をのぞいて、尾学にも夢学にもとりくんではいない。それと同じかどうかは知らないが、スタンダールもまた「男は公約などしないで生き抜くべきだ」と言っていたらしい。

第三三七夜　二〇〇一年七月十七日

参照千夜

六五七夜：ソポクレス『オイディプス王』　一五六八夜：バルザック『セラフィタ』　九七八夜：フランク・ロイド・ライト『ライト自伝』　九六〇夜：大岡昇平『野火』　二八七夜：フローベール『ボヴァリー夫人』　八六五夜：アンドレ・ジッド『狭き門』　四〇七夜：ディケンズ『デイヴィッド・コパフィールド』　九六二夜：ユゴー『レ・ミゼラブル』　一三二三夜：メリメ『カルメン』　一二二二夜：ネルヴァル『オーレリア』

何が「ああ無情《レ・ミゼラブル》」だったのか。
ぼくは大人になるまで、まったくわかっていなかった。

レ・ミゼラブル

ヴィクトル・ユゴー

豊島与志雄訳　岩波文庫　全四巻　一九八七／永山篤一訳　角川文庫　全二巻　二〇一二　ほか
Victor Hugo: Les Misérables 1862

書きたいことも、書かなければならないことも、書いたほうがいいだろうこともいっぱいある。作家はいつもそう想っている。ユゴーなら、たとえばグロテスクについて、アナンケについて。グロテスクは石っぽいことを、アナンケは運命っぽいことをいう。読者はどうか。読者だって読みたいことも、読んでおきたいことも、読みこんでみたいこともいっぱいある。今夜はいったい何が「レ・ミゼラブル」なのか。何が「ああ無情」なのかということをめぐりたい。

黒岩涙香《るいこう》が翻案した少年少女向け『ああ無情』（初期の標記は『噫無情』。明治三五年から「萬朝報《よろずちょうほう》」

に一年間連載）を、何度も読んだ。ぼくたちがさしかかるかもしれない人生の全部が書いてあるのかと見えた。それからずっとたって、岩波文庫の『レ・ミゼラブル』が七冊にもなることを知って、びっくりした（最近、この七冊が分厚い四冊組になった）。これはアレクサンドル・デュマの子供用『巌窟王《がんくつおう》』が大人用の『モンテ・クリスト伯』では文庫七冊になるのに次いで、びっくりしたことだ。

そのうち、これも少年少女向けの『ノートルダムの傴僂男《せむしおとこ》』としてドキドキしていた最初だったろう。胸を突き上げるような痛切と哀歓がある。こちらのほうがユゴーと向きあった最初の『ノートルダム・ド・パリ』（岩波文庫）を読んだ。こちらのほうがユゴーと向きあった最初だったろう。胸を突き上げるような痛切と哀歓がある。奈落《ならく》と天界を脱兎《だつと》のごとく昇降する落ち着かない感情が走る。両極に離れあう美醜の二者がくんずほぐれつ溶融していった。それが、まわりまわってノートルダム寺院の石造構造そのものであったという根本結構を提示していただなんて、ユゴーという表現者はいったいどこまで凄《すご》いのか、どこまで知っているのか、そういう感銘をもった。

ついでに言っておくが、ユイスマンスの『大伽藍』（光風社出版→平凡社ライブラリー）もマンディアルグの『大理石』（人文書院）も、結局は『ノートルダム・ド・パリ』だということだ。

ずっと感じていたことだが、ユゴーの言う「レ・ミゼラブル」は英語にならない。英語の「無情」は“ruthless”で、少しカジュアルに言っても、“stonyhearted”とか“cold”とか“cruel”になって、冷酷無情というふうになる。フランス語でも「無情」にあたるのは、“impitoyable”で、英語に近い。

仏教語にも「無情」はあるが、こちらは「有情《うじよう》」に対比する言葉で、生命《いのち》の息吹が与えられていないものという意味になる。ユゴーの「レ・ミゼラブル」はこれらから離れて「みじめな人々の物語」というニュアンスが強い。「みじめ」なら英語は“misery”などになるけれど、これは苦痛や不幸や不平がともなってきて、またまたユゴーっぽくはない。

それなら和語の「あはれ」が近いかというと、そうでもない。「もののあはれ」は日本的王朝感覚がとらえた様子を感嘆する。ユゴーの無情は社会や人間に向いている。しかしあるとき、ユゴーにも様子を見るクセがあったのではないかと思うようになった。

遅ればせながら、ジョン・ラスキンを読んでいて知らされた。ひとつは、ユゴーがフランス最大の詩人であったことである。『静観詩集』（潮出版社・ユゴー文学館1）は神秘が圧倒していた。

もうひとつは、ユゴーが自然観照においても他を抜きん出て、その岩石や鉱物に充《み》ちた山塊を描いた絵画に、ラスキンがターナーに匹敵する賞賛をおくっていた。さっそく調べまわってユゴーの絵をいくつも見たが、その通り。まさに岩石と鉱物が如実なタッチで表現されていた。そこには、あきらかに「グロテスク」（岩塊的観照性とでも訳しておきたい）の本質に迫る表現力が横溢《おういつ》していた。なんだそうか、そうか、グロテスクの讃美はユゴーこそが近代における確立者だったのかと了解できた（だから石造のノートルダム寺院なのである！）。

これものちに知ったことだが、このことはガストン・バシュラールもうすうす気がついていた。バシュラールは文学が「稠密《ちゅうみつ》な箱」であると見抜いていた。そこに「意志」があると見抜いていた。ユゴーは、このグロテスクを自然そのものがもつ宿命と人間がもつ宿命との「意志の対比」として理解した。だからこそノートルダム寺院では聖職者フロロと怪人カジモドが対照されたのである。

というわけで、ヴィクトル・ユゴーはとんでもない。説明がつかないようなことを仕出かしている。そのユゴーが日本語にすると四〇〇字詰にして約五〇〇〇枚をかけて「無情」という刻印をした。どんな刻印だったのか。

ヴィクトル・ユゴーは十九世紀フランスそのものである。一八〇二年に生まれて一八八五年に八三歳の生涯を閉じたからではない。

第一に、父親があまりにナポレオン主義者だった。ユゴーが生まれたのはナポレオンが皇帝になった二年前で、そのまますぐにマルセイユ・コルシカ島・エルバ島・ナポリに、ナポレオン軍の将校だった父とともに転々とした。まるっきりのナポレオン同行者だ。ナポレオンは正真正銘の情熱的なナショナリストであって、王位簒奪《さんだつ》者であって、革命実行者である。そのナポレオン軍の日々をユゴーの父が一途に追ったことは、ユゴーをたえず政治的騒動にまきこみ、愛国思想を植え付けた。

第二に、ユゴーが生きたフランス十九世紀はその政治体制が史上まれにみるほどに変転きわまりなかった。政治文化もめまぐるしく動いた。イタリアや幕末明治の比ではない。トップに立つ者の交替が過激に政治文化をいちいち色付けた。そのなかでユゴーは父譲りの王党派にいたことで、ゆさぶるような激動に巻きこまれる。ナポレオンが崩落したのちに王政復古をとげ（一八一四〜一八三〇）、それが壊れて（七月革命）、オルレアン家のルイ・フィリップによる立憲王政になり、さらに一八四八年の二月革命で第二共和政になったかと思うまもなく、ルイ・ナポレオンが出てきてクーデターをおこし、ナポレオン三世となって第二帝政になった。

ユゴーはこのときナポレオン三世に接近した状態にいて、王党派議員にさえなったのだが、やがて関係は冷え、ベルギーに引っこんだ。ところがナポレオン三世はプロイセンと普仏戦争（一八七〇〜七一）をおこしてあっけなく敗退して、スダンで捕虜になってしまう。この混沌《こんとん》を突いておこったのが、かのパリ・コミューンの動乱である。青年ランボオがちょろちょろしていた。

ユゴーは政府軍の苛酷《かこく》な弾圧に怒りを禁じえず、コミューン参加者がベルギーに亡命してくるなら自分が保護するという声明を出した。めまぐるしい変転のなか、政治文化そのものがつねに色付きと表情と価値観を変えた。そんな逆向きの気運が、あのフランス革命をおこした自由・平等・博愛の国でおこったのである。

これらのことは近代史のなかでもそうとうに特異な出来事で、このことを勘定に入れないでは、近代フランス文学は一も五もわからない。このなかでバルザックもスタンダールも、ラマルチーヌもシャトーブリアンも、フローベールもランボオも、その精神を動乱させた。

第三に、十九世紀フランスの中葉を飾ったのはロマン主義であって、その中心にユゴーがいたということだ。

フランスにおけるロマン主義は長めに見ると一八三〇年から一九三〇年にまでわたっているが、その最初の絶頂を「フランボワイヤン（真紅）のロマン主義」という。フランボワイヤンをひっさげて、ユゴーはロマン主義の頂点に立った。『ノートルダム・ド・パリ』も『レ・ミゼラブル』も浪漫真紅な文学のド真ん中をつくった。

これは何を意味しているかというと、ギリシアやローマに対する憧憬《しょうけい》を下敷きにした古典主義と擬古典主義が崩れて（それはディドロあたりで先駆していたのだが）、文学が自国自民族の歴史や文化に回帰しようとしたことをあらわしていた。加えてスタール夫人やシャトーブリアンによってカトリシズムが復活し、その動きをまきこんだラマルチーヌによって王党主義が芽生えていた。

日本でいうなら中国的な漢意《からごころ》を捨て古意《いにしえごころ》に入るということになるけれど、フランスのばあいは封建幕藩体制ではなくて、すでにフランス革命をおこした近代ブルジョワ社会があった。そのため王党主義はもうひとつの革命意識であったプロテスタントの宗教革命を切り捨て、ナショナリスティックなロマン主義を波及させていった。

ユゴーの拠《よ》り所はここにあった。ユゴーが創刊した「コンセルヴァトゥール・リテレール」という雑誌の名前に、このことは端的に象徴されている。「文学保守」という意味である。

第四に、ロマン主義擡頭《たいとう》のこの時期は、劇場性と演劇性が芸術文学活動の切り札になっていて、この面でもユゴーは颯爽《さっそう》と先頭に立っていたということがある。とくに有名なのはエルナニ事件だ。

七月革命直前（一八三〇）、ユゴーの『エルナニ』（岩波文庫）がコメディ・フランセーズで初演され、古い文学と新しい文学の衝突現場となった。このときユゴーを奉じる青年たちは劇場に陣取って、沸き上がる野次《やじ》を制して舞台を圧倒的成功に導いた。王党ロマン主義は『エルナニ』の舞台によって確立したといってよい。ついでに言っておくけれど、近代フランスにはこういう舞台をめぐる闘争の習俗があるからこそ、アルフレッド・ジャリやトリスタン・ツァラやディアギレフやジャン・コクトーの劇場闘争が、たえず芸術運動の意相を破る突破口になってきたわけである。

第五に、これも看過できないことだろうが、ユゴーには降霊術に心酔した時期があった。右にも書いたように、ユゴーはナポレオン三世の追捕を逃れてベルギーのブリュッセルに引っこんだのだが、その期間、ジャージー島に滞在する。この島は風光明媚《めいび》な外観とは裏腹に、なんと幽霊がひんぱんに出る島だった。そこへもってきてユゴーをぞっこん気にいった驕奢《きょうしゃ》なジラルダン夫人が島に乗りこんできて、毎夜、降霊術の宴《うたげ》を開くようになった。最初のうちユゴーには迷惑だったらしいのだが、ところがある夜、テーブルが動いた。それだけでなく、セーヌ河に溺死《できし》してそのころのユゴーを悲しませていた愛娘《まなむすめ》の霊が出た。

これでユゴーはすっかり心霊神秘主義に浸っていく。『静観詩集』はこの時期の感覚が言葉になっていて、W・B・イエーツに共感がある者なら、こういうユゴーの詩は見逃せない。しかし降霊術もやはりこの時代の典型的な産物なのである。流行だった。ユゴーはこうした十九世紀フランスの時代の潮流の大半を呑《の》みこみ、その光景に紛れていったのだ。

このような背景と体験をもってユゴーは『ノートルダム・ド・パリ』を書いた。大聖堂司教補佐のクロード・フロロ、大聖堂の前庭で踊るロマのエスメラルダ、そのエスメラルダにありったけの純情を寄せる鐘つき番のカジモド。この三人が寺院を舞台に三《み》つ巴《どもえ》に絡まった。

聖職者フロロはカジモドにエスメラルダを攫《さら》わせておいて、密《ひそ》かな欲望を成就しようとした。エスメラルダは王室近衛《このえ》兵の隊長に心を奪われていて、フロロはそれが許せない。フロロは我が身を制御できずに、策略を用いてエスメラルダを絞首刑にする。そこでカジモドがフロロを殺す。

こういう設定は対比された宿命を石造的に描こうとする「グロテスク」の方法をユゴーが独自に文芸的に獲得したということであって、また「アナンケ」(運命・宿命)の主題にユゴーが立ち向かったということである。

ユゴーはこの作品で二つの実験をしてみせた。ひとつは、パリそのものであるノートルダム寺院を舞台にすることによって、ギリシア・ローマ型の古典主義に颯爽《さっそう》と反旗を翻し、古典をつかわずとも、普遍的な物語が現出しうることを見せた。もうひとつは、もはや時代遅れになったカトリックと王党ではない民衆にこそ、普遍的な物語がひそんでいるということを告げた。聖職者フロロの追落した欲望を描ききったことは、こうしてユゴーを新たな問題に向かわせる。そこに待っていたのがフランス全体としての「無情《ミゼラブル》」だったのである。

「無情」には「悪」が寄り添っている。ナポレオン三世の悪、社会にすだく悪、一人の聖職者を襲う悪、自身にひそむ悪だった。それぞれ吟味のうえに発表された『懲罰詩集』『リュイ・ブラース』『静観詩集』をへて、ユゴーは社会と人間の深淵から聞こえてくる喇叭《らつぱ》の音に、悪が交じっているのを聞き分ける。

この悪はいったい何なのか。どのように悪が排除できないことを認識すればいいものか。そこで『サタンの終わり』を詩の構造をもって描き切ろうとするのだが、ここには神や天使が出すぎていて、うまくいかない。それをするならダンテではないが、やはりウェルギリウスの古典に倣《なら》うほかはない。それはすでに十九世紀フランス・ロマン主義が捨てた光景である。ユゴーは『サタンの終わり』を未完のままに放置する。

やがてユゴーが選んだのが、現実社会そのものに巣くった神と悪魔を、天使と闇を、贖罪《しよくざい》と宿命を、ことごとく描ききることだった。まずは『諸世紀の伝説』（潮出版社・ユゴー文学館1）に世界の伝説をすべて埋めこんだ模型をつくった。最近は、この詩集こそがユゴー文学の解読の鍵だと騒がれている作品だ。ぼくが見るには、これは詩語を懸命に駆使した世界模型なのである。いってみれば、江戸社会の歌舞伎における『忠臣蔵』なのだ。そうだとするなら、ユゴーはもうひとつの鏡像として『東海道四谷怪談』を書かなければならなかったのだ。『レ・ミゼラブル』はこうして準備されていく。

フランス・ロマン主義が古典主義を切り捨てた。ユゴーたちは、フランス語で文芸をするにあたって古典主義がかかえる面倒な規則《プロトコル》を離れたのだ。

古典主義では「モ・プロプル」(そのものずばりを示す言葉)を好まない。たとえばハンカチのフランス語は「ムーショワール」だが、これは「鼻をかんでやるぞ」(ムーシェ)という言葉からできている。こういう言葉をダイレクトに使わないのが古典主義というものだった。迂言法《うげんほう》あるいは婉曲語法《えんきょくごほう》だ。これを「ペリフラーズ」(Périphrase)といった。だからアルフレッド・ド・ヴィニーがロマン派の初期の旗手として「ムーショワール」をシェイクスピアの翻訳のなかで使ったときは、たいへんなスキャンダルになった。そのほか「アンジャンブモ」(句またがり)や「三単一の規則」など、いろいろがある。こういうペリフラーズをフランス・ロマン主義は一掃した。

けれども問題は、このようにして古典主義のレトリックを捨てたからといって、言葉の暗示性を失うわけにはいかないし、ましてや意味の暗示性を破棄することは不可能だということである。そこでユゴーが試みたこと、それは現実の出来事をあらわすリアル

＝ヴァーチャルな言葉によって多重な暗示性を取り戻すことだった。

ユゴーは多くの現実にみずから介入して、その行動や出来事がもつ二重多重の意味を体験するようにしてみた。そのために劇場で闘い、議員になり、亡命し、降霊術に耽《ふけ》り、コミューンの志士を受け入れた。こうした体験は、ユゴーにとっては「ペリフラーズ」に代わる言葉そのものであったのだ。それは新たに装着された近代言語によるリアル＝ヴァーチャルな意味の武器だった。それを詩にし、劇にしているうちに、ユゴーは気がついた。意味の武器による砲列は、まだ文芸者たちが体験したことのない相互に矛盾しあう悲劇をつくりだしていることに気がついたのである。

かくしてユゴーは、近代言語による周到な物語そのものを「レ・ミゼラブル」と名づけたのである。ああ無情とは、言葉がそこへ至れば必ずおこりうる根本矛盾をあばいてしまう最終暗示力のことだった。

いまさら筋書きを言うまでもないだろうが、『レ・ミゼラブル』は四六歳の貧しい男が驚くべき自制と魂を奮わせる努力によって更生し、十八年にわたる「力と愛と罪」のすべての波濤《はとう》と間隙《かんげき》を生き抜くという物語になっている。

男はジャン・ヴァルジャン。一片のパンを盗んだ科《かど》でトゥーロンの徒刑場で十九年を服役し、その後も行く先々で冷たくあしらわれてきた。一八一五年十月、ディーニュの司教館に入ってみると、ミリエル司教は温かく迎えてくれるのだが、銀食器を盗んで立ち去った。たちまち逮捕されたところを司教の機転と慈愛が放免をもたらした。

四年後、男はマドレーヌと名のって黒いガラス玉と模造宝石の商いで成功し、その人格が慕われてモントルイユの市長に選ばれた。その四年後、かつてマドレーヌの工場で働いていたファンティーヌがその後は売春婦となって病いに倒れていた。あるいざこざをきっかけにファンティーヌに出会ったマドレーヌことジャンは、その三歳になる娘のコゼットを預かって養育する。

コゼットを迎えにいく矢先、マドレーヌはある男(シャンマティユー)が自分とまちがわれて逮捕されたということを、私服警官ジャヴェールから聞かされ、逡巡《しゅんじゅん》のすえ自分が実はジャン・ヴァルジャンであることを明かした。ファンティーヌの病室でいままさに捕縛されるジャンを見て、ファンティーヌはショック死してしまう。ジャンはその夜のうちに牢屋《ろうや》を抜け出すのだが、数日後に捕らえられ裁判にかけられた。

終身刑だ。トゥーロンの徒刑場に送られたジャンはコゼットのために何としてでもここを脱出しなければならない。徒刑場の事故に紛れて五度目の脱獄をはたした。

一八二三年のクリスマス・イヴがやってくる。村はずれの泉で会ったコゼットは八歳。宿屋の女中としてただ働きさせられ、虐待されていた。怒りに唇をふるわせながら、ジャンは宿屋夫妻に一五〇〇フランを叩《たた》きつけてコゼットを抱きしめる。パリに逃げると

1935年にアメリカで制作されたボレスラウスキー監督、フレデリック・マーチ主演の映画《噫無情》より。ジャン・ヴァルジャンが司教から窃盗の罪を許されるシーンと、徒刑囚だった過去を法廷で告白するシーン。大部な原作は読んだことがなくとも、児童文学『ああ無情』やミュージカルや映画によって、『レミゼ』の名場面は誰もがよく知っている。

ゴルボー屋敷に身を隠した。

話はここまで息も切らさず読者のやきもきを運ぶ。ここにマリユス・ポンメルシーという貧乏学生が登場し、ジャンと連れ立ってリュクサンブール公園を散歩するコゼットを見初めてからは、新たな展開になる。

マリユスは幼い頃に母を亡くして祖父に育てられていたのだが、十七歳でナポレオンのもとに仕えていた父の死でボナパルティズムに傾倒し、いまは共和派秘密結社「ABCの友」に属する。コゼットはそのマリユスに惹《ひ》かれた。コゼットに全身全霊を傾けてきたジャンにとって、マリユスの眩《まぶ》しい愛は少なからぬ葛藤《かっとう》をもたらすものだったが、そこにはもっと大きな時代趨勢《すうせい》の波が押し寄せてきていた。物語は刑事ジャヴェールの行動と決断、マリユスの家族の心境、コゼットのひたむき、犯罪集団（パトロン＝ミネット）、結社ABCの友のメンターたちの挙動、マリユスの意志などを次々に巻きこんで、巨《おお》きなレ・ミゼラブルの軌跡を散らばらせていく。

ナポレオンの没落、ルイ十八世・シャルル十世の復古王政、七月革命、ルイ・フィリップの王政の断行、そしてやがて来る一八三二年の六月暴動に及ぶジャン・ヴァルジャンの十八年間は、かくして非情に包まれ、愛と罪におののき、宿命の変転をそのままに、六四歳で閉じた。

ぼくはもう『レ・ミゼラブル』を読むとは思えないが、この物語を大人になってあらためて観照できたことを、いまは少し歓《よろこ》びたい。

ヴィクトル・ユゴーは、十九世紀フランス人間社会の動向の大半を言葉にしてみせたお化け鏡だったと思う。だからこそその作品が瞠目《どうもく》すべき「言葉の社会」の出現となった。「社会の言葉」ではない。「言葉の社会」である。文学とは、ここまでするのかという出来事そのものを書いた。

言葉が言葉を殺し、言葉が言葉を救いあう。言葉が言葉を犯し、言葉が言葉を再生する。近代言語による完璧《かんぺき》な物語とは、そういうものなのだ。ああ、無情。

ユゴーの実験は近代文学のひとつの到達点だった。それゆえこのあとに続いたゾラは「言葉の社会」を「血と家の社会」の実験に深めていけた。けれどもそこから世紀末に向かっては転換がおこらざるをえなかった。ヴェルレーヌやマラルメやボードレールが物語から脱出して、都市の一隅に象徴《サンボル》の破片を見いだしていく。もう王家の物語などはなく、都市には貧富と商品と麻薬がとび散っていた。

さらに二十世紀になると、いっさいの文学はロマンを切り崩し、その奥に感情すらもちえない実存をさぐることに課題を見いだした。

ではスタンダールやバルザックやユゴーがいなくなったのかといえば、そうではなかった。そのうちに、ふたたびユゴーやデュマがもつ物語の悲劇性に再帰しているジャンルが躍り出てきた。ひとつは、ありとあらゆる大衆小説やメディアの中に再生されていったメロドラマというものだ。ハリウッドと松竹が引き受け、チェーホフと菊田一夫と「オール讀物」が引き受けた。大衆小説こそロマン主義の王道となったのである。

第九六二夜　二〇〇四年四月八日

参照千夜

四三一夜：黒岩涙香『小野小町論』　一二二〇夜：デュマ『モンテ・クリスト伯』　九九〇夜：ユイスマンス『さかしま』　一〇四五夜：ジョン・ラスキン『近代画家論』　六九〇夜：ランボオ『イリュミナシオン』　一五六八夜：バルザック『セラフィタ』　三三七夜：スタンダール『赤と黒』　二八七夜：フローベール『ボヴァリー夫人』　一八〇夜：ディドロ&ダランベール『百科全書』　三四夜：アルフレッド・ジャリ『超男性』　八五一夜：トリスタン・ツァラ『ダダ宣言』　九一二夜：ジャン・コクトー『白書』　五一八夜：W・B・イエーツ『鷹の井戸』　九一三夜：ダンテ『神曲』　九四九夜：鶴屋南北『東海道四谷怪談』　七〇七夜：エミール・ゾラ『居酒屋』　六〇〇夜：シェイクスピア『リア王』　九六六夜：マラルメ『骰子一擲』　七七三夜：ボードレール『悪の華』

最後の一行で、こんなに戦慄をおぼえたのは、老婆が女王のようにニヤリと笑ったからだ。

アレクサンドル・プーシキン
スペードの女王

中村白葉訳　新潮文庫　一九五四／神西清訳　岩波文庫　一九六七／望月哲男訳　光文社古典新訳文庫　二〇一五
Aleksandr Pushkin: The Queen of Spades 1834

それまで、こんなに怖い話を読んだことはなかった。怪談やミステリーにはこういう恐怖はなかった。それまでというのは高校生のころまでということだ。最後の一行を読んで身が凍った。異質の恐怖だった。読みながら、ぞっとするドンデン返しがおこるような気がしていた。

だいたいペテルブルクの夜にトランプをする話なんて怪しかったのだ。そのトランプはファラオンという賭博《とばく》性に富んだもので、客は好きなカードを一枚選んで伏せておく。親は二枚のカードを配り、左のカードが客のカードの数と一致すれば客の勝ち、右のカードと一致すれば親が勝つ。そういうものだが、そのトランプに勝つために多くの者が身を焦がしている。命を落としてもいる。

そこへファラオンで伝説的大勝負に勝ったという老婆が出てきて、その老婆を殺してしまう青年が登場するのだから、物語の最後に何がおこってもおかしくはない。やはりのこと、最後の最後になって復讐《ふくしゅう》がおこる。それがスペードの女王によるものだなんて、いま思い出しても、怖い。

ゲルマンはファラオンに関心をもった若い工兵士官である。ある八十歳の伯爵夫人がかつてヴェルサイユ宮殿でオルレアン公とファラオンをやり、三回たてつづけに勝ったという話を聞いた。

伯爵夫人はその秘策を、魔術や錬金術に耽《ふけ》るサン・ジェルマン伯爵に授けられたらしい。その話を聞いてからというもの、ゲルマンは寝ても醒《さ》めても老婆がどのようにファラオンに勝ったのかということで頭がいっぱいになる。

ゲルマンは伯爵夫人に養女がいることを知り、養女に近づく。あれこれ付け文《ぶみ》をして、いよいよ伯爵夫人の家の養女の部屋で逢《あ》い引きをすることになった。夜に屋敷に忍びこみ、伯爵夫人の寝室をめざす。ゲルマンは夫人の寝室に入りこむや、「どうかびっくりなさらないで。あなたは三枚のカードをたてつづけに当てることができるとうかがっております」と言い、その秘策を教えてほしいと迫る。
老婆は突然の闖入者《ちんにゅうしゃ》に驚愕《きょうがく》するばかりで、「そんなことは噂話です」と言ったきり、何も答えない。業を煮やしたゲルマンは、「このくそばばあ、いやでも白状させてやる」と、ピストルを取り出した。老婆はピストルから逃れるように両手をあげ身を反り返し、そのまま動かなくなった。

ゲルマンは死んだ老婆の崇《たた》りをおそれてこっそり葬儀に出た。たくさんの参列者をかきわけ柩《ひつぎ》の前に出ると、遺骸《いがい》はレースの頭巾《ずきん》をかぶり白繻子《しろじゅす》の衣を纏《まと》っている。おそるおそるその顔を覗《のぞ》きこんだ瞬間、老いた死人がふと目を細めて嘲《あざけ》りの一瞥《いちべつ》をくれたように見えた。

ほうほうのていで逃げ帰り、体をぶるぶる震わせ、しこたま酒を飲んで布団《ふとん》をかぶって寝てしまった。やっと目をさましたときには夜が更けていて、月の光が部屋に射しこんでいる。そのとき扉が開いて白装束の老婆が入ってきた。

腰を抜かしているゲルマンに、老婆は「3、7、1、この順に張れば勝てます。ただし一晩に張るのは一枚だけ。勝ったうえは生涯二度とカードを手にしてはいけません」「そして、もうひとつ、養女のリザヴェータを嫁にもらってくれるなら、私を殺した罪は許します」と言って、去っていく。このあたりロシア・ゴシックの父プーシキンの独壇場である。

ゲルマンはそれからというもの、心の中で「3、7、1」の数字をくりかえす。そこへ金持ち相手にファラオンで儲《もう》けている胴元の男がモスクワからやってきた。さっそくゲルマンは出掛けて、最初の夜に「3」を張って大金を手にした。次の晩、また賭場《とば》に出掛けてもっと大きな賭金《かけきん》をおいて、「7」を手札に選んだ。親が配ったカードは「ジャック」が右に、「7」が左に出た。ゲルマンはしこたま儲けた。いよいよ三晩目、ついにすべての札束をそこに置き、最後の決戦に挑んだ。勝てるはずだった。

親がカードを配った。右に「クイーン」、左に「1」である。ゲルマンは勝ちほこって「1の勝ちだ」と叫んだ。親がゆっくり笑って静かに言った、「いいえ、あなたの負けです」。ゲルマンは驚いて自分の手札を見ると、そこには「スペードの女王」があった。張ったカードはたしかに「1」であるはずなのに、信じがたいことがおこったのだ。その瞬間、ゲルマンの手の中のスペードの女王が目を細めてニヤリと笑ったような気がした。恐怖に戦《おのの》いてその女王を見ると、あの老婆に生き写しであった!

お察しのとおり、プーシキンの『スペードの女王』を読んでから、ぼくは二つの方向に引き裂かれて本を選びはじめた。

ひとつは、恐いもの見たさにミステリアスな恐怖小説をさがしては読むようになったことである。さいわいこの手のものはふんだんに用意されていた。まだディーン・クーンツやスティーヴン・キングのモダンホラーは登場していなかったので、ゴシックロマンから恐怖ロマンをへて、最後は怪奇小説のほうへ進んでいった。江戸川乱歩や紀田順一郎がこうした流れのすばらしい水先案内人であることも、このとき知った。そのあとはレ・ファニュの『吸血鬼カーミラ』『緑茶』(創元推理文庫)やル＝グウィンの『闇の左手』(ハヤカワ文庫)あたりから、SFの新奇性のほうへなだれこんでいった。こちらは山野浩一や山田和子のお世話になった。

もうひとつは、プーシキンその人に多大な敬意を感じてロシア文学を読むようになったことである。すでにゴーゴリ『外套』のところで少し書いたことでもある(千夜千冊一三夜)。さらに詳しいことはいずれドストエフスキーか、レオーノフのところで申し上げることにする。いまは、スペードの女王がまたニヤリと笑うのではないかと念《おも》うと、そのことが怖くてこの話から離れたいばかりだ。

怖い話はこれくらいにして、少々プーシキンその人にふれておく。

アレクサンドル・プーシキンはロシアのシェイクスピアであって、ゲーテである。モスクワのブレイクであって、ペテルブルクのバイロンである。詩人であって、物語作家であり、かつロシア近代語の確立者でもあった。

それだけでなく、アフリカの血とフランスの近代性とを二つながらもっていた。プーシキンの母がピョートル大帝に寵愛《ちょうあい》されたエチオピア人ガンニバル将軍の孫娘であったし、フランスの古典に親しんで、八歳でフランス語の芝居を試作した。おおよそ見当もつこうが、ヴォルテールに傾倒した。

一七九九年に生まれたその生い立ちはほぼナポレオン時代にあたっている。ということはナポレオンを敗走させたロシアに、新しい風が、さしずめ〝西欧自由民権運動〟とでも名づけたい風が吹きはじめていた時代ということで、学生時代のプーシキンはその新風を体いっぱいに吸いこんだ。吸いこんだ風はそれだけではない。革命への期待を詩で表明しすぎて南ロシアに追放されたことがあったのだが、そこでカフカスの山、黒海の波、古代ギリシアの記憶と出会った。

これらが渾然となって交じりあい、昇華して、韻文小説『エウゲニー・オネーギン』(河出書房新社　プーシキン全集2／岩波文庫)になり、シェイクスピアのロシア的再来ともいうべき韻文史劇『ボリス・ゴドゥノフ』(岩波文庫)になった。この二作が嫌いなロシア人はいないという。

ちなみに『エウゲニー・オネーギン』はバイロンのチャイルド・ハロルドを気取る青年オネーギンを、タチヤーナとオリガの姉妹とのあたかも熱力学的なともいいたいような恋を通して語り尽くしたもので、その人物像が「余計者」の原型となったものなのではあるが、作品全体が百科事典ともロシア近代語辞典ともなっていて、驚くべき言語情報学的な完成度を示した。チャイコフスキーの作曲によるオペラやバレエがある。

一方の『ボリス・ゴドゥノフ』はロシア史そのものの再生実験である。のちにタルコフスキーが創造の拠点にした。こちらはムソルグスキーがオペラにした。

一八二五年、ロマノフ朝第十代皇帝のアレクサンドル一世が急死すると、首都ペテルブルクではデカブリスト（十二月党員）が蜂起し、そして敗北していった。首謀者たちにはプーシキンの友人たちがまじっていた。プーシキンは助命嘆願運動をするのだが、大半は絞首刑になり、残りは流刑にされる。新皇帝ニコライ一世はプーシキンに引見し、詩の検閲を条件に謹慎を解いた。

ここからがプーシキンの苦悩と研鑽《けんさん》である。研鑽の結果は『ベールキン物語』や『スペードの女王』などに結晶化されるものの、社会的な仕事や外面では苦悩した。

それでもなんとか美貌のナターリヤと結婚をするのだが、うまくいかない。結局、ナターリヤを追いまわしていた若い近衛士官ダンテスと決闘し、致命傷を負い、二日後に死んだ。信じがたいことに、わずか三七歳の生涯である。ひょっとしてナターリヤがスペードの女王だったのだろうか。

ついでに言っておかなければならないことがある。プーシキンとナターリヤのあいだに最初に生まれたマリアが、のちのトルストイの『アンナ・カレーニナ』のアンナのモデルとなったということだ。

ツルゲーネフは、プーシキンの詩があらわす特徴のすべてが「わが民族の特徴と本質的に合致する」と言った。それはそうなのだろうと思う。今日のロシア語をつくったのはプーシキンなのである。今日のロシア人の生活感覚はプーシキンが用意した。『エウゲニー・オネーギン』はロシア生活の百科事典なのである。

スターリン、フルシチョフ時代に没後一〇〇年記念や生誕一五〇年記念の行事がおこなわれていたのを、当時、図書館でちょこちょこ覗いていた「今日のソ連邦」誌で見て、びっくりしたことがあった。そこまで広がったのかと思った。紙幣や切手の肖像画だけではない。煙草《たばこ》のプーシキン、マッチのプーシキン、石鹸《せっけん》のプーシキン、食器のプーシキンが溢《あふ》れていた。いまではプーシキン美術館もずいぶん充実していて、ルノワール、シャガール、ピサロが展観されている。

日本でいうなら漱石がお札やグッズやトートバッグになるようなものだが、では漱石が日本人の民族的反映をまっとうしていたのかといえば、そうでもない。むしろ露伴や鷗外や鏡花、あるいは柳田国男がその代行者だったと思うのだが、プーシキンはそんなレベルではない。「全面ロシア」そのものになった。ツルゲーネフの言うように「ロシア民族のプーシキン」なのだろう。

さすがにドストエフスキーは、そのあたりを一様化しなかった。「プーシキンはきわめて特異な、プーシキン以外の誰にも見られない芸術的な才能があった」と見たうえで、こう書いた。「プーシキンの比類ない才能は、他国の天才たちに共鳴し、それを完全に同化できるという才能だった」というふうに。ぼくはこの見方のほうが当たっているような気がする。プーシキンにはインタースコアをする編集能力が長《た》けていて、それをことごとくロシア化できたのであろう。

さらに勝手な臆見《おくけん》を言っておくと、プーシキンは「フェチと機智」こそ得意だったのではないかと思う。血気もあり、気概もあったから三七歳で決闘に倒れたけれど、もしそのまま好きな日々をおくっていたならば、ひとつはさらなる名作をいくつも仕上げただろうし、もうひとつはロシアの機智を世界に届けていただろうとともに、きっとロシアン・フェティッシュの数々を、都市の古本屋の片隅に置いてある標本箱のようにつくってくれただろうと思うのである。

このあたりのことは勝手な期待でもあるので、これ以上のことは、たとえば郡伸哉《こおりしんや》の『プーシキン　饗宴の宇宙』（彩流社）などで補っていただきたい。あるいはプーシキンのやりのこしたことに気がついていたゴーゴリが、それらを「瑕《きず》」や「痕《あと》」として描いたほうに託したい。

第三五三夜　二〇〇一年八月九日

参照千夜

八二七夜：スティーヴン・キング『スタンド・バイ・ミー』　五九九夜：江戸川乱歩『パノラマ島奇談』　一一三夜：ゴーゴリ『外套』　九五〇夜：ドストエフスキー『カラマーゾフの兄弟』　六〇〇夜：シェイクスピア『リア王』　九七〇夜：ゲーテ『ヴィルヘルム・マイスター』　七四二夜：ブレイク『無心の歌・有心の歌』　二五一夜：ヴォルテール『歴史哲学』　五二七夜：ピーター・グリーン『アンドレイ・タルコフスキー』　五八〇夜：トルストイ『アンナ・カレーニナ』　五八三夜：夏目漱石『草枕』　九八三夜：幸田露伴『連環記』　七五八夜：森鷗外『阿部一族』　九一七夜：泉鏡花『日本橋』　一一四四夜：柳田国男『海上の道』

ロシアにひそむ「瑕《きず》」と「痕《あと》」。
そこに「余《あま》された価値」と「取り違えた価値」がある。

ニコライ・ゴーゴリ

外套

平井肇訳　岩波文庫　一九三八　／　岩上順一郎訳　ロシア・ソビエト文学全集（平凡社）　一九六四
Nikolai Vasilievitch Gogolj: Shineli 1842

ドストエフスキーは「私たちはみんなゴーゴリの外套《がいとう》の中から出てきた」と言っていた。ここには、『外套』という作品からの影響という意味と、その作品で変な外套を着ていたアカーキー・アカーキエヴィッチの「その外套の中から」という意味が二重化している。ドストエフスキーはこの二重の意味を観念や妄想でつくりだしたのではなかった。ゴーゴリの『外套』が一八四二年に発表されたころ、ドストエフスキーは『貧しき人々』をまさに外套の襟《えり》をたて、凍えるようにひっそりと書いていた。

ぼくは『外套』がめっぽう好きなのである。どうしようもない。ところが、その理由は最初からろくにわかってはいない。いまもってわからない。そこがまたゴーゴリと

『外套』が好きな理由になっている。

物語はごくごくシンプルきわまりないもので、だから筋書きが好きになったわけではない。貧しい小官吏のアカーキー・アカーキエヴィッチが一大決心をして外套を誂《あつら》える。その外套が仕立てられているあいだに、外套はアカーキー・アカーキエヴィッチの生涯の夢になる。ところが、その外套ができあがってきて最初に着た夜に、ペテルブルクの暗い街区で剝《は》ぎとられてしまう。アカーキー・アカーキエヴィッチは悲嘆のあまりに死んでしまう。

すると夜な夜な街区をうろつく幽霊が出る。そして幽霊が高慢ちきな上司の外套を剝ぎとってしまう。まさに外套ばかりが冬のペテルブルクを動くのだ。

最初、アカーキー・アカーキエヴィッチという名前に惚《ほ》れた。ぼくはハンプティ・ダンプティやヤマトトトビモモソヒメやアリ・ババなどの、発音や綴《つづ》りにくりかえしがある名前に惚れやすい。

ついで、ペテルブルクの街に惚れた。ペテルブルクの街とはいってもそれはゴーゴリのペンが描いた街であるのだから、これはゴーゴリの目と言葉の力に惚れたのだ。ペテルブルクを歩きまわっているロシアの人間や階段や化石が動いているさまは、ぼくの趣味に合った。ゴーゴリふうにいうなら「ぶつぶつ言っている歩行者」というやつである。

それをペテルブルクの不気味な看板が見下ろしている。

最後に風采《ふうさい》のあがらない主人公に惚れた。主人公だけではない。登場人物のすべての風采があがらない。ゴーゴリはそれを「チノーヴニク」(官吏)に取材しているのだが、それがおもしろいというのではなくて、屑《くず》のような人間を作家が描けたということに惚れたのだった。

これらは言ってみれば「瑕《きず》」とか「痕《あと》」とでもいうべき魅力である。その「瑕」や「痕」を描く力をゴーゴリはもっていた。ゴーゴリ以前に、この都市と人間の「瑕」や「痕」に気がついたのはアレクサンドル・プーシキンただ一人であった。プーシキンにはロシア文学のすべてが萌芽《ほうが》した。プーシキンこそいっさいの祖父なのだ。

しかし、物語のオブジェのほうはゴーゴリによって一斉開花した。いやいや開花ではあるまい。化石開花か、それとも手術都市のなかのボール紙細工の嗅覚像《きゅうかく》の放出だ。そこには「衝撃の滑空」ともいうべき文学がある。「瑕」と「痕」を物語として滑らせる装置というものがある。

一八〇九年、小ロシアの小さな市場町に生まれたゴーゴリがどんな時代に育ったかということは、ゴーゴリを解くうえでは決定的である。

ギムナジヤを了《お》えてペテルブルクに赴き、北ドイツに旅行をしたうえでふたたびペテルブルクに戻ってから、女子学院で教鞭《きょうべん》をとりはじめたゴーゴリは二二歳になっていた。すでにこっそりとウクライナに題材をとった物語をつくりはじめていた。そして、その三月にプーシキンに出会う。プーシキンはゴーゴリの十歳年上である。ゴーゴリを支援した。

そもそも出世作『検察官』がプーシキンのヒントによっている（プーシキンが『検察官』を読んで、「ああ、わがロシアはなんという悲しい国だろう」と嘆いたのは有名な話だ）。劇作『検察官』（岩波文庫）の題辞は「てめえの面がゆがんでいるのに鏡を責めてなんになる」という、とうてい広告文句につかえそうもないコピーになっている。そういうことがゴーゴリは平気だったのだ。

ちなみにツルゲーネフはゴーゴリの九歳年下で、二五歳のゴーゴリがペテルブルク大学の助教授となって退屈な世界史を講義していたときの学生だった。ついでにいえば、ドストエフスキーはゴーゴリの十二歳年下、トルストイは十九歳年下だ。ようするにゴーゴリこそがロシア文学の父たる時代の中心にいたわけである。

しかし、父ゴーゴリはそういう時代にいながらも、父たろうとはしなかった。ロシア文学がどこかから烽火《のろし》をあげようとしているまさにそのとき、ペテルブルクを幽霊のようにうろつく化石人間を描いた。

ロシア文学を燃えさかる火として描こうとしたのではなく、ロシア文学の燻《くすぶ》りを描いたのである。ゴーゴリがすごいのは、その燻りを物語の炭火のようにおこしたことだった。ただプーシキン同様に早逝した。四二歳である。

ゴーゴリの最長編は未完の『死せる魂』（岩波文庫）である。当初はロシア版のダンテ『神曲』に匹敵する作品を書くつもりだったらしいのだが、プーシキンの死を知って何も書けなくなり、イタリアに移ってから少しずつ執筆したようだ。

アレクサンドル二世の農奴解放令が出る以前、地主は死亡した農奴の人頭税を払わなければならなかった。次の国勢調査がくるまでは、死んだ農奴は生きているものと算定されたのだ。地主たちはなんとかこの税を逃れる方策をさがしていた。そこで中堅役人のチチコフが一計を案じて、死亡した農奴の名義を買い集めて書類を捏造《ねつぞう》し、政府から金を騙《だま》し取ろうという計画に乗り出した。

こうしてチチコフがロシア全土のめぼしい地主を訪ねるという奇妙な神曲が始まったのである。「死せる魂」を売ってくれというのだからチチコフの料簡《りようけん》も怪しいかぎりだが、地主たちの強欲と無定見《むていけん》と奸計《かんけい》もすさまじく、帝政ロシアの暗部が実に躍り上がるように描かれている。

『検察官』や『外套』や『鼻』などの短編に親しんできた読者は、この未完の長編に完全に打ちのめされるのではないかと思う。『外套』や鼻をなくした男を嘲笑的《ちようしようてき》に描いて芥川龍之介や後藤明生《めいせい》を惚れさせた話とは異なって、ここでは社会や国家がなくした魂の数と質とが問われたのである。読めばわかるが、ダンテと響きあうというより、カフカに通底するものがある。

ゴーゴリを読むということは、おそらく「余《あま》された存在」や「取り違えた価値」について、丹念な不意を衝《つ》かれることなのではないかと思う。

ギブソンのアフォーダンス認知学に「マイクロスリップ」がある。手元の器具、たとえばトングなどを持つとき、うまく扱えないので慌《あわ》てて少し手指の持ち方を変えるのがマイクロスリップなのだが、それはその後にトングを見るたびにちょっとした違和感として残像する。ゴーゴリはそういう残像をもたらす丹念な不意を描写する。そこを読むのがおもしろい。

アカーキー・アカーキエヴィッチがこだわりたかった外套には、夜のペテルブルクの社会がマイクロスリップを強要したのだった。ロシア語では外套には「カポート」と「シネーリ」があって、下っ端役人アカーキーがずっと着ていたのは「カポート」で、もうぼろぼろだった。そこで奮発して新着の「シネーリ」を入手した。なんとも落ち着かない。嬉《うれ》しいのだけれど、まだ自分の体にはなっていない。その「シネーリ」を着て夜の集まりに向かったところ、案の定、引き剝がされた。それはアカーキーに「取り違えた価値」を思い知らすとともに、アカーキー・アカーキエヴィッチが「余された存在」であることを告知したのである。

ぼくが初めてJCBカードを持ったとき、あるデパートの洋服売場でやっと選んだ二流の背広をカードで払おうとしたら、「お客様、このカードは使えません」と言われた。なんともバツが悪く、そのまま「その手の背広」とJCBカードとは二度と付き合いたくなくなった（その後、別なカードにした）。

チチコフが拾っていった「死せる魂」も、そうした「取り違えた価値」の記入漏れによって「余された存在」となったものたちだった。ゴーゴリはそうした望まない余剰を見いだして、丹念な不意を衝くのである。

ウラジーミル・ナボコフに『ニコライ・ゴーゴリ』（紀伊國屋書店→平凡社ライブラリー）という好著があった。ナボコフは『ロリータ』（河出書房新社・新潮文庫）で一世を風靡《ふうび》した作家だが、ロシアの貴族の長男で、五〇人の使用人にかこまれてペテルブルクに育った。ロシア革命後の一九一九年に英国に亡命し、ケンブリッジ大学で動物学を修め（だから蝶《ちょう》のコレクターになった）、大戦後にアメリカに帰化した。

そのナボコフは『オネーギン』の英訳と注釈に心血を注ぐほどプーシキンにぞっこんだったので、次はもっと好きなゴーゴリに取り組もうと思っていたらしい。だから『ニコライ・ゴーゴリ』はナボコフにしか書けないゴーゴリ世界を綴って、とくに「非合理な明察」を文学にしてみせたゴーゴリを、一冊まるごとでトレースするかのように褒めちぎったのである。ナボコフ好きなぼくはすぐ影響された。

こうしてぼくはゴーゴリに惚れていったのである。そしてふと気がついたときは、ぼくがペテルブルクの往来の只中《ただなか》にいるのか、ゴーゴリの文章の途中にいるのか、もっとはっきりいえば、ゴーゴリが街にいるのか文章にいるのか、わからなくなっていた。

諸君、『外套』を読みなさい。必ずやアカーキー・アカーキエヴィッチになって外套の襟《えり》を立てたくなるはずだ。

第一一三夜　二〇〇〇年八月二二日

参照千夜

九五〇夜：ドストエフスキー『カラマーゾフの兄弟』　三五三夜：プーシキン『スペードの女王』　五八〇夜：トルストイ『アンナ・カレーニナ』　九一三夜：ダンテ『神曲』　九三一夜：芥川龍之介『侏儒の言葉』　六四夜：カフカ『城』　一〇七九夜：佐々木正人『アフォーダンス』　一六一夜：ナボコフ『ロリータ』

パンと奇蹟と権威。神愛なのか、抗神なのか。
大審問官が暴いてみせたキリストの罪。

フョードル・ドストエフスキー

カラマーゾフの兄弟

米川正夫訳　岩波文庫　全四巻　一九二七〜一九二八／原卓也訳　新潮文庫　全三巻　一九七八／
亀山郁夫訳　光文社古典新訳文庫　全五巻　二〇一二

Fyodor Mikhailovich Dostoevsky: Brat'ya Karamazovy 1879–1880

高校時代、三つの事件があった。ひとつは、浅沼稲次郎が山口二矢《おとや》に壇上で刺殺された翌日、上級生の親友に「おまえは昨日の事件を悲しく思わないのか」と言われたことだ。大変な事件だとは感じていたが「悲しくないのか」と言われると、言葉に窮した。親友は、「これで日本の革命は十年は遅れる」とさえ言った。日本？　革命？　こいつは何を言っているのか。日本の十年後のことまでこいつは考えているのかということが理解できなかった。高校生にとって十年後なんて、ないも同然だった。

次のひとつは、ひそかに恋い焦がれていたＩＦが上級生たちと肌を交えて遊び戯れていると聞かされたときだ。IFはこの学校でいちばんの純真な女生徒だった（はずだ）。その彼女が男と酒に溺《おぼ》れているとは信じられず（高校生がキスやセックスをするなどということすら想像だにできなかった）、ぼくは何も咀嚼《そしゃく》できないままになっていた。

そしてもうひとつ、これはクラスメイトで一番親しい友に問われたことなのだが、「大審問官の問題をどう考えるか」と言われたときのことだ。「何、それ？」と聞き返して、なんだ、カラマーゾフを読んでいないのか、話にならないなと突っぱねられた。読んでいないのだから、これは最初からお手上げだ。それまで『罪と罰』しか読んでいなかった。

それから半年ほどたって、『カラマーゾフの兄弟』を冬いっぱいを費やして読んだ。胸の下あたりをぐさぐさに掻《か》きまわされた。事件というより、深刻な麻酔を打たれたようなものだった。

三つともかなりの難問だったけれど、その後も最大の難問となったのが大審問官の問題だ。浅沼稲次郎やIFは、日を追うごとにそこそこ理解の幅も広がったものの、ドストエフスキーはそうはいかない。神はあるのか、ないのか。いや神があると思ったほうがいいのかどうか。その問題だ。二つに一つの問題なのか。いやいや二つに五つ以上の答えがありそうな問題だった。

別の理由もあったのだが、これを機に飯田橋の富士見町教会にも通い始めた。神様を組上《そじょう》にのせるなんて、それをドストエフスキーの罠《わな》に嵌《は》まって考えるなんて、高校生にとっては大問題だった。鎌倉の禅堂にも通った（そのころは横浜に住んでいた）。

ただし、『カラマーゾフの兄弟』をそういうことに絞って読むということを、その後はしだいにしなくなっていた。なんとなくそうなることはわかっていた。『悪霊』『白痴』

『貧しき人々』『虐げられた人々』という順だったと憶うけれど、ゆっくり読みすすんでみて（いずれも深刻な麻酔がますます効いてきたけれど）、ドストエフスキーを語るということは、世界の始原や神の沈黙を語るに等しいということが見えてきたからだ。

さらにその後は、ドストエフスキーだけを語るということもやめてしまった。これにも理由がある。ひとつは文学者たちによる文学論議にだんだん関心が薄れてきたからだが（小林秀雄や埴谷雄高《はにやゆたか》のドストエフスキー論もその後は深化していなかった。唯一、新鮮だったのはミハイル・バフチンのポリフォニックなテキスト論だけだった）、もうひとつは、ドストエフスキーが抱えた問題は、ドストエフスキーにだけでなく、多くの類似的争鳴の裡《うち》において見ていきたくなったからだ。実際にもぼくの実感では、そのほうがずっとドストエフスキー的だった。

たとえば「千夜千冊」にとりあげてきた思索者や表現者をあげるだけでも、そこにはドストエフスキーの沈思と熟考を孤立させせなかった者たちがいる。共闘していた者たちがいる。

それは、アウグスティヌスが三位一体において、パスカルが幻覚の裡《うち》で、スピノザが「マラーノ」として、ノヴァーリス、ヴォルテール、ブレイク、ボードレールがそれぞれ着床させたことだった。

また、ヴァレリーがテスト氏をもって、ジッドが隘路《あいろ》に分け入って、W・B・イエーツがアイルランドの黎明《れいめい》を負って、D・H・ロレンスがプロテスタンティズムに拮抗《きっこう》して、グルジェフが神秘伝承の血をもって、それぞれの内奥に挑んだことであり、同時にデュメジル、マルティン・ブーバー、アリスター・ハーディが「神の生物学」のほうへ沈潜《ちんせん》したことでもあったはずだった。

それればかりか、エミール・シオランが「涙」によって、J・G・バラードが「時の声」によって、グレゴリー・ベイトソンが「精神生態学」によって、クロソウスキーが「身体と意識の乖離《かいり》」をものともせず、フィリップ・K・ディックが自ら繋《つな》がりあった巨怪ネットワークに侵入することで異端冒険的に提示してみせたことでもあったし、それはわが内村鑑三、大杉栄、武田泰淳らが、そしてつい十年前までは中上健次によっても異様に試みられたことでもあったはずである。

ドストエフスキーとは、けっして再生演奏が不可能ではない極限コード進行のポリフォニー楽譜なのだ。傑出した東西の精神のあれこれに地響きたてて巣くってきたというべきなのだ。

しかし今夜は、かのクラスメイトの親友のために大審問官についての遅すぎたコメントをしてみたいと思う。この親友は四十代で癌で急死してしまったため、ぼくは彼が掲げた宿題に答えられないままになっている。だからいつかは以下のようなことを書いておかなければならなかったのである。

加うるにいま、大審問官の問題にコメントするにふさわしい一つの符牒《ふちよう》があるようにも思われる。それは今日の日本で幼児虐待が頻繁におこっているということだ。こういう日本のどこで、いったい何者たちが、イヴァン・カラマーゾフが雄弁に語った幼児虐待の罪を思い出しているだろうか。

では、かの長身痩軀《そうく》の大審問官に向かって、ぼくもしばらくカラマーゾフシチナ的なるものに向かっていささか頭《こうべ》をめぐらしてみたい。

この物語は、題名通りにカラマーゾフ家の三人の兄弟の思想と行動を問うている。けれどもそれはゾラのルーゴン＝マッカール叢書《そうしよ》のように時代をプレパラートに乗せたのではなく、三兄弟とその父とを扱った。父と三兄弟の歴史的現在の過大な審判がのしかかっているように、設定した。

だからまずは、ドストエフスキーが念入りに仕組んだ父と子の四人のことを知らなければならない。

カラマーゾフ家を仕切っているのは父親のフョードルである。旧ロシアを代表する地主で、手に入るものなら何でも手にしてしまうという物欲の権化であって、そのくせヴォルテール派の啓蒙《けいもう》思想にかぶれすぎて、横柄《おうへい》な無神論を通してきた。

フョードルにとって金銭や快楽は極上のものだった。人間とか神とか未来などというものは、いいかげんに扱っていさえすればそれですんだ。そう確信していたのだ。けれども、このところその肉体は著しい衰えを呈していて、そのためフョードルの魂の空隙《くうげき》をときおり「何かしら未知の恐ろしい危険なもの」が通り過ぎていた。それがずいぶん昔の異教的なるものでないかと思うと、フョードルはぞっとする。

フョードルはいずれ物語のなかで殺される。殺したのは兄弟のうちの誰か、兄弟による共謀だ。「内側からの殺害」なのだ。けれども父親殺しを企てたのが誰なのか、物語がかなり進むまでわからない。

なぜ殺されたのかもわからない。しかしフョードルが「神様なんてあるのかい?」と嘯《うそぶ》いていたことが許せない者がいたらしいことは歴然としていた。その犯人は、フョードルがたえず「カラマーゾフというのは淫蕩《いんとう》、強欲、奇癖ということにあるんだ」と言いつづけていたことに心底反撥《はんぱつ》していたらしい。そのフョードルのカラマーゾフ家に、三人の兄弟がいた。

長男ドミートリイは軍隊から帰ってきたばかりである。もともと放蕩無頼ではあるが、異様に粗暴なロシア的情熱が溢《あふ》れる。いっときも安定など望まない。それなら図太い情熱をそこそこ完遂できるのかというと、八割がたは猛進してきたのだが、どうにも野望が燃えきらない。

これはまさにスラブ・ロシアの歴史そのものであって、ドミートリイにも欠陥はいたるところにあるものの、どこか巨大なものを呑《の》みこむことを辞さないところがあった。他方、無垢な女性にはめっぽう意気地のない憧憬《しょうけい》があって、ときおり一片の神性さえ覗《のぞ》かせる。ようするに詩情をもっているのに、粗野なのだ。

ちなみに『カラマーゾフの兄弟』はドストエフスキーの最後の作品で（擱筆《かくひつ》のわずか数十日後に亡くなった）、いま読めるものは第一部で、第二部・第三部も予定していたともいう。だから未完のままとも言われるのだが、それまでドストエフスキーはこのドミートリイのような人物を一度も描けてはいなかった。そういう意味では、ドミートリイを作り上げることが、ドストエフスキーの最後の造型的目標だったとおぼしい。

次男イヴァンは、神秘などいっさい認めない徹底した背神論者というべきで、複雑に分裂したデモーニッシュな情念の持ち主でありながら、心がけていることはその逆で、ひたすら透明な理性を磨き上げようとしている。不死の可能性や良心の起源などにいっさい迷うことなく、ひたすら超人的な驀進《ばくしん》をつづける獰猛《どうもう》な理性は、すさまじい。ほとんど人間性の到達しうる荒涼凄愴《せいそう》な極北に達したかと見えるほどである。

それだけにイヴァンは、たえず真理の選択と対決に立ち会うことになる。イヴァンにとっては自身の論理がやすやすと理解されることのほうが堪えがたい屈辱であって、スメルジャコフ（後述）のようにイヴァンを狡智《こうち》に解釈する者が出現することは意外な痛手《いたで》なのである。しかしイヴァンがもっと止揚を焦らざるをえなくなるのは、長老ゾシマとの対峙《たいじ》がまさにそれにあたるのだが、世界に対する肯定と否定とが一瞬にして等価になってしまうときだった。

イヴァンはヨーロッパ理性に対抗しうるロシア的論理の貫徹する人物なのだ。ドストエフスキーはすでに『罪と罰』のラスコーリニコフや『悪霊』のスタヴローギンにその原型を描いていた。

高校時代、この想像を絶する病的神学のような、狂気の哲学のような、それでいて全篇が聖なる告示のような物語を読み始めたときにぼくが感じていたのは、それにしてもイヴァンがわずか二四歳だというような些細《ささい》きわまりないことで、なぜこんな青年が人類史最大の課題であるような神の問題をこんなに深く考察できるのか、とうてい信じられなかったものだった。多くの読書派がそういう体験を一再ならずしていたと思うのだが、ぼくも、小説の人物たちをつねに自分にあてはめて読んでいた青年にすぎなかったのだ。

けれどもイヴァンだけはどう見ても、ぼくの回路のどこに尋ねてもアプリケーション不能の青年だった。

敬虔《けいけん》な修道者で純真を求める三男アリョーシャは、その魂そのものがロシアの未来を抱擁的に確信してやまないような存在として描かれている。できればスラブ・ロシアの民の赤く爛《ただ》れた精神を癒《いや》し、その煩悩《ぼんのう》や苦悩をこの身に引き受けてもいいと思うような単一な覚悟さえもっている。

そのぶんアリョーシャには、二人の兄のような強烈な個性がほとんど見られない。これは「アリョーシャの無力」としてこれまでずいぶん議論されてきたもので、すでにドストエフスキーは『白痴』のムイシュキンにもこの無力を結晶させようとした。しかしムイシュキンの無力に対して「アリョーシャの無力」は、カラマーゾフの血を浴びてイヴァンとアリョーシャの間隙に佇《たたず》む世界観の欠陥の有無を問い返す。

このような純朴なアリョーシャに、生涯の伴侶《はんりょ》を約した少女リザヴェータ（リーザ）は心底憧《あこが》れる。アリョーシャに人間性の最も澄んだものを見る。リーザは足が不自由で車椅子をつかっている。しかしながらドストエフスキーが「悪魔の子」というふうに文中で指摘したように、リーザには霊的なアリョーシャの優しさでは埋めつくせない異常な気質がひそんでいて（このあたりはゾラっぽい）、そこに兄イヴァンの悪魔的な魅力が関与すると、この可憐《かれん》な少女はアリョーシャの神とイヴァンの悪魔の悲劇的な相克に引き裂かれてしまうのだ。

この父と三人の兄弟に加えて、『カラマーゾフの兄弟』にはフョードルの婚外子とおぼしい陰質なスメルジャコフと、あくまで陽朗な一瞥《いちべつ》の力をもつ長老ゾシマが特異にカラマーゾフシチナを彩っていく。

スメルジャコフはカラマーゾフ家の使用人であるが、イヴァンにとっての影のメフィストフェレスであるらしく、イヴァンはこの対蹠性《たいしょせい》だけを苦手とする。このためスメルジャコフはカラマーゾフシチナの思想を複相化させるだけではなく、父親フョードル殺しの犯人候補像としても異彩を放つ。

長老ゾシマは、ドストエフスキーが『悪霊』のチーホン僧正や『未成年』のマカール老人このかた描《えが》こうとしてその深化に戸惑っていたロシア正教の荘重きわまりない人物で、教会や聖典にこだわることなく、明晰玲瓏《めいせきれいろう》な心境の吐露のみによってその存在を輝かせる人物である。かつてぼくはイヴァンとゾシマの空中戦のごとき対決の場面をこそ、ぞくぞくして堪能した。

物語はかくのごとく、まったく一致点を見ないような異常な三人の兄弟がばらばらに各地で成長し、あるときカラマーゾフの「家」（カラマーゾフシチナ）に戻って一堂に会したとき、そこに深い亀裂《きれつ》が生じていくという息詰まるような構造をとる。

ミハイル・バフチンはみんながみんなドストエフスキーの登場人物の肩をもちすぎていると言うが、やはりカラマーゾフシチナを語るにはそこからしか突破口はない。かれらは、かれら自身が亀裂を好む炸裂《さくれつ》大地そのものなのだ。とくに父親フョードルが明日は殺されるという前夜、イヴァンがアリョーシャに語っていく予想外の展出に、その亀裂はとんでもない深淵《しんえん》を覗かせる。それが大審問官の問題になる。

大審問官の問題とは、イヴァンがアリョーシャに語って聞かせた自作の劇詩のことをさしている。

「反逆」の章で、イヴァンはアリョーシャと話しているときに、世の中でおこなわれている数知れない幼児虐待の例をあげ、もし未来の永遠の調和のためにこの幼児たちの苦しみが必要だというのなら、自分はそんなに高価な犠牲を払ってまでして入場しなければならない未来社会の入場券など突っ返したいときっぱりと言う。幼い受難者のいわれなき血を必要としている神など、絶対に容認するわけにはいかないとも言ってのけるのだ。

アリョーシャはこのイヴァンの背神的無神論に対して、「お兄さんの考えられることもわかりますが」と言って、仮にそのような問題があるにしても、それでも赦《ゆる》される唯一の存在というものがあって、それこそがキリストなのだと優しく反論する。しかしイヴァンはふたたび断乎《だんこ》として反論し、自分でつくりあげたレーゼドラマ『大審問官』を聞かせたいと言う。イヴァンはキリストその人をその後の歴史舞台に引っ張り出してしまったのだ。

このレーゼドラマは、十五世紀か十六世紀のセビリアを舞台にしている。宗教裁判の炬火《きよか》が日ごとに異教徒を焼き殺しているさなか、そこにキリストらしき男が訪れるという設定になっている。

姿を変えているにもかかわらず、セビリアの民はそれがイエス・キリストの再来であることを感じ、しだいにその教えに従っていく。どうやら死者らしき者も一人蘇《よみがえ》っているようだ。その一部始終を見ていた背の高い九十歳に達していようという老人が、毅《き》然《ぜん》として「この者を捕らえよ」と命じた。

衛兵たちはキリストを捕縛《ほばく》し、牢獄《ろうごく》につなぐ。こうして、暗く暑く、桂とレモンの香りだけが漂う息絶えたかのようなセビリアの夜の獄房に、暗い影のように大審問官が訪れて、キリストを相手に話を始めるのだった。セビリアの大審問官である。

最初に大審問官はじっと眼を見て「おまえがイエスか」と問うた。イエスは黙って答えない。そこで「返事はしないでいい」と言う。大審問官としてはキリストの正体などどうでもよく、またかつてキリストが語ったことなどすでに隅々までわかっているのだから、いまさら何かを聞く必要はないとみなしたのである。

この「キリストの沈黙」こそは、ドストエフスキーが全ヨーロッパ社会の歴史の総体に問うてみせた真紅の一撃だった。しかし、この獄房の男がキリストかどうかは、実はわからない。

かくて大審問官の長い独白が始まる。ここを読んでいるときっと読者みんながそうなるのだろうが、われわれは神を使って事態を進めるか、それとも神などなくて歴史の先に進んでいくか、これは二つに一つしかないのではないかという決定的な岐路に、息詰まるごとく追いこまれるようになっていく。

大審問官の言葉はどこまでも高潔であって、該博な知性を怠りなく配慮する態度は、真に道徳的ですらある。その口元から発せられる言葉は神の眼光がまじっているかというほどに鋭く、その提示する問題は途方もなく大きい。

審問は、最終的には「パン」と「奇蹟《きせき》」と「権威」という三つの扱いになっていく。いったいこの三つは人間の歴史にとって必要なのかどうか。もしも必要であるというなら、そのために神にいてもらう必要があるのか。その問題だ。大審問官は歴史上のイエスが採った三つの方針を問うたのだった。それを男は黙りこくったままに聞く。アリョーシャもわれわれも、ただその強靭《きょうじん》な独白を聞かされる。

パンについては、イエス自身は人はパンのみに生きるのではないと明言したものだった。しかし、キリストのその一言のためにどれほど多くの者が貧窮に喘《あえ》ぎ、泥棒に走り、わが子の間引きをしたことか。パンこそは犯罪と戦争の根本原因ではないのか。イエスはパンの生産を手伝わなかったともいえる。のちにクロポトキンはイエスの方針をかなぐり捨て、「パンの略取」をこそ叫んだものである。

奇蹟については、イエスは悪魔がそこから飛び降りて奇蹟を見せてみよと唆《そそのか》したことを避けたくせに、自分がかかわれるような、たとえば眼病を治すような奇蹟だけはおこしてみせた。ところがこの勝手なサンプリングされたようないくつかの奇蹟によって、民衆はイエスがすべての奇蹟をおこせると信じてしまったのである。大審問官はこれはイカサマのようにひどい話ではないかと詰《なじ》る。

三つ目の権威とは、いったい誰が地上の権威になるのかという問題である。悪魔が

「おまえは地上の王者になればいいではないか」と唆《そそのか》したとき、イエスはこれを拒んで結局は火あぶりになった。火あぶりになったからいいようなものの、もし生きながらえていたら、イエスには社会を治める方法など、何ひとつなかったのではないか。

つまりは、イエスはキリストとして地上の王国を治める能力もなく、かつてのユダヤの王たちが失敗したように、いたずらに理想を失墜《しっつい》させつづけただけなのではないか。それゆえにパウロは十字架上で早死にしたイエスを〝地上の王〟ではなく、〝天空の王〟としてのキリストに仕立てられたのではないか。

大審問官の問いはまことに迫真的で完璧《かんぺき》である。アリョーシャは兄の物語を聞くうちに、この話がばかばかしいほど「外からの説明」であることに気づくのだが、どのように反論していいかがわからない。

それにしても、ドストエフスキーはこの究極のレーゼドラマをどのように思いついたのだろうか。物語をつくるために、観念の闘争の激越な仕上げに向かったのではあるまい。そんな程度の観念劇であるわけがない。ドストエフスキーは、このセビリアの夜に匹敵する体験を、おそらくすでに何度もくぐり抜けてきたのである。

ドストエフスキーの父親が殺されたことを忘れてはいけない。実父のことだ。これはこの文豪の個人史の内奥に突き刺さった最初の事件なのだ。また、ドストエフスキーがニコライ一世の社会にいたことも忘れてはいけない。これはこの文豪の社会史の面貌《めんぼう》に突き刺さった抜けない棘《とげ》だった。

一八二五年のデカブリストの乱と一八三〇年のポーランドの乱を制圧弾圧したニコライ一世が、一八四八年のフランスの二月革命の影響を警戒して、そのころペテルブルクの唯一の自由サークルだった「ペトラシェフスキー会」の会員三九名を一斉検挙したことは、とくにドストエフスキーの生活思想を極限に追いやるに決定的だった。

その会員だったドストエフスキーは八ヵ月をペトロパヴロフスク監獄ですごしたのち、二十名の仲間とともに死刑を言い渡された。ところが死刑執行の直前になって皇帝の恩赦によって判決が変更され、ドストエフスキーは死を免れた。ニコライ一世が仕掛けた残酷な芝居だった。このことによって、ドストエフスキーは「自分の死の数分前の恐怖」をたえず思い出すようになる。その壮絶な記憶の再生は『白痴』の一場面にも描かれたことである。

一八六二年に二ヵ月半、一八六七年からは四年にわたって、ドストエフスキーがヨーロッパを旅行したことも忘れるわけにはいかない。ドストエフスキーはこのときにヨーロッパ文明に対する疑問と不信を決定的に確信したはずだ。ローマ・カトリック教会が編み上げた全史に対して、ひそやかな反撃を試みるようになるのは、このときからなのである。

いや、ここではこれ以上のドストエフスキーの歴史体験をあげていくのはやめておく。それらの体験を引きとろうとすることは小林秀雄が『ドストエフスキイの生活』（新潮文庫）で試そうとしふらふらになったことだった。ぼくは高校時代の親友に答えなければならないことだけを、いまは書く。

大審問官の問いは、イヴァンが綿密周到に用意した歴史に対するアンチテーゼだったのである。イヴァンはここではアンチキリストをめざしているわけなのだ。

この歴史はイエスが荒野をさまよっていたときの悪魔の誘惑に、イエス自身が打ち克つために、たまさか覚悟した三つの方針から生まれたものだった。しかし、その、たった三つのことが全世界の未来を決定づけたのだ。

イヴァンは大審問官にそこを詰問させた。それはアリョーシャにとっては目をまるくするような、とうてい答えられない解釈の衝撃を秘めていた。イヴァンも弟の放心を見てそれ以上の追い打ちを遠慮する。こうしてドストエフスキーは、この思想劇をこの場面では収拾せずに、さらにもうひとつの難度の高いステージを用意する。

問題はいよいよのっぴきならないものになっていく。大審問官の完璧な問いかけを崩せる者がいったいありうるのかという、さらに難解な、さらに超然たる問題になっていく。ここでドストエフスキーが組み上げたのが、長老ゾシマの陽性な倫理的澄明というものだ。

イヴァンはゾシマとの対決を迫られる。ドストエフスキーはついにロシア正教の核心に入っていく。アンチキリストの解明に向かっていく。大審問官の問題は実はここからが本番なのである。

イヴァンの主張は、「いったいこの世界に他人を赦《ゆる》す権利をもっている者などいるのだろうか」という一点に集約できる。イヴァンはインチキ教祖まがいの「赦す者」がいたとしても、そんな者の軍門に屈服するくらいなら、むしろ贖《あがな》われざる苦悩を享受することによって世界を生き抜きたいと考えている。そして、そのような方法でしか人間の自由は獲得できないではないかと主張する。

これに対して、ゾシマはいまは隠者だが、すでに苦悩しつづけて仙境に到達しつつある老人である。小柄で痩《や》せてはいるが、その眼はいつも鋭く輝いている。猫背で唇は薄いけれど、その言葉はとても澄んだ知性を響かせる。神の引力は、そもそもが悪魔の斥《せき》力《りょく》をいかしながら絶対肯定をなしとげるしかないものだということを、すでに幾多の体得によって理解している者である。

ドストエフスキーはこのゾシマにおいて、『カラマーゾフの兄弟』の主題が「神愛」（ポゴフィーリ）と「抗神」（ポゴフォーブ）の対照にあったことを最終的に証《あか》そうとする。その対照は、作品の終盤にさしかかるにしたがって、沈黙するのは「神愛」ではなくて、ほかならぬ「抗神」であるという劇的な転回を見せていく。

物語は終局にさしかかる。イヴァンの抗神はゾシマの神愛に包まれて、もはや議論の発展を一歩たりとも踏み出せない。それは、大審問官がイエスとおぼしい男に長々と語り終えたとき、その男が黙ったまま立ち上がって大審問官の唇に静かに接吻《せっぷん》したときの感触に似ていた。ゾシマはイヴァンはゾシマがそこに存在するという感触を越えられなくなっていく。ゾシマはイヴァンと対決したのではなく、イヴァンをも包んだのである。

かくしてドストエフスキーは神の存在を唯一の絶対的存在から解き放ったのだ。ローマ・カトリックの絶対神の呪縛《じゅばく》から、ロシア正教の痩せこけた老人にその担い手を移すことによって、キリストを拡散させたのだ。

一見、最も難解な形而上哲学による〝神学崩し〟に見えかかった大審問官問題は、十五世紀のセビリアのキリストと十九世紀のロシアのアリョーシャという二つの沈黙と屈服を得て、逆に長老ゾシマの包摂《ほうせつ》によってロシア的に解消されたのである。ドストエフスキーが生涯にわたって抱えた「ロシア人は神をどのように扱うか」という大問題は、カラマーゾフの兄弟たちの背中にぴったりくっついていたのだった。

もしそうであるのなら、『カラマーゾフの兄弟』は『悪霊』や『白痴』とともに、いくら読みこんでもロシアのドストエフスキーに回帰することになっていくわけである。

ぼくはぼくで、次のことも気になった。それはユダヤ・グレコローマン・キリスト社会においても、スラブ・ビザンティン・ロシア正教社会でも、神は結局は唯一人の存在であろうけれど、だからその唯一人を問わざるをえないのだろうけれど、われわれ日本人にはそこが当初から、つねに多神的で多仏的であるということだ。

これはどう見ても、同じ問題を考えるのに信仰背景の光輝が異なりすぎている。われわれはそのことをついつい忘れて、むしろわれわれの内なる神を見失ったかもしれなかった。これがぼくが、ドストエフスキーを日本の問題として読み変えたいと希《ねが》っている最後の理由になっている。

さあ、これでどうだろうか、安田毅彦よ。カラマーゾフを読んでないなんて話にならないと告げたわが安田毅彦よ。早々に癌を背負って、さっさと八ヶ岳の地霊となって消えていった友よ。こんなところで、よかったろうか。これでぼくはイヴァンにもゾシマにも、アリョーシャにもならずに済んだだろうか。ともかくも、これでおまえがぼくに対する審問官でありつづけなければならなかった仮の役割は、やっと終わったのだ。ここまで待たせてしまったこと、心から謝りたい。

第九五〇夜　二〇〇四年三月十八日

参照千夜

九九二夜：小林秀雄『本居宣長』　九三二夜：埴谷雄高『不合理ゆえに吾信ず』　七三三夜：アウグスティヌス『三位一体論』　七六二夜：パスカル『パンセ』　八四二夜：スピノザ『エチカ』　一三二夜：ノヴァーリス『青い花』　二五一夜：ヴォルテール『歴史哲学』　七四二夜：ブレイク『無心の歌・有心の歌』　七七三夜：ボードレール『悪の華』　一二夜：ヴァレリー『テスト氏』　八六五夜：ジッド『狭き門』　五一八夜：W・B・イエーツ『鷹の井戸』　八五五夜：D・H・ロレンス『チャタレイ夫人の恋人』　六一七夜：グルジェフ『ベルゼバブの孫への話』　二五五夜：ジョルジュ・デュメジル『ゲルマン人の神々』　五八八夜：マルティン・ブーバー『我と汝・対話』　三一三夜：アリスター・ハーディ『神の生物学』　二三夜：エミール・シオラン『崩壊概論』　八〇夜：J・G・バラード『時の声』　四四六夜：ベイトソン『精神の生態学』　三九五夜：クロソウスキー『ロベルトは今夜』　八八三夜：フィリップ・K・ディック『ヴァリス』　二五〇夜：内村鑑三『代表的日本人』　七三六夜：大杉栄『大杉栄自叙伝』　七一夜：武田泰淳『ひかりごけ』　七五五夜：中上健次『枯木灘』　七〇七夜：エミール・ゾラ『居酒屋』

一三〇ページすぎて登場するアンナが、「力と愛の社会」を打ち砕き、そして倒れていく。

レフ・トルストイ
アンナ・カレーニナ

木村浩訳　新潮文庫　全三巻　一九七二／中村融訳　岩波文庫　全三巻　一九八九／望月哲男訳　光文社古典新訳文庫　全四巻　二〇〇八
Lev Nikolaevich Tolstoi: Anna Karenina 1877

東洋大学に奥井潔《きよし》という英文学の先生がいた。そのシニカルで挑発的な知的刺激を受けたくて、駿台予備校四谷校にいっとき通ったことがある。受験英語にはほとんど役に立たなかったが、そのかわりグレアム・グリーンやサマセット・モームの短編が透き通るような瑞々《みずみず》しさで堪能できた。

それはまだ表面上のことで、実際にはその美を弄《もてあそ》ぶピンセットの先の妖《あや》しい毒舌がくりだすペダンティックな言葉に酔わされた。その奥井センセーがどういう話の順序かは忘れたが、ある昼下がりの授業で『アンナ・カレーニナ』の話をした。「君たちはアンナ・カレーニンという女を知らないだろうね。読んだ者はいるかね?」と、例の挑発的な口調で話しはじめたのだ。一人として手をあげなかった。だいたい予備校で読書履歴を問われるなどとは受験生は思っていやしない。

するとは奥井センセーはニヤリと笑って、「あのねえ、大学へ行くのもいいが、君たちがアンナ・カレーニンと出会えるかどうか、そのほうがずっと君たちの人生には大きなことなんだよ。わかるかな、この感覚。歓喜がいっさいの後悔を消し去るのだと思えたとき、アンナ・カレーニンは決断をするんだね」と続けたのである。

ぼくはボーッとして聞いていた。「アンナはすべての社会と人間の辛辣《しんらつ》を感じて、死ぬんだよ。爆走する列車にみずからの身を投じて、死ぬんだね。女が愛や恋で死ぬなんて、尋常じゃない。それにくらべたら男なんて弱いもんだよ。好きな女に振られたくらいで、すぐに苦しい、辛《つら》い、死ぬ死ぬと言い出すけれど、女はそういう心の深みを体で飲み込むもんだ。知ってるかな、そういう女の深さを。いや深さというより、これは女のね、美しくも苦い味というもんだ。アンナ・カレーニンは死を選ぶんだ」。

女も知らなければ、その深さも苦さも、そういうことをまったく知らないぼくはますますボーッとして聞いていた。なにしろこちらは高校三年生なのだ。かまわず奥井センセーは続けている。

「アンナは人妻なんだな。北方の大都ペテルブルクの社交界の美貌のスターだよ。夫のカレーニンは政府高官でね、社会の形骸《けいがい》を体じゅうに身につけて面子《メンツ》を気にする男だね。君たちもこうなったらおしまいという男だよ。そういう身にありながらアンナはヴロンスキーという貴公子のような青年将校に恋をする。女は青年将校にこそ惚《ほ》れる、その凜然《りんぜん》というものにね、ハッハッハ」。

人妻。青年将校。凜然。女は男の凜然に惚れる、ハッハッハ……？　ぼくの頭はクラクラしはじめていた。「君たちには世の中も女もわからんだろうね。青年将校こそが男のなかの青い果実なんだよ。二・二六事件の青年将校なんて、日本人の男の究極だよ。そうだろ。美しい女はそれを見逃さない。まして人妻はね。しかし君たちにはキチイがせいぜい理想の娘というところだろうな。キチイは青年将校に惚れるんだが、アンナとヴロンスキーが昵懇《じっこん》になったので諦めるんだ。まあ、読んでみなさい。キチイの娘心よりもアンナの女心がわかるようになったら、たいしたもんだ」。

まるで別世界の話を浴びせられたようなものだった。けれどもそのときの奥井センセーの話しっぷりの中のアンナの印象が忘れられなくて、白樺派が依拠したトルストイなんて読むものかと決心していたぼくは、数日後には夢中になって『アンナ・カレーニナ』にとりくんでいた。

読みはじめて呆《あき》れた。いつまでたってもアンナ・カレーニンが出てこない。さきほど手元の文庫本で調べてみたらやはり一三〇ページまで登場しない。

おそらくこんな小説はほかにはあるまい。ヒロインの動きがふつうの長さの小説なら終わりに近いほどの場面になってやっと始まるわけだから、それだけでも前代未聞である。とくにぼくのばあいは奥井センセーの挑発に乗ったわけなので、それこそすぐにアンナ・カレーニンに出会えるものとどきどきしていたのだが、開幕このかたオブロンスキー家の出来事やキチイの愛くるしい姿にばかり付き合わされるのである。たしかに奥井センセーが言うように、これではうっかりキチイに惑わされてしまう。焦《じ》らされたというのか、裏切られたというのか、ぼくはがっかりしてしまった。

ところが、そこへアンナ・カレーニンが颯爽《さっそう》とあらわれると、あっと声が出るほどに物語の隅々に光が当たっていく。政府高官カレーニンに美貌の妻がいることは暗示されていたのだが、そのアンナがいよいよ出現したとたん、物語の舞台はガラリと一変してしまうのだ。

それほど鮮烈なのである。すべてはアンナのカレーニナなのだ。青年士官ヴロンスキーの焼きつくような気概と恋情とともに、読者は漆黒のビロードの、真紅のドレスの、いつも身を反らすように立つ人妻の、知も愛も知り尽くしていながら夫カレーニンだけには厭《あ》きているにもかかわらず、男にも子供にも通りすがりの者にも愛される絶世の美女アンナの魅力の囚人になっていく。これだけでも、トルストイという魂胆のすさまじさを思い知らされた。

聞きしに勝る作品である。アンナ見たさに不純な動機で読んだぼくには、こんな作品

とはまったく想像ができなかった。

かつてドストエフスキーは『アンナ・カレーニナ』について、こう書いた。「文学作品として完璧なものである」。またそれにつづけて「現代ヨーロッパ文学のなかには比肩するものがない」と書いた。ドストエフスキーがここまで他の作家を褒めたことはない。トーマス・マンだって唸《うな》った、「全体の構図も細部の仕上げも、一点の非の打ちどころがない」。こんな絶賛はめったにありえない。

よほどのことである。およそ文学作品が「完璧」であるとか「一点の非の打ちどころもない」などと評価されたことはない。しかも『アンナ・カレーニナ』は大長編なのだ。新潮文庫で上四八四ページ、中六三三ページ、下五五一ページ。全八部、全一六六八ページの堂々たる大河小説である。それが「一点の非の打ちどころもない完璧な作品」と激賞される。

実際にもトルストイは書き出しだけで十七回書き変え（これはよくあることだが、それにしても十七回は多い）、全般にわたってはなんと十二回の改稿をくりかえした。完成まで五年、その何十本もの細工刀で彫琢《ちょうたく》された芸術的完成度はトルストイにおいて最高傑作となった

ばかりか、ドストエフスキーやマンが言うように、近現代文学がめざしたあらゆる作品の至高点を示した。しかし、どうしてそんなことが可能になったのかということになると、われわれはお手上げになる。レオナルドやゲーテやベートーヴェンを漠然と思い浮かべるしかなくなっていく。

チェーホフがその点についてはわずかにこんなヒントを書いている。「『アンナ・カレーニナ』にはすべての問題がそのなかに正確に述べられているために、読者を完全に満足させるのです」。すべての問題を正確に書くとは、すべての人間の生きざま、性格、心理、表情を正確に書いたということだ。文学作品が「完璧」だというのも前代未聞だが、「正確」だというのもめずらしい。いったい文学に「正確」なんて必要なのか。ところが、そんなありえないことがおこったのだ。ぼくは白樺派が何に憧《あこが》れたか、ちょっとだけだが見当がついたものだった。

高校三年生が完璧に描かれた人妻の愛と死の境涯を追跡したところで、徒労に終わるだけである。ドストエフスキーなら高校生でもまだ向かっていける。トルストイには向かえない。向かえば「全部」が相手なのだ。

トルストイはすべてを書いたのだ。アンナの崇高な嫉妬《しっと》もキチイの可憐《かれん》な失望も、ヴロンスキーの端正な冷淡も、オブロンスキーの裏側にひそむ良心も、カレーニンの面子《メンツ》を貫く社会的倫理観も、すべてをあますところなく書いた。書き残したものがない。ぼくは何も考えつけないままに、打ちのめされていた。この、何もすることがなく感銘してしまうという感覚は、その後に何かに似ているように思えた。それが何なのか、ずいぶん摑《つか》めないままにいたのだが、スタンリー・キューブリックの《バリー・リンドン》を見終わったとき、ふと、「ひょっとすると、これなのか」と思った。

丹念に描かれた映画こそが『アンナ・カレーニナ』の読後感に似ている。映画館に入り、またたくまに二時間・三時間の人間と風景と街区のドラマに見入って、その映画が終わってしまったときの、あの何も発することができなくなってしまった感覚だ。音楽を浴び、カメラのままに惑わされ、セリフとともに感情を搔《か》きまわされ、部屋の一隅に入る光に誘われ、食器とフォークがたてる音が迫り、ただただ身を頑《かたくな》にして映画館に座りつづけたあの感銘である。

だとすればトルストイは完璧な映画監督だ。しかし、トルストイは音楽を使わなかった。眩《まぶ》しい光も使わなかった。それに映画なら二時間か三時間半で暗闇はおわる。『アンナ・カレーニナ』や『戦争と平和』は、われわれにその一部始終を言葉で読ませるのである。そういう比較をすると、大作なんて敬遠してきた諸君はぞっとするかもしれないが、それがまたちがうのだ。トルストイはひたすら言葉と文章だけによって、全身没頭感覚をわれわれの「目」に見えるようにした。映画ではそこはほとんど伝わってはこない。

トルストイの特徴は二つある。ひとつは、どんな生き方にも関心をもってその中に身を投じることを厭《いと》わなかったことである。カザン大学でアラブ・トルコ語科に学び、カフカスでは志願兵となって山岳民と闘い、一八五三年からのクリミア戦争では砲兵将校になっている。

たいしてもてなかったらしいが、若いころから娼婦《しょうふ》と遊んでいるし、一八五八年には農民の人妻と健康のために買春関係を結んでいる。ソフィアと結婚してからは十三人の子をなし、うち八人の子を育てあげた。パリに旅行したときはギロチンによる処刑を見て衝撃をうけるのだが、処刑役人の心が気になり、観光客が大道芸人を侮辱するのを見ると、芸人の日々が気になった。

もうひとつは、「哲学への無関心」に徹して、そのぶん「宗教の可能性」を確信しつづけたことであろう。このことがのちにニジンスキーやガンジーをしてトルストイ主義に傾倒させたのであるが、ぼくが知ったかぎりの相手では、このトルストイ主義をまっとうに理解している日本人にはほとんど会ったことがない。いまや武者小路実篤が見当たらなくなっているからだろうか。トルストイがロシア正教を破門されてなお宗教を確信し、哲学を批判したことの意味がわかりにくいからだろうか。それなら奥井センセーが予告したように、われわれはいまだキチイ趣味に溺《おぼ》れたままにいて、いまだ日本のアンナ・カレーニンに出会っていないのである。

トルストイは二歳（一八三〇）で母親を亡くし、モスクワに移った九歳で父親を亡くし、祖母に引きとられた翌年にその祖母を亡くした。結局、十三歳（一八四一）のときにカザンで落ち着いた。

作家修業は実地で鍛えた。広大な大地の中の農民を救いたいと思いつつ挫折《ざせつ》し、都会（モスクワとペテルブルク）で放蕩《ほうとう》の日々をおくってみるが満足できず、まずは自身の幼い日々に立脚したくて『幼年時代』を綴《つづ》って、ネクラーソフの「現代人」誌に育てられ、ついではクリミア戦争の将校としての体験を『セヴストーポリ』（岩波文庫）などに綴ってみたところ、ツルゲーネフらのペテルブルク文壇が迎えてくれた。

二九歳（一八五七）で気になるヨーロッパの教育事情を視察するのだが、パリで公開処刑を見て文明の繁栄に失望した。戻って農奴解放に着手してみようとするけれど、なんらの成果も上がらない。自分は文章や物語に向かったほうがいいかもしれないと思い、『レ・ミゼラブル』のユゴーに会いにパリに行って感動した。こうして三五歳から五年をかけて『戦争と平和』にとりくんだ。ナポレオン軍の侵入に抗したロシアの祖国防衛観を描いた大作になった。まさに大々的な群像小説だが、ナターシャ・ロストフの純真な美しさや気高さが群を抜く。ただしぼくは、このロシア的群像力を読み切れなかった。のちにドス・パソスの『USA』やロレンス・ダレルの『アレキサンドリア四重奏』のあと再挑戦して、やっと愉《たの》しめた。

トルストイの作品で胸に迫ったのは晩年の『復活』(一八九九)である。ネフリュードフ公爵が殺人事件の陪審員として出廷したとき、その被告人の一人の若い女性が、かつて弄《もてあそ》んで別れ際に一〇〇ルーブルを渡して捨てた別荘の下女だったことに驚く話だ。その名はカチューシャ。彼女は公爵に遊ばれたあと、娼婦に身を落とし、殺人にかかわったのだった。

明治三八年、内田魯庵《ろあん》が翻訳し、大正三年に芸術座の島村抱月《ほうげつ》が舞台化して松井須磨子がカチューシャに扮《ふん》した。劇中の「カチューシャの唄」(島村抱月・相馬御風作詞、中山晋平作曲)はぼくの父の愛唱歌だった。父はモリシゲ風にうたってみせていた。「カチューシャかわいや別れのつらさ、せめて淡雪とけぬまに、神に願いを、ララかけましょか」。

トルストイの作品は社会運動にもなった。大作家であったとはいえ、こういう例はめずらしい。平和主義アナキズムとかトルストイ運動という。トルストイ自身が旗を振ったのではない。クロポトキンが主導して、しだいに広まった。

トルストイ運動は警察力、法的規制、軍事力に依存する国家のありかたに疑問を呈するところが立脚点で、そのような考え方はトルストイの『懺悔《ざんげ》』『クロイツェル・ソナタ』（いずれも岩波文庫）や『私は何を信じるか？』にもあらわれていた。それが運動になっていったのはキリスト教徒が加わったからだ。平和主義アナキズムあるいは無政府主義は、これらとアメリカのソローやインドのガンジーの活動が交じっていってからのことで、非暴力主義と結びついた。

しかし、トルストイ自身はこうした運動や主義主張には、ついに一度も加担しなかった。八二歳の一九一〇年までヤースナヤ・ポリャーナで隠棲《いんせい》するように暮らしていたが、訪れる者たちには決して過激なことを言わなかった。日本からは徳富蘇峰《そほう》や蘆花《ろか》らが行っているが、穏やかな信仰心だけを語っている。けれどもそうした居士《こじ》めいたところが、かえってトルストイ主義に感染したいと思う志士たちをふやしたのであろう。有島武郎《たけお》の農地解放の試みや武者小路実篤の「新しき村」運動は、そういう気運をとりこんだものだった。

ぼくはトルストイ主義には与《くみ》さない。キリスト教や菜食主義や自給自足が金科玉条になりすぎている。むしろ二十世紀ロシアはトルストイとロシア正教をつなげていったほうがよかったのではないかと思う。

トルストイを古代のマハーヴィーラのように慕いたい。一九二一年二月八日、モスクワの寒村でクロポトキンが死んだ翌日、ドヴィシイ墓地にいたる五マイルの道にチャイコフスキーの第一と第五が流れ、黒旗の葬列がトルストイ博物館にさしかかったとき、ショパンの葬送行進曲が流れたのち、アアロン・バロンの告別の辞が「神もなく、主人もなく！」と叫んだことに、ぼくは二十世紀のトルストイを受けとめる方向が示されていると思いたい。

第五八〇夜　二〇〇二年七月十五日

参照千夜

八四四夜：グレアム・グリーン『第三の男』　三三二夜：モーム『月と六ペンス』　九五〇夜：ドストエフスキー『カラマーゾフの兄弟』　三一六夜：トーマス・マン『魔の山』　二五夜：『レオナルド・ダ・ヴィンチの手記』　九七〇夜：ゲーテ『ヴィルヘルム・マイスター』　八一四夜：デイヴィッド・ヒューズ『キューブリック全書』　一〇九九夜：『ニジンスキーの手記』　二六六夜：ガンジー『ガンジー自伝』　九六二夜：ユゴー『レ・ミゼラブル』　七四五夜：ロレンス・ダレル『アレキサンドリア四重奏』　八八五夜：徳富蘇峰『維新への胎動』　六五〇夜：有島武郎『小さき者へ』　九四一夜：ダニエル・ゲラン編『神もなく主人もなく』

追伸

「どきまぎ」と「どんでん」へ

たくさん読んできたわけではないけれど、千夜千冊から世界文学の名作を摘まんで、ほぼ時代順に構成した。ささやかな世界名作選集だ。それでもやや分量が多かったので、ホメーロスからシェイクスピアをへてトルストイに及ぶ1『物語の函《はこ》』と、メルヴィルやカフカやガルシア＝マルケスをとりあげた2『方法文学』の二冊に分けた。わかりやすくは古典篇と近現代篇になる。神話、童話説話集、詩歌集、冒険小説、ミステリー、SFのたぐいは省いてある。

誰もがそうだったように、子供のころから物語には強く惹《ひ》かれてきた。これは「どきどき」と「どきまぎ」と「どんどこ」の世界だ。ぼくのばあいは『怪盗ルパン』や『巌窟王』や『ああ無情』に始まった。長じるにしたがって物語の構造やしくみや技法に関心が出てきて、文学が仕掛ける罠《わな》に興味をもった。この罠は社会と人間をめぐる謎にまつわるもので、たいてい「どんぞこ」「どさくさ」「どんでん」「どんづまり」の「四ど」が仕込まれていた。

どちらにも物語の基本素ともいうべき、①ワールドモデル（世界模型・舞台設定）、②ストーリー（筋書き・プロット）、③シーン（場面）、④キャラクター（登場人物）、⑤ナレーター（語り部）が用意されている。それが作品ごとに有為転変する。名作や傑作はとくにワールドモデルの設定がうまい。

このエディションでは、ソポクレス、ダンテ、ボッカチオ、セルバンテス、シェイクスピア、デフォーが「罠」の創作者たちである。世界文学の母型をつくったのは、かれらだった。そこへ近代文学の先駆者たちが、時代社会の物語にふさわしい「力と愛」「家族と没落」「罪と罰」「女と男」「都会と隠棲《いんせい》」をもちこんで、『嵐が丘』『赤と黒』『レ・ミゼラブル』『スペードの女王』『カラマーゾフの兄弟』に仕立て上げた。

今日の文学のルーツの大半はむろん、ハリウッド映画やトレンディドラマやアニメのルーツのほぼすべてが、これらの古典にある。とくにゾラにおけるキャラクターの継続性、モーパッサンのシーンの見せ方、ゴーゴリによる呪物《じゅぶつ》感覚は、今日なお学ぶことが多く、見逃せない。

名だたる文学作品には、どんな「何でもあり」でもおこっている。だから読む者の想像力をやすやすと打ち砕く。だから喜怒哀楽にとっての効能は抜群だ。「どぎまぎ」は極まり、「どんでん」は果てがない。もう勘弁してほしいと思うこともある。

けれども、その森を抜けると、何ともいえない痺れるような感興に見舞われる。それが、たまらない。古典的名作とはそういうものなのだ。物語の「函」は無底なのである。

ところで本書はネタバレを遠慮なく披露しているので、あしからず。けれどもネタバレなどで、傑作は腐らない。存分に浸っていただいて結構だ。そのうえで原作に当たられたい。細部が光りまくってくれるにちがいない。

松岡正剛

千夜千冊 EDITION

「千夜千冊エディション」は、2000年からスタートした
松岡正剛のブックナビゲーションサイト「千夜千冊」を大幅に加筆修正のうえ、
テーマ別の「見方」と「読み方」で独自に構成・設計する文庫オリジナルのシリーズです。

執筆構成：松岡正剛
編集制作：太田香保、寺平賢司、西村俊克、大音美弥子
造本設計：町口覚
意匠作図：浅田農
口絵協力：田中泯
口絵撮影：熊谷聖司
編集協力：編集工学研究所、イシス編集学校
制作設営：和泉佳奈子

松岡正剛の千夜千冊　https://1000ya.isis.ne.jp/

千夜千冊《せんやせんさつ》エディション

物語《ものがたり》の函《はこ》

世界名作選《せかいめいさくせん》I

松岡正剛《まつおかせいごう》

令和2年 8月25日　初版発行
令和6年 12月10日　3版発行

発行者●山下直久

発行●株式会社KADOKAWA
〒102-8177　東京都千代田区富士見2-13-3
電話　0570-002-301（ナビダイヤル）

角川文庫 22304

印刷所●株式会社KADOKAWA
製本所●株式会社KADOKAWA

表紙画●和田三造

●お問い合わせ
https://www.kadokawa.co.jp/（「お問い合わせ」へお進みください）
※内容によっては、お答えできない場合があります。
※サポートは日本国内のみとさせていただきます。
※Japanese text only

ISBN 978-4-04-400360-9　C0195

◆◇◇

角川文庫発刊に際して

角川源義

第二次世界大戦の敗北は、軍事力の敗北であった以上に、私たちの若い文化力の敗退であった。私たちの文化が戦争に対して如何に無力であり、単なるあだ花に過ぎなかったかを、私たちは身を以て体験し痛感した。西洋近代文化の摂取にとって、明治以後八十年の歳月は決して短かすぎたとは言えない。にもかかわらず、近代文化の伝統を確立し、自由な批判と柔軟な良識に富む文化層として自らを形成することに私たちは失敗して来た。そしてこれは、各層への文化の普及滲透を任務とする出版人の責任でもあった。

一九四五年以来、私たちは再び振出しに戻り、第一歩から踏み出すことを余儀なくされた。これは大きな不幸ではあるが、反面、これまでの混沌・未熟・歪曲の中にあった我が国の文化に秩序と確たる基礎を齎らすためには絶好の機会でもある。角川書店は、このような祖国の文化的危機にあたり、微力をも顧みず再建の礎石たるべき抱負と決意とをもって出発したが、ここに創立以来の念願を果すべく角川文庫を発刊する。これまで刊行されたあらゆる全集叢書文庫類の長所と短所とを検討し、古今東西の不朽の典籍を、良心的編集のもとに、廉価に、そして書架にふさわしい美本として、多くのひとびとに提供しようとする。しかし私たちは徒らに百科全書的な知識のジレッタントを作ることを目的とせず、あくまで祖国の文化に秩序と再建への道を示し、この文庫を角川書店の栄ある事業として、今後永久に継続発展せしめ、学芸と教養との殿堂として大成せんことを期したい。多くの読書子の愛情ある忠言と支持とによって、この希望と抱負とを完遂せしめられんことを願う。

一九四九年五月三日